Nikolaus Sidler

Problemsoziologie
Eine Einführung

Nikolaus Sidler

Problemsoziologie
Eine Einführung

Lambertus

Die Deutsche Bibliothek - CIP-Einheitsaufnahme

Sidler Nikolaus:
Problemsoziologie : eine Einführung / Nikolaus Sidler. - Freiburg im
Breisgau : Lambertus, 1999

   ISBN 3-7841-1188-2

Inhalt

9   NACHWORT, ALS VORWORT ZU VERWENDEN

12   ZUR EINFÜHRUNG

17   TEIL I   ANSÄTZE UND PERSPEKTIVEN DER AKTUELLEN VARIANTEN DER PROBLEMSOZIOLOGIE

19   Kapitel 1
Ansätze, Perspektiven und Fragen der allgemeinen Problemsoziologie

19   1.   Zum Begriff und Konzept des sozialen Problems

19   1.1.   Zur Chronologie der sozialwissenschaftlichen Verwendung des Begriffs des sozialen Problems

24   1.2.   Der politische Charakter des ursprünglichen Begriffs des sozialen Problems

26   1.3.   Der „realistische" und der „konstruktionistische" Problem-Begriff

27   1.4.   Definitionsfragen

29   Exkurs: Grenzen des soziologischen Sachverstands im politischen Geschäft

32   2.   Themen einer Soziologie sozialer Probleme

33   2.1.   Die anfängliche Doppelung der Thematik der Problemsoziologie

40   Exkurs: Kernlose soziale Probleme

43   2.2.   Das weithin übersehene Thema: Die Problembearbeitung

44   2.3.   Die Fall-Konstitution als konkreteste Form von Problemkonstitution

47   2.4.   Die Wahrnehmung der Wirkungen von Problembearbeitung: Evalution und sekundäre Problematisierung

47   2.5.   Themen einer umfassenden Theorie sozialer Probleme - „Realistische" Theorien als Teil der gesellschaftlichen Arbeit an den sozialen Problemen

49		Kapitel 2
		Ansatz, Perspektiven und Fragen der Theorie abweichenden Verhaltens
49	1.	Begriff und Konzept des abweichenden Verhaltens
49	1.1.	Zur Chronologie der wissenschaftlichen Verwendung des Begriffs des abweichenden Verhaltens
51	1.2.	Das Konzept des abweichenden Verhaltens
55	2.	Abweichendes Verhalten als Konzept sozialer Problematisierung
55	2.1.	Die verkürzte Perspektive des interaktionistischen Devianz-Konzepts – Ein wissenschaftliches Konzept mit politischer Schlagseite
57	2.2.	Das Devianz-Paradigma als Konzept sozialer Problematisierung – Die spezifische Perspektive des Problemtyps der Abweichung
59	2.3.	Das spezifische Verfahren der Problematisierung als Abweichung
61	3.	Konzepte zur Thematisierung unerwünschten Verhaltens – Abweichungstypen
66	4.	Die Themenkreise der Theorie abweichenden Verhaltens
66	4.1.	Der Kern des Abweichungsproblems: das regellose Verhalten
67	4.2.	Bruchstücke der Konstitution des Abweichungsproblems: die Normgenese
67	4.3.	Die Fall-Konstitution – die Normanwendung
67	4.4.	Die Evalution der Problembearbeitung
68		Kapitel 3
		Ansätze, Theorien und Fragen der Armutsforschung
68	1.	Zur Chronologie der wissenschaftlichen Verwendung des Armutsbegriffs
74	2.	Eine Theorie ohne Gegenstand
77	3.	Der „realistische" und der „konstruktionistische" Ansatz der Erforschung des sozialen Problems der Armut
80	4.	Ansatz und Themen einer problemsoziologisch orientierten Armutsforschung

82	5.	Armut und Deprivation als Problemtypen

Kapitel 4
Ansätze, Perspektiven und Fragen der
Randgruppentheorie

85		Kapitel 4
85	1.	Das Randgruppen-Konzept
85	1.1.	Zur Herkunft des Begriffs – der Aufstieg und Niedergang des Randgruppen-Konzepts
90	1.2.	Die Kritik an Begriff und Konzept der Randgruppe
93	2.	Das Randgruppen-Konzept als Ansatz sozialer Problematisierung
93	2.1.	Der nicht-wissenschaftliche Charakter des gängigen Randgruppen-Begriffs
94	2.2.	„Randgruppe" als politischer Problembegriff – Zu den Möglichkeiten eines wissenschaftlichen Randgruppenbegriffs
97	3.	Die spezifische Perspektive des Problemtyps der Randgruppe
99	4.	Aktuelle Thematisierungen des Desintegrationsansatzes
99	4.1.	Exklusion, Ausschluß, Ausgrenzung – alter Wein in neuen Schläuchen?
101	4.2.	Die Zwillingsproblematisierung im Täter-Opfer-Schema und seine Überwindung
104	4.3.	Das Deprivationsparadigma im Hintergrund aktueller systemischer Handlungskonzepte für Soziale Arbeit
107		TEIL II ZENTRALE THEMEN DER PROBLEMSOZIOLOGIE
109		Kapitel 1 Die originäre Problematisierung – Zur originären Konstitution sozialer Probleme
110	1.	Arten originärer sozialer Probleme
111	2.	Zur Frage der typische Konstitutionskarriere sozialer Probleme und der beteiligten Akteure
111	2.1.	Zur „Naturgeschichte sozialer Probleme" – die Konstitutionskarriere von Problemen
115	2.2.	Akteure der Problemkonstitution – Definitoren der Probleme

117   3.   Verlauf und Akteure der originären
                     Problematisierung – Ein Modell
119   3.1.   Ursprüngliche Problematisierung
160   3.2.   Das Werben um politische Entscheidungsträger
                     – Mögliche Wege auf die politische
                     Tagesordnung
173   3.3.   Die politische Problemdurchsetzung
181   4.   Der Ertrag der originären Problematisierung
182   4.1.   Scheiternde Problematisierungen
182   4.2.   Veränderungen auf der Interaktionsebene –
                     Aktionsbereitschaft im Namen der Allgemeinheit
184   4.3.   Veränderungen auf der kulturellen Ebene: Die
                     Verfügbarkeit neuer Problemtypen
188   Exkurs: Prozesse der Entproblematisierung

189   Kapitel 2
           Die Problembearbeitung
189   1.   Problemvermeidung und Risikoverminderung –
                     Prävention
191   2.   Arbeit mit Fällen
193   2.1.   Die Konstitution von Routine-Fällen – Der
                     Gestaltwandel individueller Probleme zu sozia-
                     len Routine-Problemen
218   2.2.   Fallbearbeitung

222   Kapitel 3
           Evaluation und mögliche sekundäre
           Problematisierung
222   1.   Von der Evaluation zur sekundären
                     Problematisierung
222   2.   „Realistische" Theorien im Kontext der
                     sekundären Problematisierung
225   3.   Sekundäre Problematisierung in
                     „konstruktionistischer" Sicht

227   TEIL III SOZIALE ARBEIT IN PROBLEMSOZIOLOGISCHER
                  SICHT – ANSTIFTUNG ZUR ANWENDUNG

232   LITERATUR

246   DER AUTOR

Nachwort, als Vorwort zu verwenden

I

Manche meinen, heutzutage sei das Selbstverständnis der Sozialen Arbeit in besonderer Weise angefragt und in Frage gestellt. Natürlich ist ein derartiger Satz barer Unsinn: Soziale Arbeit kann so wenig ein Selbstverständnis haben wie eine Pizza. Sie ist kein handelndes und reflektierendes Subjekt, sondern das Tätigkeitsfeld einer bestimmten Kategorie handelnder und reflektierender Menschen, und angefragt ist (a) vielleicht das Selbstverständnis dieser Menschen als Berufstätige in diesem Feld, und angefragt ist insbesondere, wie dieses Feld gestaltet ist und zu gestalten ist, also (b) was diese Menschen an spezifischen Leistungen in unserer Gesellschaft bieten können und wollen und (c) was andere, die diversen Abnehmer dieser Leistungen, von ihnen erwarten, was auch heißt, was sie ihnen abkaufen. Wenn wir uns vom mythologischen Konstrukt des „Selbstverständnisses der Sozialen Arbeit" verabschiedet haben, wird deutlich, was heute an grundsätzlichen Fragen zu Klärung ansteht: (a) was die Berufstätigen dieses Tätigkeitsfelds (und ihre Ausbilder) anbieten wollen und anzubieten haben, (b) was der „Markt" ihnen abnehmen will und (c) wie Angebot und Nachfrage zu aller Nutz und Frommen in Einklang zu bringen sind, wodurch dann Soziale Arbeit real und tagtäglich entsteht und besteht und vielleicht noch optimiert werden kann.

Die vorliegende Arbeit hat mit dieser Fragestellung scheinbar nichts zu tun. Es geht hier um die Darstellung des gesellschaftlichen Umgangs mit bestimmten Phänomenen, die wir soziologisch als „soziale Probleme" bezeichnen. Eines scheint klar zu sein: Berufstätige der Sozialen Arbeit arbeiten überwiegend in Feldern, die man als *Bearbeitung einer bestimmten Klasse sozialer Probleme* (im soziologischen Sinn dieses Wortes) bezeichnen kann. Wenn es bei der allgemeinen Darstellung des gesellschaftlichen Umgangs mit sozialen Problemen gelingt, auch zu zeigen, wie diese Berufstätigen der Sozialen Arbeit sich für ihre Aufgaben entscheiden und wie sie mit ihren Aufgaben betraut werden, dann dürfte deutlicher werden, wie Soziale Arbeit heute Wirklichkeit wird. Insofern verstehe ich dieses Buch als einen Beitrag zur gegenwärtigen Diskussion um die Soziale Arbeit und um eine mögliche Sozialarbeitstheorie.

Der Text ist aus dem Lehrbetrieb erwachsen und als Einführungs- und Lehrbuch gemeint. Ich wende mich damit zunächst an Studierende, Praktiker und lehrende Kollegen aus der Sozialen Arbeit. Über jeden weiteren Leser freue ich mich natürlich sehr, besonders, wenn es ein soziologischer Fachkollege ist.

Das Buch ist eine Fortschreibung einer schon länger dauernden und, wie mir scheint, fruchtbaren Auseinandersetzung mit dem Thema, deren frühere Ergebnisse ich 1989 (Sidler 1989) veröffentlicht habe. Einiges von damals sehe ich heute noch genauso, und manches Material ist nach wie vor aktuell. Entsprechend habe ich mehrere Passagen aus dem damaligen Text, teilweise modifiziert, hierher übernommen. Insgesamt spiegelt dieses Buch aber einen erneuten Ansturm auf den Berg der sozialwissenschaftlichen Probleme mit den sozialen Problemen.

II

Wer fest und sicher glaubt, er lebe in der Realität, und nicht willens ist, diesen Glauben in Zweifel zu ziehen, wird mit diesem Buch Schwierigkeiten haben. Er wird mich genausowenig für einen Realisten halten wie ich ihn. Er und ich, wir leben in unterschiedlichen Welten, genau so wie ein Anhänger der historisch-kritischen Bibelauslegung und ein Zeuge Jehovas. Ich bin davon überzeugt, daß wir in der Wirklichkeit leben, oder genauer gesagt: jeder lebt in seiner Wirklichkeit. Wir haben allerdings, wenn der Schein nicht trügt, in beträchtlichem Maß gemeinsame Wirklichkeiten. Diese Wirklichkeiten sind nicht die Realität, die Summe der „Dinge an sich", sie sind am ehesten als Systeme von Bildern zu bezeichnen.

In elementarster Form entstehen solche Bilder als Leistungen unseres Nervensystems. Naiv wäre es, anzunehmen, die Realität würde sich einfach über unsere Sinne in unserem Geist abbilden; die Ergebnisse der Neurologie lehren uns etwas anderes. Prinzipiell gleichartige Signale gehen von den unterschiedlichen Sinnen ins Gehirn, und je nach der Stelle, an der sie landen, bewirken diese Signale so etwas wie optische Bilder, Geräusche, Gerüche usw. Im Gehirn werden diese Signale bereichsspezifisch decodiert, und die Welt, von der sie erzählen, wird hier rekonstruiert, oder exakter: in einem Konstrukt repräsentiert – ziemlich realistisch, solange man die Nervenbahnen nicht operativ vertauscht und solange kein Wahn oder keine Drogen die Rekonstruktion und Repräsentation beeinträchtigen. Dieser Realismus ist absolut notwendig zum Überleben in der Realität, aber trotzdem handelt es sich bei unseren Wahrnehmungen und unserem Denken um Re-Konstruktionen mit „unrealistischen Zutaten"; insbesondere konstruieren angeborene Selektion, vorgängige, gespeicherte Erfahrung und aktuelle Notwendigkeiten tüchtig mit:

(1) Angeborene Selektion: Bewegungen, die wir in und aus den Augenwinkeln wahrnehmen, nehmen wir besser wahr als vieles andere, sie drängen sich uns sozusagen auf. Menschliche Augen, die uns anschauen, faszinieren uns, und wir nehmen sie wahr mitten in einer Fülle sonstiger optischer Eindrücke.

(2) Vorgängige Erfahrung: Die Impulse, die die Nerven ins Gehirn leiten, werden dort bearbeitet, und zwar unter anderem und ganz besonders aufgrund dort gespeicherter vorgängiger Erfahrungen. Mit Hilfe gespeicherter Erfahrungsdaten werden die Signale decodiert und zu stimmigen Sinngestalten zusammengefügt. Alltagssprachlich kann man sagen: Man sieht nur, was man weiß.

(3) Aktuelle Notwendigkeiten: Wir leben nicht nur in optischen, akustischen, sensorischen, olefaktorischen Bildern. Wir leben in komplexen Wirklichkeiten, die nützlich und schädlich, gut und schlecht, also wertvoll und wertlos sind. Diese Dimensionen bringen wir Menschen vollends „unrealistisch" an die realen Sachen heran: Aus den Notwendigkeiten des Überlebens durch Arbeit entsteht die Dimension des Nützlichen und Schädlichen, aus den Notwendigkeiten des Überlebens in Gesellschaft entsteht die Dimension des Guten und Schlechten. In diese Koordinatensysteme stellen wir die Dinge und Ereignisse und erst darin gewinnen sie diese Dimensionen.

Wir sehen die Sachen und Menschen in der Zeit und innerhalb des Ganzen, das wir nie aus bloßer Erfahrung haben, sondern a priori, als Ganzes überhaupt und als unser konkretes Ganzes. So haben wir alle eine Weltanschauung und je nach Weltanschauung sieht alles ganz anders aus und ist wirklich ganz anders für uns. Wir produzieren, besonders im Wissenschaftsbetrieb, aber nicht nur dort, ständig neues Wissen, das beim gegenwärtigen rasanten Wissenschaftsfortschritt täglich neu unsere Welt in neuem Licht erscheinen läßt, uns also eine je neue Wirklichkeit beschert.

Das und vieles mehr über die Realität, über die Dinge an sich, sprechen wir uns gemeinschaftlich zu – wir machen aus der Realität Wirklichkeit, oder, wie man im Fachjargon sagt, wir *konstruieren die Wirklichkeit* in der gemeinsamen Kommunikation, und wir *konstituieren dabei Tatbestände* in unserem Bewußtsein, die wir alle gemeinsam *als gegeben ansehen*; diese sind nicht erfunden und nicht subjektiv, sie sind aber auch nicht real und objektiv, sie sind intersubjektiv-wirklich. Und so konstituieren wir auch soziale Probleme. Wie, das sollte aus dem hier vorgelegten Text klarwerden.

Zur Einführung

(1) Daß Sozialarbeiter und Sozialpädagogen in einem Ferienclubdorf des Mittelmeeres oder der Karibik sozialpädagogisch tätig sind, dürfte eher die Ausnahme sein. Die Regel ist vielmehr, daß sie sich mit dem herumschlagen, was man *Probleme von Menschen* nennt. Was ist ein Problem? Üblicherweise versteht man darunter einen *Tatbestand*, der von den Betroffenen als *veränderbar* und *veränderungswürdig*, weil negativ bewertet, erlebt wird.

> Daß der Mond am Himmel hängt, ist ein Tatbestand, aber kein Problem, weil dieser Umstand weder als veränderbar noch veränderungswürdig erlebt wird. Der Tatbestand, daß wir alle einmal sterben müssen, ist zwar etwas als negativ Erlebtes, aber es gilt nicht als veränderbar, ist also ebenfalls kein Problem. Hunger, Durst und Heimweh sind Tatbestände, die sowohl als veränderbar wie als veränderungswürdig erlebt werden können; also können sie zu Problemen werden.

Sozialarbeiter und Sozialpädagogen leisten ihre Arbeit nicht privat und als „barmherzige Samariter", sondern beruflich als angestellte und bezahlte „Wirte", im biblischen Bild gesprochen, mit *öffentlichem Auftrag*. Das ist aus folgendem Grund sehr wichtig für die Wirklichkeit der Sozialen Arbeit:

Wenn einzelne Menschen Probleme haben, sprechen wir üblicherweise von *persönlichen Problemen*. Wenn mehrere Menschen in einer Gruppe, zum Beispiel als Familie oder in einem sonstigen Verband, gleichartige Probleme haben, möchte ich diese als *gemeinsame Probleme* bezeichnen. Wenn in einem Kollektiv alle gemeinsam oder Mehrheiten, durchsetzungsfähige Minderheiten beziehungsweise Einzelne es schaffen, daß bestimmte Probleme als solche des Kollektivs, beispielsweise als „Probleme unserer Gesellschaft", angesehen und behandelt werden, dann spricht man soziologisch von *sozialen Problemen*. In diesem Sinn bearbeiten Berufstätige der Sozialen Arbeit soziale Probleme, weil sie mit kollektivem, also gesellschaftlichem beziehungsweise staatlichem Auftrag handeln.

Ich möchte, um Mißverständnisse zu vermeiden, gleich eingangs darauf hinweisen, daß es in der Alltagssprache und in der Fachsprache der Sozialen Arbeit noch einen zweiten, völlig anderen Begriff des sozialen Problems gibt: Das Wort dient dort zur Kennzeichnung von (persönlichen) Problemen, die Menschen mit ihrer sozialen Umwelt haben; synonym dafür findet sich auch der Ausdruck „soziale Schwierigkeiten". In dieser Arbeit geht es nicht um soziale Probleme in diesem zweiten Wortsinn, sondern ausschließlich um solche im ersten Wortsinn, also um „Probleme der Gesellschaft".

(2) Wenn dieser Kampf mit den sozialen Problemen vernünftig geführt wird, stellen sich mancherlei Fragen: Wie entstehen diese eigentlich? Was hält sie an ihrem zähen Leben? Wie kann man ihren vertrackten Lebenswillen brechen? Welche Rolle kann Soziale Arbeit dabei spielen? Welche Rolle spielt sie vielleicht unfreiwillig bei der heimlichen Erhaltung dieser Probleme? Antworten auf diese Fragen erhält man sicher zunächst aus der aufmerksam beobachteten Praxis. Aber auch die distanzierte, systematische Betrachtung und Interpretation dieser Vorgänge kann für Praxis und Ausbildung sehr erhellend sein.

(3) Um Antworten zu finden, muß man Fragen präzisieren: Warum haben manche Menschen zuwenig ökonomische Mittel zum Leben? Warum sind sie also arm und brauchen Sozialhilfe? Warum vergewaltigen manche Männer ihre Ehefrauen? Warum leben die sogenannten Penner außerhalb normaler gesellschaftlicher Bezüge und damit im gesellschaftlichen Abseits? Das sind berechtigte und naheliegende Fragen. Man kann aber auch andere, zunächst etwas fernerliegende Fragen stellen: Warum bekommt man heute – schon oder erst – dann Sozialhilfe, wenn man mit seinem Einkommen unter den aktuellen Regelsätzen der Sozialhilfe liegt? Oder: Warum *gilt* man – schon oder erst – mit diesem Einkommen als arm? Warum *gilt* heute als sexuelle Gewalt, was sich seit alten Zeiten in deutschen Schlafstuben öfters „ganz selbstverständlich" abspielte? Warum wird die Randlage der sogenannten Penner wahrgenommen, die der chronisch depressiven Menschen aber nicht? Diese Fragen sind auch berechtigt.

(4) Die Berechtigung dieser ferner liegenden Fragen zeigt etwas Merkwürdiges: Die unerwünschten Zustände, um die es in der Sozialarbeit geht, sind keineswegs einfach objektiv gegeben, etwa als Leidenszustände von Menschen, die sozusagen automatisch Hilfe auslösten. Es gibt Leidenszustände, die durchaus mit anderen vergleichbar sind, die aber, im Unterschied zu diesen, gesellschaftlich nicht beachtet werden; es gibt althergebrachtes Leiden, auf das erst heute reagiert wird. Mit dieser Beobachtung gewinnt die Frage nach der Entstehung sozialer Probleme plötzlich eine neue Dimension: Es kann jetzt nicht mehr nur darum gehen, wie es kommt, daß bestimmte Menschen in bestimmten für sie beziehungsweise andere unerwünschten Situationen sind, es

muß auch darum gehen, wie diese öffentlich problematisiert und auf diese Weise gesellschaftlich so relevant werden, daß beispielsweise Sozialberufe aus öffentlichen Mitteln für die Veränderung dieser Situationen bezahlt werden. Wie geschieht so etwas?

Soziologen beschäftigen sich schon längere Zeit mit beiden Fragenkomplexen, den Fragen nach den unerwünschten Situationen und den Fragen nach ihren Problematisierungen. Sie tun das in verschiedenen Teildisziplinen: „Bindestrich-Soziologien". Die für den Bereich der Sozialen Arbeit wichtigsten sind die sogenannte Problemsoziologie, die Theorie abweichenden Verhaltens, die Armutsforschung und die Randgruppentheorie; erstere kann man als allgemeine, letztere als spezielle Problemsoziologien bezeichnen.

Daß ich diese Bindestrich-Soziologien für besonders relevant halte, folgt aus meiner Auffassung, was Soziale Arbeit „im Kern" ist: Sie ist meiner Erfahrung nach *die gesellschaftliche Institution zur Bearbeitung bestimmter sozialer Probleme* (im soziologischen Sinn des Wortes). Diese Probleme lassen sich im wesentlichen so charakterisieren: (a) unerwünschte Handlungsweisen bestimmter Menschen in Form diagnostizierter Fehlanpassung, Abweichung, Devianz; (b) unerwünschte Handlungsfolgen für bestimmte Menschen in Form von diagnostizierter Fehlausstattung, Armut, Deprivation und (c) unerwünschte Ausgestaltungen sozialer Beziehungsnetze in Form diagnostizierte Randständigkeit, Ausgrenzung, Desintegration.

Soziale Arbeit heißt folglich: (a) Solche Handlungsweisen ohne Einsatz physischer Gewalt zu korrigieren, das heißt in eine gewünschte Richtung zu lenken („Erziehen", „Sozialisieren"), das bedeutet Verhaltensänderung, (aktive und passive) Anpassung; (b) solche Handlungsfolgen ohne Infragestellung des gesellschaftlichen Produktions- und Verteilungssystems abzumildern („Helfen", „Ressourcen erschließen"), das bedeutet Ausstattung und (c) solche Beziehungsnetze ohne Infragestellung des gesellschaftlichen Produktions- und Verteilungssystems zu verbessern, das bedeutet „Eingliedern". Sozialarbeiter und Sozialpädagogen reagieren folglich kurativ oder prophylaktisch auf diagnostizierte Anpassungsprobleme, also auf sogenannte Abweichung/abweichendes Verhalten, und auf diagnostizierte Ausstattungsprobleme, also auf so etwas wie Deprivation oder Armut, bisweilen auch auf die Kombination oder vielleicht Basis beider identifizierter Problematiken, auf so etwas wie Desintegration, Ausgrenzung, Randständigkeit, wobei man dann von Integrationsproblemen sprechen kann. Meine Bestimmung, Soziale Arbeit bestehe in der Bearbeitung sozialer Probleme, entspricht rein verbal einer gegenwärtig sehr häufig geäußerten Meinung. Sie findet sich schon bei Bäuerle (1967) und in jüngerer Zeit beispielsweise bei Wendt (1986; 1990), Staub-Bernasconi (1983; 1986; 1994), Lüssi (1998) und Franke/Sander-Franke (1998). Allerdings meint jeder Autor etwas anderes, wenn er von „sozialen Problemen" spricht; der Konsens in dieser Frage ist also bei weitem nicht so groß, wie es der Wortgebrauch suggeriert.

Im folgenden will ich im deutschsprachigen Raum vorliegende Ansätze, Perspektiven, Fragestellungen und auch einige Ergebnisse dieser soziologischen Disziplinen zusammentragen und referieren. Eine vollständige Dokumentation der einschlägigen Literatur ist weder angestrebt noch möglich. Ich bezwecke mit dem Text dreierlei: Zum einen möchte ich einen Überblick geben über das, was in diesen genannten Disziplinen diskutiert wird. Dabei möchte ich auch zeigen, daß die Diskussion durchaus noch eine Weiterführung beziehungsweise Ausweitung verdient, und ich möchte mich an dieser Diskussion beteiligen. Zum zweiten möchte ich dazu anstiften, die Welt mit problemsoziologischen Augen zu betrachten. Ich glaube, der Blick auf die vielfältigen Probleme, von denen wir drangsaliert werden und mit denen wir uns herumschlagen, wird dadurch realistischer. Zum dritten möchte ich die Wirklichkeit der Sozialen Arbeit in einer neuartigen, bisher selten angewandten Perspektive zeigen: Es soll eine Annäherung an eine von der konkreten Realität der Sozialen Arbeit ausgehende *soziologische Theorie sozialarbeitsrelevanter sozialer Probleme* untersucht werden. (Die Arbeit von Staub-Bernasconi [1983] transzendiert aufgrund ihrer politisch-ethischen Implikationen beträchtlich den Raum dessen, was ich als „soziologisch" bezeichne. Sehr interessant ist indes ihr problemsoziologisch dimensionierter Versuch [1997] anhand der Geschichte der Sozialen Arbeit zu zeigen, daß „Soziale Arbeit als Artikulations- oder eben 'Konstruktionsinstanz' sozialer Probleme" [201] gesehen werden kann, ja, realistischerweise so gesehen werden muß, und wie in dieser Sicht die Geschichte der Sozialen Arbeit transparenter wird.)

(5) Wie gesagt, es sind zwei Fragenkomplexe, um die man sich problemsoziologisch mühen kann, einerseits der Fragenkreis nach den problematisierten Fakten und andererseits der Fragenkreis nach den Problematisierungen und ihrer gesellschaftlichen Durchsetzung, der Konstitution der Probleme, wie es im Fachjargon heißt, und der weiteren Arbeit mit den so gegebenen Problemen. Die Untersuchung der Fakten hat eine lange Tradition und ist in ihren Ergebnissen relativ weit verbreitet. Anders verhält es sich mit der Untersuchung der Konstitutions-

problematik und der Problematik der weiteren Arbeit an den Problemen. Sie ist vielfach gerade im Bereich Sozialer Arbeit kaum bewußt. In diesem Buch soll es deswegen nicht um beide Fragenkomplexe im Kontext sozialer Probleme gehen: Die Fragen nach den Bedingungszusammenhängen der Fakten, die real den sozialen Problemen zugrunde liegen, werden nicht behandelt, sondern nur die Fragen nach deren Problematisierung beziehungsweise Konstitution als Problem und was sie für Folgen hat. Die Fragen nach den zugrundeliegenden Fakten werden uns nur am Rand und nur insoweit beschäftigen, wie sie selber und mögliche Antworten bestimmt sind durch die Art und Weise der Konstitution und Bearbeitung der betreffenden Probleme. Im Kern unserer Überlegungen stehen also Prozesse des Problematisierens bestimmter Situationen von Menschen beziehungsweise der Gesellschaft und ihre Konstitution als soziale Probleme, was heißt, daß sie derart zur Sprache gebracht werden, daß politisch veränderndes Handeln, unter anderem durch Soziale Arbeit, beschlossen und durchgeführt wird.

Die genannte Aufgabe werde ich in drei Schritten bearbeiten: Zunächst werde ich Ansätze und Perspektiven der aktuellen allgemeinen und der speziellen Problemsoziologien darstellen (Teil I). Dann werde ich die problemsoziologische Perspektive zur Anwendung bringen, indem ich zentrale Themen der Problemsoziologie behandle (Teil II). In einem dritten, sehr knappen Teil möchte ich dazu anzustiften, Soziale Arbeit und ihre Arbeitsfelder problemsoziologisch zu betrachten (Teil III).

(6) Um kritische Lektüre wird gebeten: Experten sehen die Welt nicht objektiv, sondern interessiert. Sie haben einen Hammer, mit dem sie hämmern wollen, sie wollen ihren Expertenbeitrag am Markt der Problemlösungen absetzen, sehen und zeigen die Welt mithin so, daß sie dazu die Möglichkeit bekommen. Auch der Verfasser dieses Textes sieht sich als Experte. Was will er anbieten? Befähigung zur kritischen Sicht des Alltagslebens. Wo eine solche kritische Sicht angebracht ist, sieht er sich als problemlösend und hofft auf Ab- und Umsatz. Vielleicht sieht er deswegen überall Anlässe zu dieser kritischen Sicht ...

Teil I:
Ansätze und Perspektiven der aktuellen Varianten der Problemsoziologie

In einem ersten Gedankengang sollen sozusagen die Werkstätten betrachtet werden, in denen die sozialwissenschaftliche Auseinandersetzung mit sozialen Problemen stattfindet. Bezogen auf die von der Sozialen Arbeit bevorzugt bearbeiteten Probleme sind das vor allem die folgenden soziologischen Fachgebiete: Die Soziologie sozialer Probleme, die Theorie abweichenden Verhaltens, die Armutsforschung und die Randgruppentheorie.

Die drei letztgenannten Disziplinen werden selten bis nie als Problemsoziologien betrachtet und betrieben. Tut man dies jedoch einmal, so sind die Perspektivenerweiterung und damit der mögliche Erkenntnisgewinn beträchtlich.

So wird dann das, was üblicherweise als Problemsoziologie bezeichnet wird, zur allgemeinen Problemsoziologie. Der Darstellung ihres Ansatzes und ihrer Themen (Kapitel 1) soll die der als spezielle Problemsoziologien verstandenen Theorie abweichenden Verhaltens (Kapitel 2), der Armutsforschung (Kapitel 3) und der soziologischen Randgruppentheorie (Kapitel 4) folgen.

Kapitel 1:
Ansätze, Perspektiven und Fragen der allgemeinen Problemsoziologie

Zur Vermittlung einer Grundinformation über die aktuelle allgemeine Problemsoziologie sollen zunächst der Begriff und das sozialwissenschaftliche Konzept des sozialen Problems dargestellt werden (1.); darauf folgt die Beschreibung der aus dem Konzept herleitbaren Thematik der gegenwärtigen Problemsoziologie (2.).

1. ZUM BEGRIFF UND KONZEPT DES SOZIALEN PROBLEMS

Der Begriff des sozialen Problems ist für sozialwissenschaftliches Denken und Reden sperrig. Wenn man sich das nicht klar macht, stolpert man über ihn und die eigenen Füße oder – um ein anderes grausig-schönes Bild zu gebrauchen – man produziert „Weichselzöpfe ... elementarer logischer Fehler" wie es Max Weber (1968 [1907]: 310) drastisch formulierte; ein Weichselzopf ist „das bei länger bestehender Pediculosis capitis (= Lausbefall des Kopfhaars, N.S.) durch Läusekitt und Entzündungssekret verklebte und verfilzte Kopfhaar" (Thiele 1982, Bd. 2: 2657).

Man muß sich der Herkunft des Begriffs vergewissern, chronologisch (1.1.) und bezüglich seines ursprünglichen Kontextes (1.2.). Dann wird es möglich, ihn zur sozialwissenschaftlichen Brauchbarkeit umzubauen, ja, ihn zu einem äußerst fruchtbaren Konzept für die Analyse dessen, was landläufig als soziales Problem und ähnlich bezeichnet wird, auszubauen (1.3.). Allerdings ist es dazu nötig, ihn in seiner Eigenart als wissenschaftlichen Begriff gegenüber dem allgegenwärtigen politischen Sprachgebrauch zu wahren und zudem ihn noch exakter zu bestimmen, um die Trennschärfe der mit ihm möglichen Analysen zu erhöhen (1.4.).

1.1. Zur Chronologie der sozialwissenschaftlichen Verwendung des Begriffs des sozialen Problems

Der Begriff des Problems im Sinne einer Aufgabe, deren Lösungswege ganz oder teilweise unbekannt sind, taucht in der deutschen Sprache im 16. Jahrhundert als Fremdwort aus dem Lateinischen und Griechischen auf (Duden 1989: 551). Die Kombination mit dem Adjektiv „sozial" ist, soweit ersichtlich, im deutschen Sprachgebrauch sehr jungen Datums;

sie ist vor 1970 nur selten zu finden. Begriffe mit ähnlichem Gehalt gab es zwar, etwa „(soziale) Mißstände", „Sozialprobleme" (so Nell-Breuning 1964), insbesondere den der „sozialen Frage" oder der „sozialen Fragen" (so neben vielen anderen Fischer 1977), aber von „sozialen Problemen" sprach man bei der Thematisierung unerwünschter gesellschaftlicher Zustände kaum. Alltagssprachlich war der Begriff wohl unbedeutend, und in der Fachsprache der Soziologen existierte er überhaupt nicht (Leitner 1981: 115f).

Anders in den englischsprachigen Ländern: Der Begriff „social problem" ist hier weit verbreitet und schon in der ersten Hälfte des 20. Jahrhunderts fest etabliert; sozialwissenschaftlich ist er zumindest seit der Jahrhundertwende üblich (Fischer 1977: 39); in den US-amerikanischen Sozialwissenschaften gab es schon seit der ersten Hälfte des 20. Jahrhunderts eine entwickelte Theorie sozialer Probleme.

Insgesamt läßt sich sagen, daß in Deutschland auf der einen und in den USA und Großbritannien auf der anderen Seite unterschiedliche Leitbegriffe zur Thematisierung unerwünschter gesellschaftlicher Zustände vorhanden waren.

Diese Unterschiedlichkeit der Begriffe ist von einiger Bedeutung.

(1) Die „soziale Frage" – das war in Deutschland bis in die 60er Jahre, verkürzt gesagt, die „Arbeiterfrage", also die Frage nach der richtigen Verteilung des Sozialprodukts zwischen Kapital und Arbeit (Becher 1996). Werden alle unerwünschten gesellschaftlichen Zustände auf diesen Begriff gebracht, dann wird implizit davon ausgegangen, daß alles gesellschaftliche Übel aus dem einen Grundwiderspruch von Kapital und Arbeit resultiert. Die Faszination des Elends der Arbeitermassen und die Faszination seines Theoretikers Marx wirkte nachhaltig weiter.

(2) Die Verwendung des Worts „soziale Frage" zur Thematisierung unerwünschter gesellschaftlicher Zustände verweist aber noch auf einen weiteren Tatbestand: In den ersten eineinhalb Jahrzehnten der Bundesrepublik galt die „soziale Frage" durch die „soziale Marktwirtschaft" innerhalb der „freiheitlich-demokratischen Grundordnung" eigentlich als gelöst. Was an „Problemen" jetzt noch auftauchte, konnte, dem herrschenden Zeitgeist entsprechend, nicht „sozial" sein, sondern nur individuell – und entsprechend waren auch Theorie und Praxis der Sozialen Arbeit, einer gesellschaftlichen Veranstaltung zur Bearbeitung spezifischer „Fragen" oder „Probleme", weithin individualisierend, hatten also nur den Einzelnen im Blick.

(3) „Social problems" – dieser Begriff eröffnete jedoch weitere Perspektiven, zum Beispiel die des „sozialen Wandels" (Ogburn) oder der

„sozialen Desorganisation" (Elliott und Merrill nach Blum 1964). Er blendete vor allem den gesellschaftlichen Charakter menschlicher Problemlagen nie aus, wohl aber häufig den Umstand, daß die kapitalistische Wirtschafts- und Gesellschaftsordnung einen wichtigen Anteil am Elend aller Art hatte und hat.

Das änderte sich in den 60er Jahren: Ein früher deutschsprachiger Text, der den Begriff des sozialen Problems sehr häufig gebraucht, ist die sozialarbeitstheoretische Untersuchung des Schweizer Soziologen Blum (1964). Auch Bäuerle (1967) spricht im gleichen Zusammenhang vereinzelt von „sozialen Problemen". Ab etwa 1970 wird der Ausdruck dann zum häufig gebrauchten Fach- und Schlagwort unter praxisorientierten Sozialwissenschaftlern. Bedeutsam für diese Entwicklung dürfte insbesondere der zweibändige Reader von Bellebaum und Braun „Soziale Probleme" aus dem Jahr 1974 gewesen sein. Zu dieser Zeit und teilweise bis heute wird das Wort vor allem in zwei Bedeutungen gebraucht: (a) Es dient, wie eingangs schon erwähnt, zur Kennzeichnung von Problemen einzelner mit ihrem sozialen Umfeld, der Gesellschaft; gleichbedeutend finden sich Ausdrücke wie „soziale Schwierigkeiten" und ähnliche. (b) Er dient zur Kennzeichnung von Schwierigkeiten der Allgemeinheit, der Gesellschaft als ganzer also; dabei geht man in der Regel davon aus, daß diese Schwierigkeiten sowohl gesellschaftlich verursacht wie als solche gesamtgesellschaftlich relevanten Schwierigkeiten auch erkannt und anerkannt sind und deshalb im Namen der Gesellschaft zu behandeln sind (Blum 1964: 19f; Bellebaum/Braun 1974). Im folgenden interessiert nur das Wort in seiner zweiten Bedeutung.
Die Arbeiten von Blum, Bäuerle sowie Bellebaum und Braun lassen den sprachlichen und sachlichen Ursprung des Begriffs klar erkennen: Er ist direkt aus englischsprachiger Literatur übernommen. Blum (1964) basiert im wesentlichen auf amerikanischer Literatur. Er transkribiert den dort üblichen Begriff des „social problem". Wo Bäuerle (1967: 15, 39) „soziale Probleme" im Sinne bestimmter gesellschaftlicher und nicht individueller Verhältnisse anspricht, referiert auch er amerikanische Autoren oder spricht von amerikanischen Verhältnissen. Bellebaum und Braun (1974) berufen sich bei dem Thema ständig auf amerikanische Autoren.
Diese Rezeption geschah aus bestimmten Interessen: (a) Zum einen suchten die Sozialarbeits-Theoretiker und -Berufspolitiker im Zuge der beginnenden Professionalisierung nach einer breiteren wissenschaftlichen Fundierung der Sozialen Arbeit. Dabei stießen sie auch auf die So-

ziologie (vergleiche das Vorwort in Blum 1964). Zum anderen suchten die seit der zweiten Hälfte der 60er Jahre an den deutschen Universitäten in großer Zahl ausgebildeten Soziologen neue Arbeitsfelder, die sie in begrenztem Ausmaß im Sozialwesen fanden. Begriff und Konzept des sozialen Problems als Feld praktischer Sozialer Arbeit und theoretischer Soziologenarbeit brachte beide Interessengruppen zusammen. (b) Noch eine weitere Tendenz brach sich im Kontext dieser Übernahme des Soziale-Probleme-Konzepts Bahn: die Politisierung der Sozialen Arbeit. In diesen neuen, mit dem Begriff des sozialen Problems operierenden Sozialarbeits-Theorien wurden individuelle Problemzustände, für die sich Fürsorger beziehungsweise Sozialarbeiter seit jeher zuständig sahen, durch die Folie gesellschaftlicher Problemzustände gelesen. Soziale Probleme galten damals gerade auch als durch die Gesellschaft produziert, weshalb sie auch im Namen dieser Gesellschaft zu beheben waren. Damit wurden diese individuellen Mangellagen ebenso wie die adäquate berufliche Reaktion darauf gesellschaftlich, das heißt politisch, gedeutet. Es ist interessant, daß diese anfängliche Politisierung nicht erst ein Ergebnis der 68er Bewegung war, auch wenn sie sich erst mit dem Zerbrechen des gesellschaftlichen Konsenses und der partiellen Auflösung der Ideologie der „Wirtschaftswunder" – Gesellschaft um 1968 – zumindest verbal-theoretisch – stärker durchsetzen konnte, weshalb ab den 70er Jahren die US-amerikanischen Theorien rezipiert und modifiziert wurden. Daß dabei später verstärkt kapitalismuskritische Aspekte zum Tragen kamen, hatte vielerlei Gründe, unter anderen den, daß das deutsche Denken vom Konzept der „sozialen Frage" vorstrukturiert war.

Der Begriff „soziales Problem" gehört heute praktisch zum Standard-Instrumentarium soziologischer Arbeit, allerdings in einem beträchtlich modifizierten Wortsinn. Besser als jede Literaturübersicht mag diese Behauptung der Umstand belegen, daß dieser Begriff in der „scientific community" der Soziologen seinen organisatorischen Niederschlag gefunden hat: Es gibt in der „Deutschen Gesellschaft für Soziologie" eine Sektion „Soziale Probleme und soziale Kontrolle", und es existiert eine Zeitschrift „Soziale Probleme". Auch in den neueren Lexika zur Soziologie ist der Begriff zumeist vertreten, so bei Fuchs (1978) und Fuchs-Heinritz (1994), Hartfiel/Hillmann (1982), Schäfers (1986; 1998; an letzterer Stelle als Stichwort „Soziale Frage/soziale Probleme") und Reinhold (1992).

In der Sprache der Theorie der Sozialpolitik ist der Begriff ebenfalls vertreten, aber keineswegs zentral. Es verwenden ihn v. Ferber (1977) und F.X. Kaufmann (1977) in ihren beiden wichtigen Aufsätzen zu Fragen einer möglichen sozialwissenschaftlichen Fundierung von Sozialpolitik nicht oder nur am Rande; für Pankoke (1977) ist er nicht zentral, aber verfügbar; Hegner/Schmidt (1977) verwenden ihn in Anführungszeichen. Aber die Jahrestagung der „Gesellschaft für Wirtschafts- und Sozialwissenschaften, Verein für Socialpolitik" im Jahre 1976 stand unter dem Generalthema „Soziale Probleme der modernen Industriegesellschaft" (vergleiche Külp/Haas 1977). Bei Maydell/Kannengießer (1988) und Lampert (1991) sowie Frerich/Frey (1993) kommt der Begriff weder im Inhalts- noch im Stichwortverzeichnis vor; Bäcker u. a. (1989) verwenden ihn im Einführungskapitel, sonst sprechen sie eher von „sozialen Risiken". Kaufmann (1993) und Bellermann (1998) gebrauchen das Wort wiederum eher beiläufig.

Zeitlich in etwa parallel hat sich der Begriff auch in die Fachsprache der Sozialen Arbeit ausgeweitet. Mit Blum (1964) ist die Sozialarbeitstheorie vielleicht der erste Ort, wo der Begriff bewußt „eingedeutscht" wurde. Bäuerle verwendet ihn zwar noch selten, aber immerhin zur beiläufigen Bestimmung von Sozialarbeit beziehungsweise Sozialarbeiter: Sie sind für ihn „Experten zur Lösung sozialer Probleme" (Bäuerle 1967: 15). Bezeichnend für seine heutige Relevanz dürfte sein, daß er in den neueren Wörter- und Handbüchern zur Sozialen Arbeit häufig erscheint: so bei Schwendtke (1977 und 1994), Deutscher u. a. (1978), Eyferth (1984), Bauer (1992) und Deutscher Verein (1993 und 1997); bei Kreft/Mielenz (1996) und Stimmer (1996) fehlt er hingegen. An neuerer Literatur, die mit diesem Begriff arbeitet, seien beispielhaft genannt Oppl/Tomaschek (1986), die ihrem Band 1 von „Soziale Arbeit 2000" den Titel „Soziale Probleme und Handlungsflexibilität" geben, und Staub-Bernasconi mit ihrem Sammelband „Systemtheorie, soziale Probleme und soziale Arbeit: lokal, national, international oder: vom Ende der Bescheidenheit" von 1995.

Aus dem Bereich sozialwissenschaftlicher und professionell-sozialpraktischer Fachsprachen ist der Begriff übergeschwappt in die gehobene Alltagssprache, ohne allerdings hier größere Bedeutung erlangt zu haben. Faßbar wird das zum einen in der Sprache des Journalismus, zum andern in der Sprache der Politik.

Für Journalisten scheint der Begriff nicht nahe zu liegen, er taucht selten auf; das gilt sowohl für das Grundwort „Problem" wie für die Kombination „soziales Problem".

In der Politikersprache scheinen beide Begriffe etwas häufiger vorzukommen. Das Grundwort „Problem" taucht öfter auf. So ist der Vorspann zu Gesetzen, die im Bundestag eingebracht werden, häufig gegliedert nach den Rubriken „Problem – Lösung – Alternativen – Kosten", wodurch der ganze Gesetzgebungsvorgang als Lösung eines politischen oder gesellschaftlichen Problems definiert ist, so, wie auch die Wortkombination „gesellschaftliche" beziehungsweise „politische Probleme" bisweilen auftaucht. Auch sonst wird von „Problemen" unterschiedlichster Art gesprochen. In selteneren Fällen gibt es „soziale Probleme", und zwar in zwei Bedeutungen, einerseits als problematisierter Zustand der Gesellschaft, also im Sinne von Problemen, die „die Gesellschaft" hat, andererseits als problematisierter Zustand vieler Einzelner in der Gesellschaft, also im Sinne von Problemen, die man mit der Gesellschaft hat: Der Treibhauseffekt ist ein „globales Problem" (Bulletin 21, 1995:169). Die Arbeitslosigkeit ist ein „zentrales gesellschaftliches und politisches Problem" (Bundestagsdrucksache 13/6845 und 13/5935). Die deutsche Einheit bringt „materielle" sowie „wirtschaftliche und soziale Probleme" (Bulletin 17. Juli 1997: 722ff). Es gibt „Personengruppen mit besonderen sozialen Problemen", nämlich Obdachlose, Nichtseßhafte und „andere Randgruppen" (Bundestagsdrucksache 6/3432); auch von den „materiellen und sozialen Problemen der jungen Menschen" wird gesprochen (10/4942). Andererseits ist von den „herrschende(n) Verhältnisse(n) und de(n) wirtschaftlichen, politischen und sozialen Probleme(n)" die Rede (10/4942). Bildung ist weltweit die „neue soziale Frage" (Bulletin 23. Juli 1997). Eine dritte Bedeutung des Wortes „soziales Problem" steuerte Biedenkopf bei: In der Auseinandersetzung um die „Neue Soziale Frage" warf er einem CDU-Programmentwurf vor, er „stelle die Neue Soziale Frage fälschlich als soziales Problem dar. In Wirklichkeit handle es sich um ein 'ordnungspolitisches, ein machtpolitisches Problem'" (Jäger 1987: 34). Mit diesen Bedeutungen ist der Begriff des sozialen Problems aber keineswegs ein Zentralbegriff gegenwärtiger politischer Verständigung und Auseinandersetzung. Viel wichtiger ist der Begriff der politischen „Aufgabe", daneben gibt es „Herausforderungen" und „(neue) soziale Fragen".

1.2.   Der politische Charakter des ursprünglichen Begriffs des sozialen Problems

Der Begriff des sozialen Problems ist sperrig und paßt nur reflektiert, also in gewisser Weise gebrochen, in die soziologische Sprache; denn er ist seinem Ursprung nach kein wissenschaftlicher, sondern ein politischer Begriff. Daß das so ist und was das für Folgen hat, soll jetzt gezeigt werden.

(1) Fragt man, was mit dem Begriff in seiner breiten Verwendung konkret gemeint sei, so findet man bei Bellebaum (1977: 284) eine zwar befremdliche, aber trotzdem sehr informative Antwort:

„Stellt man auf jene Verhältnisse ab, die als soziale Probleme bezeichnet werden, dann ergibt sich ein verwirrendes Bild. Hingewiesen wird beispielsweise auf: Kriminalität, Alkoholismus, Drogenkonsum, Pornographie, Ehescheidung, Abtreibung, Prostitution, Homosexualität, Ungleichheit, Altern, Sterben, Freizeit, Arbeitslosigkeit, psychische Krankheit, unvollständige Familie, Frauenerwerbsarbeit, Umweltbelastung, Einkommensunterschiede, fehlende Mitbestimmung, Numerus clausus, Lärm, wirtschaftliche Rezession, Obdachlosigkeit, Heimerziehung, Gastarbeiter, Armut, Chancenungleichheit, Sinngebungsdefizite usw."

Diese Liste ließe sich, wie das „usw." zeigt, ohne viel Phantasie beträchtlich verlängern. Was ist nun das Gemeinsame dieser Tatbestände, das es rechtfertigt, sie gleichermaßen als soziale Probleme zu bezeichnen, das heißt sie unter einen einzigen Begriff zu subsumieren? Wenn man die Tatbestände, so wie sie hier aufgetischt sind, inhaltlich betrachten, findet sich keine Antwort. Denn was sollen Pornographie, Altern und Lärm inhaltlich miteinander zu tun haben?

(2) Vielleicht regt sich beim Lesen auch Unwillen über diese Auflistung. Der eine sagt vielleicht: „Wieso soll Pornographie ein soziales Problem sein? Wer sowas anschauen will, soll es, ich habe nichts dagegen." Oder: „Nicht Abtreibung ist ein soziales Problem, sondern der Umstand, daß ein sachlicher Umgang mit einer ungewollten Schwangerschaft gesellschaftlich so verkompliziert wird." Unterschiedliche Menschen werden also ganz unterschiedliche Listen sozialer Probleme zusammenstellen. Diese Beobachtung führt weiter: Worin stimmen die genannten sozialen Probleme jeweils überein, wodurch unterscheiden sie sich? Sie nennen jeweils Tatbestände, die bestimmten Leuten, Verfassern solcher Auflistungen, Journalisten, Politikern, Sozialarbeitern, Sozialwissenschaftlern, nicht passen, und entsprechend unterschiedlich – je nach Standpunkten und Interessen ihrer Verfasser – fallen diese Listen auch aus. „Soziale Probleme sind das, was interessierte Parteien glauben, daß sie es sind" (Becker 1966, zit. nach Lautmann 1981: 184).

(3) „Nicht passen", das ist im Fall der sozialen Probleme nun nichts Theoretisches, sondern etwas eminent Praktisches: Man meint, daß diese Zustände zwar so sind, aber nicht unausweichlich so sein müssen, also prinzipiell veränderbar sind. Man will, daß diese Zustände „sich ändern", und das heißt, gesellschaftlich geplant und gezielt im Sinne der eigenen Interessen geändert werden. Damit enthüllt sich der Begriff des

sozialen Problems als *politischer* Begriff: Auf der Schablone einer als verbindlich angesetzten Wertskala werden bestimmte (gesellschaftliche) Verhältnisse als defizitär qualifiziert, und zwar so, daß zugleich von „der Gesellschaft" Abhilfe gefordert wird. Der Begriff ist also seinem Sinn nach nicht primär deskriptiv-analytisch, sondern präskriptiv oder provokativ. Er soll im gesellschaftlichen Kontext veränderndes, korrigierendes Handeln im Dienst bestimmter Interessen hervorrufen, und das ist etwas Politisches; der Begriff des sozialen Problems ist ein „politisches Instrument" (Steinert, zit. nach Haferkamp 1977: 203). Dieser politische Charakter macht den Begriff des sozialen Problems nun zunächst für die soziologische Arbeit unbrauchbar, sofern sie sich nicht unbesehen in den Dienst bestimmter politischer Richtungen stellen und damit zur Ideologie verkommen will. Vor seiner sozialwissenschaftlichen Verwendung muß der Begriff somit umgebaut werden.

1.3.   Der „realistische" und der „konstruktionistische"
        Problem-Begriff

In der deutschsprachigen Soziologie spielte der Begriff, wie oben ausgeführt, bis in die 70er Jahre kaum eine Rolle; der deutsche Parallelbegriff der sozialen Frage hat eine alte Geschichte, aber nicht in der Soziologie, sondern in der Sozialpolitik. Anders in den USA; hier gab es eine reiche Fülle von Soziologien sozialer Probleme, insbesondere in Form zahlreicher „Readers". Doch hier war man sich in der Tat lange Zeit des politischen Charakters dieses Begriffs nicht bewußt. In der Tradition des soziologischen Struktur-Funktionalismus übernahmen deren Autoren, das mutet heute ziemlich naiv an, mehr oder weniger unbesehen das, was von dominanten politischen Gruppen ihnen als soziale Probleme vorgegeben wurde; oder sie setzten die Wertmaßstäbe der eigenen politischen Zugehörigkeit als objektiv an (siehe die Darstellung bei Albrecht 1977). Haferkamp verweist hier auf den „tiefsitzende(n) Konservativismus dieser Generation von Sozialwissenschaftlern, der sich aus ihrer Herkunft aus der Mittelschicht, dem Protestantismus und dem kleinstädtischen Milieu speist" (Haferkamp 1977: 188). Für sie waren soziale Probleme objektiv gegebene Realitäten, insofern verwandten sie einen „realistischen" Problembegriff und entwickelten „realistische" Theorien über die als soziale Probleme definierten Tatbestände.

Das änderte sich mit dem Erstarken der interaktionistischen Schule der amerikanischen Soziologie: Nach ersten Anklängen in den frühen 40er Jahren (Albrecht 1977: 146; Schetsche 1996: 6) gewann in den 60er und frühen 70er Jahren in den USA die Einsicht breiteren Raum, daß soziale

Probleme in einem sozialen und das heißt letztlich politischen Definitionsprozeß als solche „konstruiert" und durchgesetzt werden, daß ein derartiger Versuch auch mißlingen kann, und daß dieser Prozeß das soziale Problem erst als soziales Problem „konstituiert" (Albrecht 1977; Haferkamp 1977). Man begann, diese Kommunikations- und Entscheidungsprozesse in „konstruktionistischen" Theorien zu beschreiben und zu erklären. Seitdem gibt es in den USA, mit Querschlägern nach Europa, mehr oder weniger heftige Grabenkämpfe zwischen „Realisten" und „Konstruktionisten" (Albrecht 1990). Die in den 70er Jahren sich entwickelnde deutsche Soziologie sozialer Probleme übernahm sehr bald mehr oder weniger konsequent den konstruktionistischen Ansatz. Von großer Bedeutung war vermutlich der 1975 in deutscher Sprache erschienene Aufsatz des Amerikaners Blumer „Soziale Probleme als kollektives Verhalten". Wichtig für diesen Ansatz ist die Feststellung,

> „daß der Terminus 'soziale Probleme' kein originär wissenschaftlicher Terminus ist; denn die Karriere von einer eine bestimmte gesellschaftliche Kategorie betreffenden 'problematischen Situation' zum 'sozialen Problem' ist eben keine wissenschaftliche Abstraktionsleistung, sondern ein gesellschaftlicher Prozeß, an dem die Wissenschaft allenfalls am Rande mitwirkt" (Albrecht 1977: 144).

In dieser Perspektive stellen sich dann soziale Probleme wie folgt dar:

> „Sehr vereinfacht gesagt geht es bei sozialen Problemen um Bedingungen, die von einem signifikanten Personenkreis als mit den normativen Standards einer gegebenen Gesellschaft nicht vereinbar angesehen werden und zu deren Beseitigung deshalb im Regelfall gesellschaftliche Ressourcen mobilisiert werden" (Albrecht u. a. 1985: 315).

1.4. Definitionsfragen

Das Kunstwort „soziales Problem" hat es schwer, nicht mißverständlich oder unpräzise verwandt zu werden: Es spielt in zwei Sprachspielen (1.4.1.) und ist im wissenschaftlichen Sprachspiel noch nicht hinreichend klar und sachgerecht definiert (1.4.2.).

1.4.1. Dieselben Wörter in zwei Sprachspielen

Daß ein Tatbestand den politischen Charakter eines sozialen Problems angenommen hat, ist also Ergebnis eines politischen Prozesses, eines Definitions- und Konstitutionsprozesses.
Der Fachjargon verwendet in diesem Zusammenhang drei Begriffe, die nicht völlig trennscharf sind: Definition (von Situationen), Konstrukti-

on (von Wirklichkeit) und Konstitution (sozialer Tatbestände): Wenn Menschen gemeinsam in einem bestimmten Kontext stehen, so einigen sie sich darauf, was dieser Kontext bedeute, sie definieren dadurch die hiermit entstehende Situation. Wenn Menschen sich kommunizierend darüber verständigen, was Sache ist, sich also ein gemeinsames Bild machen, konstruieren sie Wirklichkeit beziehungsweise Tatbestände. Wenn sie dabei durchsetzen, daß bestimmte Tatbestände sozial verbindlich als gegeben gelten, konstituieren sie sie als solche, zum Beispiel als soziale Probleme.

Tatbestände – wir werden unten genauer sehen, daß und warum wir sie nicht naiv und unbesehen mit Realitäten gleichsetzen dürfen –, die diesen politischen Charakter eines sozialen Problems zugewiesen bekommen haben, indem sie erfolgreich problematisiert wurden und damit als soziale Probleme *gelten*, bezeichnen wir nun auch sozialwissenschaftlich als soziale Probleme. Sozialwissenschaftlich gesehen, ist das ein soziales Problem, was gesellschaftlich-politisch als soziales Problem *gilt*.

In diesem soziologischen Sinn war das Unwesen der Hexen der frühen Neuzeit, das zwar zumindest in der damals so dargestellten Form nicht real existierte, wohl aber für die Menschen dieser Zeit ein Tatbestand, eine bedrängende und folglich skandalisierte Wirklichkeit war, ein soziales Problem (oder, genauer gesagt, die Vorform eines sozialen Problems, da noch nicht der gesellschaftliche Rahmen des modernen Rechtsstaats gegeben war; vergleiche dazu unten 1.4.2.).

In dieser Verwendung bezeichnet das Wort „soziales Problem" nicht nur einen (einfachen) Begriff, sondern ein (komplexes) Konzept: Es basiert auf den beiden Begriffen des „Tatbestands" und dem der „Problematisierung" und impliziert die Kombination beider Gegebenheiten.

Mit einem Konzept in diesem Wortsinn wird nicht nur ein Phänomen(bereich) aus dem Universum der Wirklichkeiten ausgegrenzt und benannt, wie es bei einfachen Begriffen der Fall ist; es wird vielmehr eine Verknüpfung zweier oder mehr elementarer Phänomene in einer komplexen Gegebenheit, die aus dieser Verknüpfung ihre grundlegende Interpretation erfährt, postuliert. Konzepte in diesem Wortsinn begegnen uns in der Alltagssprache ebenso wie in der wissenschaftlichen Sprache.

Entsprechend eröffnet das sozialwissenschaftliche Konzept des sozialen Problems die Perspektive auf Tatsachen und ihre Entstehung sowie auf ihre Transformation zu sozialen Problemen.

Man könnte darüber streiten, ob es günstig war, daß Soziologen dieselbe Wortkombination „soziales Problem" für eine offensichtlich ganz anders als im politischen Alltag betrachtete Sache verwendet haben. Vielleicht wäre eine andere Wortwahl besser gewesen, beispielsweise „soziale Problematisierung" oder „gesellschaftlich problematisierte Tatbestände". Da das nicht geschah, haben wir den Begriff des sozialen Problems heute in zwei sehr verschiedenen Sprachspielen mit äußerst unterschiedlichen semantischen Ebenen:

(a) Im alltagspraktisch-politischen und damit auch im sozialarbeitspraktisch-professionellen Sprachspiel ist der Begriff, wie alle Problembegriffe, sehr komplex, denn er kommuniziert auf drei Ebenen: (aa) Auf der Ebene der *Tatsachenaussagen*: „das und das ist (bei Sozialarbeitsproblemen: im Bereich zwischenmenschlichen Umgangs) der Fall und ist grundsätzlich veränderbar"; (bb) auf der Ebene der Wertung: „das, was der Fall ist, ist so nicht gut"; (cc) auf der Ebene des Appells: „das muß von uns/euch geändert werden".

(b) Im soziologischen Sprachspiel ist der Begriff demgegenüber, wie alle sozialwissenschaftlichen Begriffe, eindimensional; er kommuniziert nur auf der einen Ebene der *Tatsachenaussagen*: „Das und das ist der Fall", und zwar im Bereich dessen, was (bei durchsetzungsfähigen Leuten) als im zwischenmenschlichen Umgang gegeben gilt, wie das (von ihnen) *bewertet wird* und was (von ihnen) an *Änderungen gefordert beziehungsweise realisiert* wird. Die Frage, was „objektiv" ein soziales Problem „ist", ist soziologisch nicht beantwortbar, weil sie im soziologischen Kontext keinen Sinn hat.

Exkurs: Grenzen des soziologischen Sachverstands im politischen Geschäft

Dieser vorherrschende Ansatz einer konstruktionistischen Problemsoziologie ist allerdings auch in der deutschsprachigen Literatur nicht unbestritten. Der früh verstorbene Soziologe Haferkamp folgte ihm nicht und bekämpfte ihn als halbherzig und wichtige Möglichkeiten soziologischer Aufklärung verspielend (1987); S. Staub-Bernasconi, die z.Z. für die deutschsprachige Sozialarbeitstheorie eine nennenswerte Bedeutung hat, sieht in ihm gar den Ausdruck tiefliegender sozialer Probleme (Staub-Bernasconi 1983). Beide meinen, mit sozialwissenschaftlichen Mitteln wären Aussagen über bindende menschliche und gesellschaftliche Ziel- und Sollenszustände möglich. Sozialwissenschaftler könnten also mit den In-

strumenten ihrer Wissenschaft verbindliche Maßstäbe für die Identifikation objektiv gegebener sozialer Probleme herleiten. Das ist und
bleibt aber ein logischer Fehlschluß. Wenn Haferkamp als letzten
Maßstab sozialer Probleme Leben und Gedeihen der einzelnen und
der Gemeinwesen ansetzt, so greift er auf einen außerwissenschaft-
lichen Wertmaßstab zurück; und Staub-Bernasconi bietet nur eine
scheinwissenschaftliche Begründung ihrer vorwissenschaftlichen
Wertmaßstäbe mittels halsbrecherischer logischer Salti mortali, was
sich in fast jedem Kapitel ihrer grundlegenden Arbeit von 1983 zeigen läßt (Sidler 1994).
Haferkamp macht dann der hier vertretenen Problem-Soziologie
zwei ganz gezielte Vorwürfe:
(1) Soziologen lassen sich, wenn sie diesem Ansatz folgen, von mäch-
tigen Problemdefinitoren diktieren, was sie untersuchen sollen. – Der
Vorwurf ist nicht zutreffend: Von diesem Ansatz kann man nämlich
auch untersuchen, warum bestimmte Tatsachen, an denen vielleicht
sehr viele Menschen leiden, gesellschaftlich *nicht* problematisiert
werden.
(2) Soziologen verspielen alle moralische Relevanz, wenn sie darauf
verzichten, aus ihrer Fachkompetenz heraus zu entscheiden, was objektive soziale Probleme sind. – Soziologisches Reden kann keine
unmittelbare moralische Relevanz haben; Soziologie kann nur mittelbar moralisch relevant sein, indem sie bei gegebener (und vielleicht kritisch hinterfragter) Moral das Feld des moralisch handeln
Wollenden durch beschreibende und erklärende Aussagen aus-
leuchtet. Aus *soziologischem* Sachverstand können Leute, die beruflich Soziologen sind, nicht entscheiden, was ein soziales Problem im
politischen Sinn ist oder zu sein hat, das können sie nur als *politische*
Menschen mit ethischen Werten, beispielsweise als Christen oder
Humanisten, und als Interessenten im gesellschaftlichen Kampf um
Ressourcen und Privilegien.
Stöbener macht eine in diesem Zusammenhang sehr wichtige Unter-
scheidung:

„Eine differenzierte sozialwissenschaftliche Betrachtung der Wirkungen, Konsequenzen und der Relevanz sozialwissenschaftlichen Wissens... hat zwischen der analytischen 'Beobachter-Ebene', der Ebene der
Politikberatung und der praktisch-normativen Handlungsebene, auf der
die Sozialwissenschaften selbst aktiv in den Konstituierungsprozeß
sozialer Probleme eingreifen, zu unterscheiden" (Stöbener 1996: 108f).

Auf der ersten Ebene ist eine „objektive" Identifikation sozialer Probleme nicht möglich; auf der zweiten Ebene wird die Problemdefinition von den beauftragenden Politikern zumindest grundsätzlich geliefert; auf der dritten Ebene sollte man nicht von „den Sozialwissenschaften" reden, sondern von sozialwissenschaftlich hochinformierten Bürgern, die ihr Sachwissen mitverwenden, um vernünftig argumentieren und verantwortlich handeln zu können, wobei sie hierbei noch auf weitere, nicht-wissenschaftliche Wissensbestände zurückgreifen müssen.

Im Ergebnis sehr ähnlich argumentieren Meuser und Schetsche (1996), wenn sie „die Soziologie" zur „Verweigerung der Parteilichkeit" angesichts konkurrierender Problemdeutungen und Problemdeuter auffordern.

1.4.2. Abgrenzungsfragen

Wann hat nun eine bestimmte Situation den Status eines sozialen Problems erreicht? Was kennzeichnet also ganz genau das soziale Problem? Hier gibt es in der soziologischen Literatur beträchtliche Unschärfen und Ungenauigkeiten. Vielfach wird schon der Umstand, daß ein Thema öffentlich problematisiert wird, als ausreichend dafür angesehen, daß ihm der Problem-Status zugesprochen wird; Schetsche (1996: 2) definiert entsprechend: „Ein soziales Problem (...) ist (...) alles, was von kollektiven Akteuren, der Öffentlichkeit oder dem Wohlfahrtsstaat als solches angesehen und bezeichnet wird." Groenemeyer (1996: 71) sieht als wesentlich für „soziale Probleme (...), daß diese als gesellschaftliche Bedingungen über eine öffentliche Mobilisierung als veränderbare Störungen des gesellschaftlichen Lebens thematisiert werden". Es gibt aber ein sehr breites Spektrum von Problematisierungen im gesellschaftlichen Raum mit sehr unterschiedlicher Breiten- und Tiefenwirkung:

In einem Bericht im Lokalteil einer Tageszeitung wurde unlängst ein leidenschaftlicher und auch erfolgreicher Skatspieler vorgestellt. Er problematisierte in diesem Interview und damit öffentlich, daß in den Sportsendungen des Fernsehens nie über Skatturniere berichtet werde. Allerdings fand diese Problematisierung kein weiteres Echo.

Das Risiko für Bürger Deutschlands, im Falle der Pflegebedürftigkeit in Sozialhilfebedürftigkeit zu geraten, wurde seit den 70er Jahren zunehmend problematisiert, mit dem Endergebnis, daß eine neue gesetzliche Versicherung eingeführt wurde (Stöbener 1996).

Es ist nun meines Erachtens nicht sinnvoll, den Gegenstand jeder öffentlichen Problematisierung als soziales Problem im soziologischen Sinn des Wortes zu bezeichnen – das Thema zerrinnt uns sonst zwischen den Fingern. Deswegen wird hier ein sehr enger Begriff des sozialen Problems vorgeschlagen und gebraucht: Es wird vorgeschlagen, zwischen gesellschaftlicher, also sozialer Problematisierung im allgemeinen und sozialen Problemen im besonderen zu unterscheiden; als gesellschaftliche *Problematisierung* wird eine *Thematisierung in Räumen jenseits des Privaten* bezeichnet, bei der ein bestimmter Tatbestand als gegeben dargestellt, negativ qualifiziert und seine Beseitigung – in der Regel im Namen der Allgemeinheit – gefordert wird. Als *soziale Probleme* bezeichne ich nur solche Problematisierungen, die auf einer *gesellschaftlich-politischen Entscheidungsebene zu Beschlüssen einer Problembearbeitung im gesellschaftlichen und damit in der Regel staatlichen Auftrag und mit gesellschaftlichen Mitteln führten.*

Diese Definition ist sinnvoll für die Analyse von Prozessen in unserer Gesellschaft, die als sozialer Rechtsstaat politisch verfaßt ist. Für liberale Rechtsstaaten – Paradefall USA – dürfte sich ein anderer Begriff anbieten, weil dort, wie es scheint, ein Großteil möglicher öffentlicher Problematisierungen nicht als Zuständigkeitsbereich des Staates, sondern freier und freiwilliger Gruppen definiert wird; hierzu ist als relativ aktuelle Ausformulierung solcher Positionen die Kommunitarismusdebatte zu erwähnen. Dieser Sicht der Dinge zufolge sind und bleiben Anpassungs- und damit Abweichungsprobleme Staatsangelegenheit, Ausstattungs- und damit Deprivationsprobleme sind Sache der Bürger; der Staat ist als Wachhund der Reichen, nicht aber als Amme der Armen konzipiert. In dem Maß, wie Deutschland sich dem liberalen Modell anpaßt, wird es nötig sein, den hier vorgeschlagenen Begriff des sozialen Problems auf seine analytische Griffigkeit, das heißt die dann gegebene Realitätsnähe zu überprüfen und ihn gegebenenfalls zu modifizieren.

Für die Frage, ob ein soziales Problem im soziologischen Sinn vorliegt, ist natürlich nicht entscheidend, ob bei der Problematisierung mit dem Wort „soziales Problem" gearbeitet wird; entscheidend ist, daß eine gesellschaftliche Problematisierung mit einem bestimmten politischen Ergebnis abläuft.

2.   THEMEN EINER SOZIOLOGIE SOZIALER PROBLEME

Der sozialwissenschaftliche Fachterminus „soziales Problem" spricht ein komplexes Feld gesellschaftlicher Aktivitäten an, auf dem durchsetzungsfähige Akteure ihr Unbehagen mit der gegebenen Lage artikulieren und dann auch gesellschaftlich verbindlich durchsetzen, daß etwas zu tun ist. Auf diesem Feld sind die Themen einer umfassenden Theorie sozialer Probleme schon vorgegeben. Entsprechend bietet sich zunächst eine Dreiteilung der Thematik einer derartigen Problemsoziologie an: die Lage, die gesellschaftliche Problematisierung der Lage mit ihrer Konstitution als soziales Problem und die gesellschaftliche Bearbeitung der problematisierten Lage. Aber diese Sicht ist nicht selbstverständlich, nicht vollständig und auch vom Ansatz her nicht ganz realistisch: Ob die Lage als solche ein Thema der Problemsoziologie sein sollte, ist umstritten (2.1.); die Problembearbeitung als wissenschaftliches Problem ist in der allgemeinen Problemsoziologie noch kaum ein Thema (2.2.), und insbesondere wird eine Problematisierungs- beziehungsweise Konstitutionsleistung, die im Zuge der Problembearbeitung ständig erfolgt, nämlich die Konstitution der sogenannten Fälle, in der allgemeinen Problemsoziologie noch nicht beachtet (2.3.). Ferner endet die „Problemkarriere" häufig nicht einfach mit der Bearbeitung des Problems; in der Regel wird sie begleitet oder gefolgt von einer wie auch immer gearteten Überprüfung ihres Verlaufs beziehungsweise ihrer Ergebnisse, einer Art von Evaluation also, die häufig zu sekundären Problematisierungen führt. Auch dieser Prozeß wird in der allgemeinen Problemsoziologie bisher kaum beachtet (2.4.). Aus all diesen Argumenten und aus der Feststellung, daß eine additive Betrachtung von „realistischen" Theorien zur Lage und von „konstruktionistischen" Theorien zur gesellschaftlichen Arbeit am Problem unrealistisch und unsoziologisch wäre, ergibt sich der Katalog möglicher Themen einer umfassenden allgemeinen Problemsoziologie (2.5.).

2.1. Die anfängliche Doppelung der Thematik der Problemsoziologie

Es hat lange gedauert, bis man begriffen hat, daß soziale Probleme keine Realitätsklötzchen sind, die in der Gegend herumliegen, sondern erst im Zuge beziehungsweise als Folge ihrer gesellschaftlichen Bearbeitung als solche entstehen und gegeben sind. Diese neue konstruktionistische Sicht brachte beträchtliche schöpferische Unruhe in die problemsoziologische Diskussion (2.1.1.), in der manche Leute Zusammenhängendes auseinanderreißen wollten (2.1.2.), weswegen sich bestimmte Folgerungen nahelegen (2.1.3.).

2.1.1 Die Kontroverse

Wie bereits weiter oben ausgeführt, stand in der naiven Phase der amerikanischen Problemsoziologie als einziges Thema die Untersuchung der Tatbestände an, die politisch in einer bestimmten Weise als gegeben dargestellt und negativ definiert waren als Armut, Obdachlosigkeit, Kriminalität und so weiter. Dieser Ansatz setzte die Auffassung voraus,

> „daß ein soziales Problem als eine objektive Bedingung oder Bedingungs-konstellation im gesellschaftlichen Gefüge existiert, daß diese objektive Bedingung schädlich ist und daß Aufgabe der Soziologen die Analyse der Ursachen dieser objektiven, schädlichen Bedingungen sei" (Albrecht 1977: 160, Blumer 1975: 102f referierend).

In der aktuellen Phase differenziert sich das Bild beträchtlich: Aufgabe einer Soziologie sozialer Probleme nach dem neuen Ansatz ist nun,

> „exakt zu untersuchen, wodurch und wie aus einer unendlich groß scheinenden Vielfalt von problematischen und problematisierbaren sozialen Bedingungen durch soziales Handeln – intentionales und nicht-intentionales – von Individuen und Gruppen bestimmten Bedingungen und Erscheinungen die Bedeutung eines 'sozialen Problems' zugeschrieben wird, wie also ein soziales Problem 'konstituiert' wird" (Albrecht 1981: 126).

Das neue Thema dieser Problemsoziologie sind also die gesellschaftlichen Kommunikations-, Definitions- und Entscheidungsprozesse, in denen ein soziales Problem als solches durchgesetzt und zur gesellschaftlichen Wirklichkeit wird.

Es scheint mir nun wiederum einseitig, wenn man diesen gesellschaftlichen Konstitutionsprozeß als einzig interessante Sache und als einzig sinnvolles Thema einer Soziologie sozialer Probleme betrachtet. Diesen sozialen Definitionen liegen ja in der Regel irgendwelche Realitäten zugrunde, die ich als „Problemkerne" bezeichnen möchte.

Bei sogenannten Umweltproblemen ist das die physikalisch meßbare Präsenz bestimmter Stoffe und die gesellschaftlichen Hintergründe dieser Fakten, bei sogenannter Armut eine feststellbare Ungleichheit in der Verteilung materieller Güter beziehungsweise eine feststellbare geringe Ausstattung bestimmter Menschen mit bestimmten Gütern.

Es scheint mir sinnvoll, auch nach diesen Realitäten zu fragen, auch wenn wir sie prinzipiell nur in der Form wissenschaftlich rekonstruierter Wirklichkeit besprechen können, nachdem wir sie unter Umständen erst mühsam aus ihrer alltagstheoretischen Wirklichkeitsverpackung herausgelöst haben. Das wird allerdings in der Problemsoziologie kontrovers diskutiert.

Die Frage nach möglichen Problemkernen, also nach objektiven Realitäten, die sozialen Problematisierungen zugrundeliegen mögen, stellt sich auf drei Ebenen, und der mögliche Sinn, den es macht, jeweils nach ihnen zu fragen, ist umstritten:

(1) Es wird gefragt, welche Bedeutung die Realitäten für den Konstitutionsprozeß haben.

(a) Man streitet darum, ob die Realitäten den Problematisierungsprozeß selber beeinflussen und deswegen bei dessen Rekonstruktion beachtet werden müßten; die Antwort radikaler Konstruktionisten (siehe die Hinweise auf amerikanische Autoren bei Schetsche 1996: 8), solche objektiven Faktoren seien prinzipiell zu vernachlässigen, da irrelevant für den Ablauf der Problematisierung, scheint mir voreilig; mögliche Zusammenhänge sind meines Erachtens im Einzelfall zu überprüfen.

(b) In der amerikanischen Diskussion um das Konzept des sozialen Problems wurde längere Zeit darüber debattiert, wie der Anteil „objektiver" (=Problemkern) und „subjektiver" (=Definition als Problem) Aspekte bei der Konstitution sozialer Probleme sei. Es gab für diesen Streit eine interessante Lösung: Wie bedeutsam der „objektive" Aspekt ist, ob er also zum Beispiel überhaupt besteht, ist keine grundsätzliche Frage, sondern eine Frage der Empirie und wird sich für unterschiedliche Probleme unterschiedlich beantworten lassen.

Im übrigen ist die Rede von den „subjektiven" Anteilen, die man den „objektiven" gegenüberstellt, unrealistisch; die Verhältnisse sind nämlich komplexer: (aa) Wir haben zunächst das konstituierte Problem als *intersubjektive* Gegebenheit, das heißt als kulturellen und sozialen Tatbestand, als fait social im Sinne Durkheims. (bb) Als *subjektive* Anlässe haben wir am Grund der Konstitution die Interessen der Akteure der Problemkonstitution beziehungsweise ihre persönliche Problemsicht. (cc) Als *objektive* Hintergründe haben wir ferner bestimmte Realitäten, die die Interessen der Akteure berühren und wie auch immer eine Problematisierung veranlassen beziehungsweise in sie eingehen.

(2) Es wird gefragt, ob solche Realitäten überhaupt wissenschaftlich erfaßt werden können. Auch hier ist die Antwort radikaler Konstruktionisten (Hinweise bei Schetsche 1996: 158) negativ: Sie betonen, daß solche Aussagen selber nur gesellschaftlich vermittelte Wirklichkeitskonstruktionen sind und sein können. Das stimmt sicher – sollte man daraus aber den Schluß ziehen, solche wissenschaftlichen Wirklichkeitskonstruktionen gesellschaftlicher Realitäten seien sinnlos, müßte man auch

die konstruktionistische Problemsoziologie zusammen mit der ganzen übrigen Soziologie und einiges mehr abschaffen.

Allerdings stellen sich der Erfassung solcher Realitäten besondere Schwierigkeiten entgegen:

(a) Die in der Gesellschaft als Wirklichkeit gehandelten Situationen beziehungsweise Tatbestände, die als soziale Probleme gelten, sind selten ein annähernd objektives Abbild gesellschaftlicher Verhältnisse. Sie stellen vielmehr, wie noch ausführlich darzustellen sein wird, häufig einen mehr oder weniger selektiven, verzerrten und bearbeiteten Ausschnitt aus der Realität dar, geschaffen in sozialen Konstruktionsprozessen der Wirklichkeit. Bei der wissenschaftlichen Rekonstruktion dieser Realität kann sich Blumers Meinung bestätigen, daß

„die von einem Soziologen angefertigte objektive Analyse eines gesellschaftlich anerkannten sozialen Problems (...) ganz verschieden davon sein (kann), wie man das Problem in der Gesellschaft wahrnimmt und an es herangeht" (Blumer 1975: 105).

Dabei darf man allerdings nicht glauben, man sei als Sozialwissenschaftler selber diesen gesellschaftlichen Wirklichkeitskonstruktionen und Denk- und Sachzwängen enthoben, also wirklich völlig „objektiv" – hier wirkt der sonst sehr kritische Blumer selber etwas naiv. Auch Sozialwissenschaftler sind als Bürger ihres Gemeinwesens häufig parteiisch; die sozialwissenschaftliche Beschreibung des Problemkerns ist in der Regel Teil einer politischen Problem(neu)konstitution.

Als Beispiel für politische Kontexte und Implikationen sozialwissenschaftlicher Tatsachenfeststellungen mögen die Debattenbeiträge um Ansatz und Ergebnisse der Bremer Armutsforschung gelten (Busch-Geertsema/Ruhstrat 1992; Leisering 1993; Wallimann 1996).

Bei der sozialwissenschaftlichen Beschäftigung mit sozialen Problemen bedarf es somit ständiger Ideologie(-Selbst-)Kritik und des Bemühens um die „Verweigerung der Parteilichkeit" (Meuser/Schetsche 1996).

(b) Sozialwissenschaftler sind nur zuständig für die Rekonstruktion *sozialer* Tatbestände; bei der kritischen Rekonstruktion von Kernen sozialer Probleme geht es aber häufig um Tatbestände, die nicht-sozial sind (zum Beispiel physische oder psychische Gegebenheiten), die soziologischer Methode also nicht zugänglich sind.

Es ist soziologisch nicht entscheidbar, ob und wie der sogenannte Elektrosmog menschliche Körperfunktionen beeinflußt; auch nicht, ob Luzifer, der Oberste der Teufel, nicht doch im 14. Jahrhundert eine Hexensekte gegründet hat zur Verderbnis von christlicher Kirche und Menschheit. Ich nehme letzteres zwar nicht an, aber diese Annahme stützt sich nur zu einem geringen Teil auf soziologische Argumente.

(3) Gehört die Untersuchung solcher Realitäten zu einer Soziologie sozialer Probleme? Das ist eine pragmatisch zu entscheidende Frage. Mir scheint allerdings eine positive Antwort aus drei Gründen sehr plausibel:

(a) Für einen Soziologen wie mich, dessen Arbeit im Verwertungszusammenhang durch Soziale Arbeit steht, sind diese Realitäten selbstverständlich und unausweichlich Thema.

(b) Es gibt eine breite, teilweise stark „realistisch" geprägte Theorie sozialer Probleme, zum Beispiel die Soziologie abweichenden Verhaltens und die Armutsforschung, für die es sehr nützlich wäre, wenn ihre Frage nach den Realitäten gekoppelt würde mit der Untersuchung der Konstitution der von ihr betrachteten Wirklichkeiten, wenn also eine spezifisch problemsoziologische Perspektive zur Anwendung käme; das dürfte aber sehr schwer werden, wenn man Fachgrenzen zwischen Problemsoziologie und den soziologischen Bemühungen um bestimmte soziale Probleme erhalten würde.

(c) Das Ganze hängt zusammen mit dem grundsätzlich gegebenen Faktum, daß Problemkern und Konstitution eng verwoben sind, was näher auszuführen ist.

2.1.2. Die untrennbare Verbindung der beiden Themen

(1) Wie oben schon gesagt, ist ein möglicher Einfluß der objektiv gegebenen Sachlage auf den Verlauf der Problematisierung nicht auszuschließen; er erfolgt vermittelt über Alltags- und wissenschaftliche Theorien.

(2) Das Verhältnis von Problemkern und Problemwirklichkeit ist viel komplizierter als bisher angenommen, und zwar sowohl auf praktischer wie theoretischer Ebene:

(a) Wir haben nicht nur eine sozusagen starre gesellschaftliche Realität und ihre mehr oder weniger gebrochene Spiegelung in der Wirklichkeitskonstruktion der Problematisierung. Die Folgen der Wirklichkeitskonstitution, vor allem in Gestalt der Problembearbeitungen, wirken zurück auf die Realität. Wir müssen folglich auch von einer Sachkarriere von Problemen beziehungsweise Problemkernen im Zusammenhang ihrer Konstitution ausgehen und nicht nur von einer Konstitutionskarriere (vergleiche unten Teil II, Kap.1), vereinfacht darstellbar wie folgt:

(aa) Eine gegebene Situation, die dadurch zum Problemkern wird, wird einer Problematisierung unterzogen, wobei es zu einer bestimmten, begrenzt realistischen Wirklichkeitskonstruktion kommt. Diese Wirklichkeitskonstruktion als ganze und in Teilen wirkt sich aus auf Wahrnehmung, Bewußtsein und Verhalten vieler Menschen, was dann zu Veränderungen der problematischen Situation führt.

Presse- und Fernsehmeldungen über die Konzentration von Drogenabhängigen am Zürcher Platzspitz und danach am Letten führten zu einer weiteren Konzentration von Drogenkonsumenten und Dealern.

Presse- und Fernsehberichte über ausländerfeindliche Gewalttaten in der ersten Hälfte der 90er Jahre induzierten weitere Gewalttaten (Brosius/Esser 1995).

Nicht nur Berichte über tatsächliches Geschehen wirken derart verändernd auf die problematische Situation, sondern auch fiktive Berichte: Die rein literarischen „Leiden des jungen Werther", die mit seinem ebenso literarischen Selbstmord enden, hatten eine europaweite Selbstmordepidemie zur Folge; ebenso verhängnisvolle Konsequenzen hatte eine Fernsehserie über die ebenso fiktive Geschichte eines jungen Suizidanten (Brosius/Esser 1995: 7f).

(bb) Auf der Basis dieser Problemkonstitution wird agiert, das Problem wird bearbeitet, was zu bestimmten Veränderungen des ursprünglichen Problemkerns führt (vergleiche unten Teil II, Kap. 2). Diese nunmehr gegebene Situation wird erneut problematisiert, Wirklichkeit wird erneut geschaffen und in erneuter Reaktion „bekämpft"; dieser Kreislauf setzt sich fort (vergleiche unten Teil II, Kap. 3).

Wollen wir realistisch nach dem Kern eines Problems fragen, so müssen wir diese Sachkarriere und damit die Auswirkungen der Problematisierungen als solche und der ursprünglichen und späteren Problembearbeitungen im Auge behalten; wollen wir realistisch nach Gründen von Problematisierungen und ihrer Veränderungen im Laufe der Zeit fragen, dann müssen wir auch diese Sachkarriere als möglichen Ursachenkomplex beachten.

Paradebeispiel für eine solche Problemkarriere: Der Umgang mit Herstellung, Vertrieb und Konsum illegaler Drogen.

(b) Die „realistischen" Theorien zu Problem(kern)en existieren nicht in einer idealen Sphäre eines Olymps reiner, zweckfreier Theorie, sondern sie haben einen konkreten gesellschaftlichen Ort, an dem sie ihren Auftrag bekommen und ihren Sinn haben: Sie werden immer im Zuge der politischen Konstitution und Neukonstitution sozialer Probleme formuliert.

Das läßt sich zeigen für alle „realistischen" Problemtheorien, so für die „realistischen" Devianz- und Kriminalitätstheorien und die Armutstheorien.

Eine besonders wichtige Folge ist, daß der gegebene Problemkern immer ein Artefakt der Problemkonstitution ist. Es wäre völlig unrealistisch, wenn man sich das Verhältnis zwischen Konstitutionsprozeß und den – wissenschaftlich darzustellenden und zu interpretierenden – Problemkernen so vorstellen würde, daß der Konstitutionsprozeß das eine wäre und die Problemkerne das andere, fein säuberlich getrennt. Der Problemkern ist vielmehr als solcher, als identifizierte, distinkte Größe, erst da in der Folge des Konstitutionsprozesses, insbesondere als Folge der dabei erfolgenden Rahmung (framing) des Problems (vergleiche unten Teil II, Kap. 1,3.). Die Rahmung des Problems entscheidet, was als das eigentliche – zu beanstandende und zu verändernde – Problem gelten soll. Damit ist auch entschieden, was einerseits als mögliches Symptom, andererseits als mögliche Ursache gelten soll. Das gilt sowohl für die praktische wie die theoretische Auseinandersetzung mit den Phänomenen. Damit ist aber auch vorgegeben, was der wissenschaftlich zu erfassende und zu interpretierende Problemkern zu sein hat und damit ist: Erst die Rahmung des Problems schafft den Problemtatbestand; die praktisch interessierten Fragen nach diesem Tatbestand führen dann zu wissenschaftlichen Fragen, die aber in der Regel dieser Fokussierung folgen und so den Problemkern als solchen aus dem grenzenlosen Kontinuum der Phänomene ausgrenzen und ihn folglich als solchen schaffen.

Welches Thema ist „objektiv" als Problemkern gegeben – daß Asylbewerber unter den registrierten Warenhausdieben nicht selten sind oder daß Asylbewerber unter vielfach subjektiv als sehr belastend empfundenen Verhältnissen leben und sich gezwungen sehen, von unserem Ordnungssystem nicht vorgesehene Überlebensstrategien zu entwickeln? Das ist keine Frage einer möglichen objektiven Realität, sondern hängt einzig davon ab, was ich problematisieren will, also von der Rahmung des möglichen Problems.

Damit wird das Explanandum jeder „realistischen" Problemtheorie, also jeder Theorie, die Problemkerne interpretieren will, erst im Zuge einer Problemkonstitution geschaffen; daß wissenschaftliche Theorien häufig diesen Ursprungsrahmen sprengen (vergleiche unten Teil I, Kap. 4,4), ist eine Beobachtung, die einen im Vertrauen bestärken kann, daß die wissenschaftliche Wirklichkeitskonstruktion doch in manchem realistischer ist als die alltagspraktische.

Somit können die „realistischen" Problemtheorien auf zwei Ebenen soziologisches Thema sein, auf der Objektebene, auf der sie als solche weiterentwickelt werden, und auf der Beobachterebene, wo sie als Teil der gesellschaftlichen Problemkonstitution problem- und wissenschaftssoziologisch analysiert werden können.

Exkurs: Kernlose soziale Probleme

Immer wieder finden sich soziale Probleme, die, wenn nicht alles trügt, gar keinen realen Problemkern haben, das heißt dem in der Problematisierung konstituierten Problemtatbestand korrespondiert, soweit ersichtlich, nichts Reales.

Als harmloses Beispiel für ein soziales Problem ohne Problemkern kann folgendes gelten, über das Watzlawick (1983: 84f) berichtet: In einer US-amerikanischen Stadt beobachteten nach und nach alle Bürger einen merkwürdigen, beunruhigenden Umstand: Ihre Autoscheiben wiesen unerklärlich viele Kratzer auf. Es wurde zu einem Problem, das die Presse, das Stadtparlament und Experten beschäftigte, die die Hintergründe erkunden sollten, um diesen Mißstand abzustellen. Schließlich merkte man, daß die Kratzerhäufigkeit in dieser Stadt nicht größer war als in anderen vergleichbaren Städten (mit gleich großer Luftverschmutzung). Es hatte lediglich jemand seine Autoscheiben (zu) genau betrachtet. Die Ursache für das Entstehen dieses sozialen Problems war also ein amüsanter Irrtum.

Die Onanie-Krankheit des späten 18. und des 19. Jahrhunderts hat für den heutigen sexualtaburedzierten Leser sicherlich auch sehr komische Züge. Die bedauernswerten Knaben und Mädchen, die den unterschiedlichsten Kuren ausgesetzt wurden, um sie von dieser angeblich so schrecklichen, ganze Siechenhäuser füllenden und zu schnellem Tod führenden Krankheit zu heilen, fanden diese Prozeduren sicherlich nicht komisch, ganz zu schweigen von den Knaben, denen eifrige Chirurgen (angeblich) Metallringe durch die Vorhaut zogen, um ihnen ihr ruchlos-ungesundes Treiben vollends unmöglich zu machen (Glantschnig 1987: 145-148). Es gab das Problem, und viele Menschen haben daran gelitten und andere an seiner Bekämpfung ganz gut verdient – aber es bestand im wesentlichen nur als Folge seiner Bekämpfung.

Vollends grauenvoll (das nicht-soziologische Werturteil sei an dieser Stelle verziehen) in seinen Konsequenzen sind schließlich das Hexen- und das Judenproblem geworden, sosehr beiden nach allen vorliegenden ernstzunehmenden Informationen jeglicher Kern fehlte: Es gab keine Pakte mit dem Teufel, keine vom Teufel gegründete Hexensekte, keine Verderbnis eines hochwertigen arischen Erbguts durch minderwertige jüdische Erbanlagen und keine internationale Verschwörung eines Weltjudentums, trotzdem Millionen durch Hexerei geängstigter Menschen, zahllose wegen Hexerei verleumdeter und gefolterter Männer und Frauen, Hunderttausende als Hexen ermordeter, Millionen als Juden vernichteter Menschen.

Ganz aktuell ist die Frage, ob das Kriminalitätsproblem einen real existierenden Kern habe; radikale Vertreter der Neuen Kriminologie und des Abolitionismus ziehen das sehr in Zweifel. Ebenso aktuell ist die Frage, ob die Ausgangssituation des Drogenproblems objektiv nicht vielleicht doch ganz anders war als sie eifernde moralische Unternehmer und Instrumentalisten (zu diesen Begriffen vergleiche unten Teil II, Kap. 1, 3.1.2.) wahrnehmen wollten und ob folglich der Kern des aktuellen Drogenproblems die Folge des Kampfs gegen ein Phantom ist.

2.1.3. Folgerungen

(1) Damit ergeben sich aus einer realistischen Sicht der Dinge zwei – nur unterscheidbare, nicht scheidbare – Themenbereiche einer sozialwissenschaftlichen Untersuchung sozialer Probleme:

(a) Objektive Anlässe in der Gesellschaft, Ausgangssituationen, hier als Problemkerne bezeichnet, die in irgendeiner Weise die Interessen bestimmter artikulations- und durchsetzungsfähiger Leute berühren; da diese Anlässe aber ausschließlich darin übereinstimmen, daß sie den Interessen durchsetzungsfähiger Leute entgegenstehen, sind auf der Ebene der allgemeinen Problemsoziologie als solcher hierzu keine allgemeinen Aussagen zu erwarten, nur auf der Ebene konkreter Probleme sind solche Themen sinnvoll zu behandeln.

(b) Aktionen der Arbeit am Problem, in denen diese Leute zusammen mit und gegen andere Leute den Problemkern gesellschaftlich bearbeiten, das heißt, das *für sie* Problematische als Problem *für alle* zu definieren versuchen und zugleich versuchen, eine gesellschaftliche Reaktion in die Wege zu leiten.

Stöbener drückt dies so aus:

„Eine ernstzunehmende Theorie sozialer Probleme muß daher als 'objektivistische' Problemtheorie und als eine interaktionistische Problematisierungstheorie generiert werden, will sie sich nicht den Vorwurf einseitiger Forschungsausrichtung machen lassen" (Stöbener 1996: 25).

Trotz oder mit dieser Überzeugung beschränke ich mich im vorliegenden Text auf die Untersuchung der Prozesse der gesellschaftlichen Arbeit an den sozialen Problemen, die in „konstruktionistische" Aussagen mündet; „realistische" Aussagen spielen nur am Rande eine Rolle.

(2) Bei allem geforderten und nötigen Realismus der soziologischen Aussagen zu diesen beiden Teilphänomenen der komplexen Realität, soll nochmals betont werden, daß auch diese soziologischen Aussagen Bilder und Konstrukte sind.

(a) Die Aussagen über die objektiven Anlässe, die den Problemen zugrunde liegen, schaffen ebenso, wie es in der sozialen Problematisierung geschieht (vergleiche unten Teil II, Kap. 1), Tatbestände, die Wirklichkeitskonstruktionen sind. Auch die wissenschaftlichen Tatbestands-konstruktionen basieren auf bestimmten Rahmungen und der Anwendung bestimmter Skripte (vergleiche unten Teil II, Kap. 1, 3.1.1.1.). Im Unterschied zum Alltagswissen geschieht das im Wissenschaftsgeschäft, wenn alles gut geht, in kontrollierter, reflektiert-kritischer Weise, womit, wie wir hoffen, die Realitätsentsprechung der wissenschaftlichen Wirklichkeitskonstruktionen höher sein dürfte als die vieler Alltagskonstruktionen.

(b) Vielfach werden für die wissenschaftlich gemeinten Aussagen die sozial konstruierten Tatbestände der politischen Problematisierung übernommen. Denn die wissenschaftliche Beschäftigung mit solchen Anlässen sozialer Probleme geschieht eben nicht im gesellschaftsfreien Raum, sie wird vielmehr in der Regel durch gesellschaftliche Problematisierungen ausgelöst und wirkt wieder mehr oder weniger einschneidend auf diese zurück, ist somit auch Teil dieser gesellschaftlichen Problemkonstitution. Damit können – und diese Perspektive scheint mir, wie schon gesagt, ausgesprochen reizvoll – diese wissenschaftlichen Bemühungen selber zum Thema problem- (und wissens-)soziologischer Arbeit werden.

(c) Ebenfalls sind alle Aussagen über den Konstitutionsprozeß Konstrukte; hier möchte ich vor allem den Modellcharakter aller hier möglichen sozialwissenschaftlichen Aussagen unterstreichen. Es gibt nur mehr oder weniger grob vereinfachende Modelle, die die Vielfalt und Komplexität der realen Prozesse alle nur sehr unbefriedigend widerspiegeln können. Das gilt auch und vor allem für das von mir vorgeschlagene Modell (vergleiche unten Teil II).

2.2. Das weithin übersehene Thema: Die Problembearbeitung

Wählt man als wissenschaftliches Problemfeld einer Theorie sozialer Probleme das gesellschaftliche Praxisfeld angesichts problematisierbar scheinender und problematisierter Zustände, so gehört die Problembearbeitung zwingend zu den Themen einer derartigen Theorie. Denn wenn ein soziales Problem „wirklich" konstituiert wird, dann hat das praktische Folgen: Irgendwelche Leute fangen an, es zu bearbeiten. Wie später noch gezeigt wird, hat das in der Regel zwei Facetten, die Prävention und die Fallbearbeitung. Beide Themen werden in der allgemeinen Problemsoziologie stiefmütterlich bis gar nicht behandelt, im Unterschied zur Theorie abweichenden Verhaltens, in der dieses Thema einen breiten Raum einnimmt (vergleiche unten Teil I, Kap. 2,4.).

Eine Ausnahme stellt der kurze Artikel von H. Peters „Soziale Probleme" (1998) dar. Er enthält einen Abschnitt „Die Bearbeitung sozialer Probleme". Darin unterscheidet er zwei Bearbeitungsmodi, die „repressive" und die „Bereitstellung von Leistungen" und zwei Zeitpunkte der Intervention, „problemantizipierend" und „auf Probleme reagierend". In der Kombination dieser beiden Dimensionen kommt er zu einem Viererschema der „Merkmale der Problembearbeitung": (a) „repressiv, problemantizipierend", (b) „repressiv, auf Probleme reagierend", (c) „Bereitstellung von Leistungen, problemantizipierend" und (d) „Bereitstellung von Leistungen, auf Probleme reagierend". Ihnen entsprechen die folgenden „Problembearbeitungsarten": (a) „Sanktionsdrohung", (b) „Strafen", (c) „Sozialpolitik (Sozialversicherung, Arbeitslosenversicherung, Versorgung)" und (d) „Sozialhilfe, Sozialarbeit" (H. Peters 1998: 605f) – Die beiden Zeitebenen der Problembearbeitung nehme ich ebenfalls wahr; die Aufzählung der Bearbeitungsmodi scheint mir unvollständig.

Es gibt zahlreiche Gründe, diesen Theoriestand als mangelhaft zu empfinden:

(1) Die Theorie abweichenden Verhaltens zeigt, daß derartige Fragen zu wichtigen Einsichten führen können.

(2) Die oben skizzierten Überlegungen zur Sachkarriere sozialer Probleme zeigen, daß die *Konstitutionsthematik* gar nicht losgelöst von der Bearbeitungsthematik behandelt werden kann.

(3) Im Zuge der Problembearbeitung kommt es ständig zu einer immer wiederkehrenden *Konstitutionsleistung*, zur konkretesten Form der Konstitution sozialer Probleme in Gestalt der Konstitution der *Fälle*. Wollte man die Fallkonstitution aus der Betrachtung ausklammern, was

allerdings bisher in der allgemeinen Problemsoziologie die Regel ist, würde man die Hälfte des wissenschaftlichen Feldes der gesellschaftlichen Problemkonstitution unbeackert lassen. Das soll im folgenden erläutert werden.

2.3. Die Fallkonstitution als konkreteste Form der Problemkonstitution

(1) Im Grunde handelt es sich bei der sozialen Problematisierung um eine ganz einfache Sache mit einer ganz einfachen Logik: Menschen versuchen, ein soziales Problem zu konstituieren, wenn sie ein persönliches Problem haben und keine Möglichkeit sehen oder keine Lust verspüren, dieses persönliche Problem allein und privat zu bearbeiten, sondern andere in ihrem Interesse mit einspannen wollen. Dieses persönliche Problem entspringt vielleicht nur ihrem Eigennutz, es kann aber auch aus Solidarität mit anderen, zum Beispiel aus so etwas wie Liebe, erwachsen.

Man kann nicht umhin, sozialwissenschaftlich von der Existenz altruistischer Motive und Interessen auszugehen; woraus sie sich letztlich speisen, braucht hier nicht diskutiert zu werden. Daß nicht alles, was sich als Altruismus darstellt, wirklich dieser Interessenlage zuzuordnen ist, liegt auf der Hand, ebenso, daß zwischen Altruismus und Egoismus kein absoluter Gegensatz besteht: Altruismus ist am ehesten als eine Sonderform von Egoismus verstehbar.

Diese Menschen wenden sich an die Allgemeinheit, in der modernen Gesellschaft zumeist an deren Organisation als Staat, und versuchen, deren Repräsentanten dazu zu bewegen, die Verpflichtung zu sehen, ihnen die Kastanien aus dem Feuer zu holen. Eine soziale Problematisierung ist zunächst ein Arrangement einzelner Interessenten zur Realisierung ihrer persönlichen Interessen mittels gesellschaftlicher Ressourcen und Kräfte.

Der Caritas-Verband engagiert sich zur Zeit anwaltschaftlich für Menschen mit geringem Einkommen (vergleiche u. a. die letzten Jahrgänge der Zeitschrift „Caritas"). Was geschieht hierbei konkret? Konkret berührt es bestimmte Menschen, die als Angestellte des Caritas-Verbands arbeiten, negativ, daß anscheinend zunehmend mehr Leute vergleichsweise und absolut mit geringem Einkommen auskommen müssen. Diese Caritas-Mitarbeiter, in der Regel organisiert in und als Gremien ihres Verbandes, versuchen nun, dieses ihr persönliches Problem (es ist ein persönliches Problem, weil es sie als Individuen und Personen zum

Handeln aktiviert – als Angestellte sind sie ja nur deswegen aktiv, weil berufliche Motive intrinsisch oder extrinsisch für sie zu persönlichen Motiven werden) einer Lösung zuzuführen, indem sie staatliche Akteure nachhaltig auf das in ihren Augen bestehende Armutsproblem aufmerksam machen und sie damit auffordern, endlich in ihrem Sinn tätig zu werden, es also als soziales Problem zu sehen. (Zu den Interessen, die Wohlfahrtsverbände als kollektive Akteure beziehungsweise die in ihnen Tätigen umtreiben, macht Pabst, 1996: 19ff, einige Angaben.)

Die Betreiber der öffentlichen Nahverkehrsbetriebe haben aus Rentabilitätsgründen schon lange keine Lust mehr, mit eigenen Mitteln durchzusetzen, daß jeder, der sich von ihnen fahren läßt, dafür auch bezahlt; sie schafften es, daß das „Schwarzfahren" unter § 265a StGB, der „Leistungserschleichung" unter Strafe stellt, subsumiert wurde. Ferner schafften sie es auch, bei Polizei und Justiz die Verfolgung solcher Taten durchzusetzen; bei diesen Institutionen meinte man nämlich erst, es handle sich um „Kleinkram". Gezielte Öffentlichkeitsarbeit verursachte dort einen Gesinnungswandel (Brusten/Hoppe 1986: 69). Es ist also nicht mehr primär das Problem der Nahverkehrsbetriebe, daß alle Fahrgäste bezahlen, sondern ein soziales Problem, und die Polizei und Staatsanwaltschaft sind zum Büttel der Nahverkehrsbetriebe geworden. Vergleichbar verlief die Verlagerung der Kontrolle des Entwendens von Waren in Einzelhandelsgeschäften, auch sie wurde vom privaten Problem der Inhaber zum sozialen Problem (Brusten/Hoppe 1986).

Ein ordentlicher Bürger liegt um Mitternacht im Bett und versucht zu schlafen, weil er am nächsten Morgen früh aufstehen und zur Arbeit gehen muß. Die über ihm wohnenden Studenten sind nicht ganz so ordentlich, sie sehen auch nicht die Notwendigkeit vor sich, am nächsten Morgen früh aufzustehen, weswegen sie ziemlich laut feiern. Der Bürger kann nicht schlafen, was für ihn ein unter Umständen wirklich schwerwiegendes Problem darstellen mag. Was tut er? Er alarmiert die Polizei und versucht damit, sein persönliches Problem einer Lösung näherzubringen, indem er es vergesellschaft, indem er es also zum Anlaß staatlichen Eingreifens stilisiert und so ebenfalls zum sozialen Problem zu machen versucht.

Wenn soziale Probleme als solche konstituiert werden, werden aus persönlichen, individuellen Situationen Fälle für die Allgemeinheit; oder, anders herum gesehen, um das zu erreichen, versuchen Menschen, soziale Probleme zu konstituieren.

Es gibt gesellschaftliche Welten – zum Beispiel sogenannte kriminelle Milieus, Milieus sogenannter illegaler Ausländer –, in denen der Staat faktisch nicht präsent ist und auch von niemandem angerufen wird. Hier gibt es folglich keine sozialen Probleme, sondern nur persönliche Probleme, die man allein oder mit Hilfe anderer löst – oder man geht unter.

(2) Es kann sein, daß solche beanstandeten Situationen nicht überraschend sind; man kennt sie genau und weiß auch, wie damit umzugehen ist, weil das Verfahren festgelegt ist; häufig gibt es dafür gesellschaftliche Institutionen, weil so etwas immer wieder vorkommt:

Materielle Geringversorgung, die als Armut gilt und für die die Sozialbehörden zuständig sind; Verlust von Vermögenswerten durch Leute, die diese Werte entwenden, was als Diebstahl gilt, wofür die Justizbehörden zuständig sind; nächtlicher Lärm, der als Ruhestörung gilt, für den die Polizei zuständig ist.

Es kann aber auch sein, daß die problematisch scheinenden Situationen mehr oder weniger unverhofft sind, in ihrer Art noch nie dagewesen, ungesehen und unerhört, und es zunächst ungeklärt ist, wer wie zu verfahren hat.

So war es bei der Präsenz künstlicher radioaktiver Substanzen in den 50er Jahren nach den Atomwaffentests in der Atmosphäre.

(3) Es ist wichtig, zu sehen, daß bei beiden Formen der Problematisierung prinzipiell dasselbe abläuft: In beiden Prozeßformen werden persönliche und individuelle Situationen zu Fällen für andere, das heißt die Allgemeinheit. Bei der zweiten Form sind es Situationen, die es bisher in dieser Art nicht gab oder die individuell bewältigt oder ertragen werden mußten, zum Beispiel ständige sexuelle Gewalt von Seiten bestimmter Ehemänner, die jetzt auch zum Problem für andere werden. Bei der ersten Form sind es ihrer Art nach altbekannte Tatbestände, zum Beispiel wird dem A. sein Fahrrad weggenommen und hat B. ein Monatseinkommen von 200 DM.

Solche Situationen kamen und kommen immer wieder mal vor und sind im Einzelfall ebenfalls zunächst persönliche Probleme, die – nach einem bestimmten, eingespielten Muster – zum Problem für die Allgemeinheit beziehungsweise ihre Beauftragten, also zum sozialen Problem werden. Die erste Form der Problematisierung möchte ich „routinisiert" nennen, ihr Ergebnis sind „Routine-Fälle"; die zweite Form möchte ich „originär" nennen.

In diesen beiden Formen der Problemkonstitution läuft, wie gesagt, dasselbe ab; der Unterschied ist im wesentlichen nur der, daß bei der originären Problematisierung lediglich Handlungsbereitschaft im allgemeinen beschlossen wird, bei der Fall-Konstitution hingegen konkret, eben am Fall, gearbeitet wird. Trotzdem hat die allgemeine Problemsoziologie – im Unterschied zur Theorie abweichenden Verhaltens – bisher die Fall-Konstitution nicht beachtet, ein Mangel, den man beheben sollte.

2.4.   Die Wahrnehmung der Wirkungen der Problembearbeitung –
       Evaluation und sekundäre Problematisierung

Problembearbeitungen greifen in die der sozialen Problematisierung zugrundeliegenden Realitäten ein, verändern sie, was zu neuen Wahrnehmungen führt, zu neuen Tatbeständen, die den Wünschen der an der Problemkonstitution Beteiligten entsprechen, von ihnen aber auch abweichen können. Denn das Ergebnis der Problembearbeitung wird häufig, ja in der Regel unter der Hand oder offen einer Überprüfung unterzogen. Seit Menschen Probleme lösen, also seit es Menschen gibt, dürfte das so gelaufen sein, gibt es also so etwas wie Evaluation; in der Gegenwart wird diese Idee besonders kultiviert in Form der Evaluation im spezifischen Sinn des Wortes und der sogenannten Qualitätssicherung öffentlicher Leistungen.
Dabei kann es dann geschehen, daß die Ergebnisse einer Problembearbeitung – sei es Art und Ausmaß der realisierten Ziele, seien es unbeabsichtigte Nebenwirkungen oder Kosten – von durchsetzungsfähigen Akteuren erneut problematisiert werden in Verbindung mit der Forderung nach gesellschaftlicher Abhilfe. Dann liegt eine sekundäre Problematisierung oder gar eine sekundäre Problemkonstitution vor; sicherlich ein lohnendes Thema auch für die allgemeine Problemsoziologie, die es aber bisher nur am Rande, bei der Darstellung des Verlaufs konkreter Problematisierungen, behandelt hat.

2.5.   Themen einer umfassenden Theorie sozialer Probleme –
       „Realistische" Theorien als Teil der gesellschaftlichen Arbeit an
       den sozialen Problemen

Eine umfassende Problemsoziologie sollte sich also einerseits den drei Ebenen der gesellschaftlichen Arbeit an den Problemen widmen: (a) der Problemkonstitution, (b) der Problembearbeitung und (c) der Evaluation mit möglicher sekundärer Problematisierung. Andererseits sollte sie sich auch den Fakten, den Problemkernen, um die sich die Arbeiten an den Problemen ranken, zuwenden, also „realistische" Fragen stellen. Heißt das, wir haben jetzt zwei praktisch unverbundene Teile einer umfassenden Problemsoziologie – „konstruktionistische" Theorien zur gesellschaftlichen Arbeit an den Problemen und „realistische" Theorien zu den Problemkernen? Wie oben schon gesagt, ist diese Sicht nicht realistisch, denn Problemkerne, ihre Wahrnehmung und die Problemkonstitution und die weitere Bearbeitung der Probleme hängen eng miteinander zusammen, was sich auch in den entsprechenden Theorien spiegeln muß. Bei Licht besehen, es läßt sich für jede einzelne der „realistischen" Theorien zeigen, hängen diese nicht im sozusagen luftleeren, also gesellschaftsfreien Raum, sondern wurden und werden geschaffen im Kontext gesellschaftlicher praktischer Arbeit an den Problemen. Teils bekommen die Theoretiker von den Praktikern ausdrücklich Fragen gestellt und Aufgaben zugewiesen, so insbesondere im Kontext der Abweichungsprobleme und teilweise auch der Armutsprobleme, teils dienen sie sich manchmal etwas unbeholfen der Praxis an, so insbesondere zur Zeit in nennenswerten Bereichen der Armutsdebatte.

(Wie das Auf und Ab in der Konjunktur des „labeling approach" zur Interpretation von krimineller Abweichung von politischen Strömungen und der Anfrage möglicher Abnehmer und Anwender der Theorie abhingen, zeigt H. Peters in seinem Aufsatz „Die Entdeckung der bösartigen Kriminalität macht den labeling approach überflüssig" (1996) sehr schön.)

Es bleibt damit eine prinzipielle Drei-Gliederung der Themen einer umfassenden allgemeinen Problemsoziologie. Dabei werden auf allen Stufen auch „realistische" Theorien eine Rolle spielen, und zwar tunlichst in doppelter Perspektive: (a) Man kann und sollte sie „realistisch" angehen und weiterentwickeln, also auf der Ebene der Problemkerne sich um Wissensfortschritt mühen. (b) Man kann und sollte sie aber auch „konstruktionistisch" betrachten, als im Kontext von Praxis und gesellschaftlichen Interessen produziertes „Wissen", als Teil der gesellschaftlichen Problemkonstitution und weiterer Arbeit am Problem; man sollte sie also problemsoziologisch-wissenssoziologisch-ideologiekritisch bearbeiten.

Kapitel 2:
Ansatz, Perspektiven und Fragen der Theorie abweichenden Verhaltens

Zur Darstellung des Ansatzes und der damit gewonnenen spezifischen Perspektiven der gegenwärtigen Abweichungstheorie (=Devianztheorie) werden zunächst Begriff und Konzept des abweichenden Verhaltens knapp rekonstruiert (1.). Anschließend wird gezeigt, daß das aktuelle Konzept des abweichenden Verhaltens, wenn man es aus problemsoziologischer Perspektive betrachtet, sich als ungenügend, weil interessengeleitet verzerrt, erweist; ich versuche zu zeigen, in welcher spezifisch problemsoziologischen Modifikation es einen weit höheren Realitätsgehalt und damit analytischen Nutzen bekommt (2.). Dann wird dargestellt, welche konkreten Spezialtypen von Abweichung unsere Kultur zur Verfügung hat (3.). Abschließend wird die Fragestellung dieser modifizierten Theorie abweichenden Verhaltens, die sich aus der Perspektive des Problemkonzepts ergibt, dargestellt (4.).

1.   BEGRIFF UND KONZEPT DES ABWEICHENDEN VERHALTENS

Die Geschichte des Begriffs des abweichenden Verhaltens in der deutschen Soziologie ist kurz (1.1.). Bemerkenswert ist, daß das Wort „abweichendes Verhalten", sobald es sich hier etabliert hatte, ein interessantes sozialwissenschaftliches Konzept repräsentierte (1.2.).

1.1.   Zur Chronologie der wissenschaftlichen Verwendung des Begriffs des abweichenden Verhaltens

Die seit dem 15. und 16. Jahrhundert belegten Wortbildungen „abweichen" und „Abweichung" (Duden 1989: 804) kennzeichnen prinzipiell eine festgestellte Differenz zwischen einem Ist- und einem Soll-Wert. Die Wortkombination „abweichendes Verhalten" beziehungsweise „abweichendes Handeln" ist vermutlich sehr jung, allerdings mit einem sehr alten Hintergrund: Sie enthält das Bild vom richtigen Weg, von dem einer abkommt, und das dürfte zurückgehen auf die biblische Vorstellung vom Gesetz (Thora) als Weg-Weisung, die zum Heil führt. Trotz seines biblischen Hintergrunds ist der Begriff des abweichenden Verhaltens – analog dem der Anomie – kein alltagssprachlicher oder

der Alltagssprache entlehnter Begriff, sondern eine sozialwissenschaftliche Neuschöpfung zur Kennzeichnung von sogenannten Verstößen gegen gesellschaftliche Normen unterschiedlichster Art.

Auch dieser Begriff kam über die amerikanische Soziologie in den deutschsprachigen wissenschaftlichen Gebrauch. Er steht dort in engem Zusammenhang mit der Theorie sozialer Probleme, gilt doch abweichendes Verhalten neben sozialer Desorganisation in wichtigen Ansätzen dieser Theorie als einer der beiden Grundtypen sozialer Probleme (Bellebaum/Braun 1974: 78).

Ein frühes Beispiel der deutschsprachigen Rezeption scheint wiederum Blum (1964) zu sein, der die amerikanischen soziologischen Theorien zur „deviance" referiert und diesen Begriff teils mit „Deviation" – später sagt man dann „Devianz" – „Abweichung" und „abweichendes Verhalten" wiedergibt. Auch Fürstenberg (1965) verwendet den Begriff schon beiläufig, insgesamt aber scheinen spezifischere Begriffe, insbesondere „kriminell", im Gebrauch gewesen zu sein.

Die Situation ändert sich, soweit ersichtlich, mit einem Aufsatz von Sack (1968) in einem von ihm zusammen mit König herausgegebenen Reader zur Kriminalsoziologie, für den „abweichendes Verhalten" zum Schlüsselbegriff wird. Aufgrund der weiten Verbreitung dieser Textsammlung breiteten sich auch Begriff und Konzept des abweichenden Verhaltens entsprechend aus und sind heute in den Sozialwissenschaften allgegenwärtig: So gibt der Psychologe Amelang (1986) seinem Lehrbuch der Kriminologie (das auch ein Kapitel über Suizid enthält) den Titel „Sozial abweichendes Verhalten"; er merkt an, daß die Prüfungsordnung für Psychologie der Universität Heidelberg seit Mitte der 70er Jahre das Vertiefungsfach „Persönlichkeitsentwicklung und abweichendes Verhalten" vorsieht. Lamnek bietet seit Jahren immer wieder neu aufgelegt seine „Theorien abweichenden Verhaltens" (zuletzt Lamnek 1996); eine Arbeit von H. Peters (1995) hat den Titel: „Devianz und soziale Kontrolle: eine Einführung in die Soziologie abweichenden Verhaltens". Sozialpädagogische Literatur arbeitet ebenfalls mit dem Begriff des abweichenden Verhaltens beziehungsweise der Devianz (zum Beispiel Herriger 1986; Ziehlke 1993; Kühnel 1995; Hompesch 1996). In soziologischen Lexika, in Wörterbüchern und Handbüchern zur Sozialen Arbeit ist der Begriff regelmäßig als Stichwort aufgeführt (Bernsdorf 1969; 1972; noch nicht 1955; Fuchs 1978 und Fuchs-Heinritz 1994, unter Verweis auf Devianz; Hartfiel/Hillmann 1982; Schäfers 1986 und 1998; Reinhold 1992; Schwendtke 1977 und 1995; Deutscher 1978, als Stichwort im Sachregister; Kreft/Mielenz 1980 und 1996; Eyferth 1984;

Deutscher Verein 1993 und 1997; Bauer 1992; Stimmer 1996); zahlreiche sozialwissenschaftliche Monographien und Artikel, auf die im folgenden näher einzugehen ist, sprechen explizit von „abweichendem Verhalten" oder „abweichendem Handeln".

In der Alltagssprache ist der Begriff nicht üblich. Hier dominieren die konkreteren Grundwörter wie „kriminell", „verrückt", „pervers", „krank", „unmoralisch" u. a. Sie explizieren, daß es eben unterschiedlichste Systeme sozialer Soll-Vorgaben für das Verhalten von Menschen gibt. Insofern sind diese Begriffe unterschiedlich. Im Grunde weisen sie aber beträchtliche Gemeinsamkeiten auf: Sie rekurrieren alle jeweils auf diese Vorgaben, messen Verhalten an ihnen. Sie alle beinhalten ferner eine eindeutig negative Bewertung derart gekennzeichneter Handlungen – eine Negativbewertung, die im Regelfall nach korrigierender Reaktion der „Gesellschaft" verlangt beziehungsweise dazu führt. Es gibt allerdings keinen präzisen Alltagsbegriff, der diese Gemeinsamkeit der Phänomene umfassen würde, außer dem schönen Bild vom „Aus-der-Rolle-Fallen". – Ebenso scheint es mit der journalistischen und politischen Sprache zu stehen: Das „Spiegel"-Register kennt den Begriff nicht; hier wie anderswo wird konkreter über „Kriminalität" beziehungsweise „Delinquenz", „psychische Krankheit", „Homosexualität" geschrieben, der abstrakte Oberbegriff fehlt. In der politischen Sprache fehlt der Begriff ganz.

1.2. Das Konzept des abweichenden Verhaltens

(1) Fragt man, was in den Sozialwissenschaften üblicherweise konkret unter abweichendem Verhalten verstanden wird, so erhält man ziemlich einheitliche Umschreibungen. So nennt beispielsweise Dreitzel (1972: 69) Prostitution und Verbrechen, Rauschgiftsucht und Alkoholismus, Neurosen und Psychosen; Wiswede (1979: 42ff.) erwähnt Kriminalität, Terrorismus, Selbstmord, sexuelle Abweichungen (mit vielen Variationen), Geisteskrankheit, Alkoholismus und Drogenkonsum; nach van den Boogaart (1996: 17) „gelten etwa Alkoholismus, Prostitution, Krankheit, Obdachlosigkeit und Kriminalität als abweichend." Was ist aber (in einem soziologisch relevanten Sinn) ihrem eigentlichen Wesen nach Kriminalität, psychische Krankheit und so weiter? Und was ist das Gemeinsame dieser Erscheinungen, das es rechtfertigt, sie unter einen einzigen Begriff zu subsumieren?

(2) Bis zum Beginn der 70er Jahre gab es dazu in Deutschland Auffassungen, die heute ebenso wie die damaligen Problemkonzepte ziemlich

naiv anmuten. Das läßt sich besonders deutlich anhand des Beispiels der Kriminalität zeigen, eines Themas, das zentrale Bedeutung hatte für die Entwicklung der gesamten Soziologie abweichenden Verhaltens; sie war und ist nämlich weithin soziologische Kriminologie. Für die Kriminologie, auch jene soziologischer Provenienz, war bis Ende der 60er Jahre Kriminalität ein besonderer Typ von Verhalten, das nach seinen objektiven Gehalten bestimmbar und abgrenzbar von anderem Verhalten schien, und diese Gehalte bestanden, so sah man es, in einer objektiven Unvereinbarkeit mit den Gesetzen. Die Fragen der Kriminologie kreisten um das Kernproblem: Wie ist solches objektiv gegebene Verhalten interpretierbar?

(3) Diese Sicht der Dinge wurde seit Ende der 60er Jahre in Deutschland zunehmend in Frage gestellt. Sehr einflußreich war hier der schon genannte Aufsatz von F. Sack (1968), in dem die Kritik der interaktionistischen Schule der amerikanischen Soziologie an diesem Ansatz in Deutschland bekanntgemacht wurde. Das Grundverständnis der Kriminalität als einer objektiv gegebenen Größe wurde radikal bezweifelt; es stellt sich als neues Kernproblem einer Soziologie abweichenden Verhaltens beziehungsweise einer soziologischen Kriminologie: Was ist Kriminalität wirklich und wie kommt sie zustande? Dazu ein paar Beispiele:

In den letzten Jahren stieg in einigen Städten der Bundesrepublik wieder einmal die Kriminalität. Was ist das, was da anstieg? Es stieg die Anzahl der Fälle, in denen die Polizei beziehungsweise die staatlichen Kontrollorgane zum Schluß kamen: Hier hat jemand eine Norm des Strafgesetzbuchs gebrochen. Man zählt diese Fälle und gewinnt so eine Meßzahl für die allgemeine Kriminalität. Dasselbe gilt für spezielle Kriminalitäten: für Jugend-, Frauen-, Männer-, Ausländerkriminalität. Hier sind die Fälle erfaßt, in denen die Kontrollorgane des Staats zum Schluß kamen, daß bestimmte Menschenkategorien eine Norm des Strafgesetzbuches gebrochen haben. Aber geben diese Zahlen wirklich ein realistisches Bild des Verhaltens der Bevölkerung? Es gibt offenkundig Fälle, in denen die Polizei nie etwas von der Sache erfährt („Dunkelfeld"), und es gibt falsche Beschuldigungen und Justizirrtümer. – Aber nicht in allen Bereichen stieg in den letzten Jahrzehnten die Kriminalität: Die Abtreibungskriminalität beispielsweise sank ganz beträchtlich, schon vor den Änderungen des § 218 und nochmals danach. Aber alle wissen, daß Schwangerschaftsabbrüche in dieser Zeit nicht seltener wurden, sondern vermutlich eher zunahmen. Etwas, was vorgestern kriminell war, wurde gestern toleriert und wird heute – mit

Rechtsanspruch – versicherungsrechtlich der Blinddarmoperation gleichgestellt. – Umgekehrt: Bis vor kurzem erwies sich jemand, der sagte: „Soldaten sind Mörder", als Mensch von Bildung, denn er zitierte denkmalgeschützte Literatur; dann sah es danach aus, daß er – mit denselben Wörtern im Munde – ein kriminelles Delikt begehe; zwischenzeitlich zeigt man sich wieder, solches redend, wenn man es mit gehöriger Behutsamkeit tut, als Kulturmensch („Die Tageszeitung" 22./23. Februar 1997: 1).

(4) Aufgrund dieser Beobachtungen können wir festhalten: Kriminalität oder kriminelle Abweichung besteht nicht einfach darin, daß jemand eine Handlung eines bestimmten Typs, also mit einem bestimmten Gehalt, begeht. Hier spielt sich ganz anderes ab: (a) Zunächst muß es eine Norm geben, die ein bestimmtes Verhalten mit Sanktionen bedroht, was heißt, daß Menschen solche Normen schaffen und erhalten müssen. (b) Dann muß es Menschen geben, insbesondere Instanzen sozialer Kontrolle, die diese Norm auf andere zur Anwendung bringen, indem sie deren Verhalten als normwidrig, also als kriminell qualifizieren beziehungsweise definieren und gegen sie irgendwie (re-)agieren. (c) Schließlich muß es einen Anlaß geben, daß diese Menschen die Norm anwenden. In dem Maß, wie wir ein ungebrochenes Vertrauen in die Rechtsstaatlichkeit haben, werden wir unreflektiert annehmen, dieser Anlaß sei gegeben durch den besonderen Charakter des Verhaltens der als kriminell Qualifizierten, der in einer Art Regelwidrigkeit besteht und sozusagen automatisch die Anwendung in Gang setzt. Es sind aber auch andere Anlässe denkbar; man denke zum Beispiel an die Justiz in der Zeit des Faschismus. Und es sind – siehe Dunkelfeld beziehungsweise Dunkelziffer – Fälle feststellbar, wo Leute keinen Anlaß sehen, in derartigen Situationen diese scheinbare Mechanik in Gang zu setzen. – Folglich ist das, was wir als Abweichung beziehungsweise Kriminalität – etwa in Statistiken – präsentiert bekommen, vor allem ein Produkt von Normgebungs- und Kontrollorganen. Aus solchen Überlegungen ergab sich bei Soziologen beziehungsweise Kriminologen die Einsicht, daß es eigentlich naiv und unkritisch ist, wenn man sich als Objekt der sozialwissenschaftlichen Untersuchung des Phänomens der Kriminalität unbesehen von Gesetzgebung und Justiz einen Täter anliefern läßt, dessen Tat oder Untat man nun bestaunt. Die Zubereitung des Täters als Täter und der Tat als Tat über Gesetzgebung, Polizei und Justiz ist viel zu bemerkenswert, als daß sie nicht auch und gerade höchste wissenschaftliche Aufmerksamkeit verdiente. Diese Fragen hat in Deutschland nach 1968 vor allem eine Gruppe (damals) junger Sozialwissenschaftler und Juristen vorangetrie-

ben. Sie organisierten sich im „Arbeitskreis junger Kriminologen" und schufen sich als Plattform ihrer internen Diskussionen sowie ihrer Auseinandersetzungen mit ihren wissenschaftlichen und politischen Gegnern das „Kriminologische Journal". Selbstbewußt nannten sie ihr Vorhaben „kritische Kriminologie". Ihr Ansatzpunkt war, „daß die Realität, mit der wir es zu tun haben, gesellschaftlich definiert ist, was heißt, daß wir in der Untersuchung von 'Kriminalität' und 'Kriminellen' die Auswirkungen eines bestimmten Komplexes solcher gesellschaftlicher Definitionen studieren, und daß wir daher zuerst und hauptsächlich über die Bedingungen und über die Träger dieser Definitionen zu forschen haben" (Hess/Steinert 1986: 3).

(5) Aus dem Gesagten wird verständlich, daß man nach einem umfassenderen Konzept für die Analyse von Kriminalität und anderen Formen von Abweichung suchte, das mehr in den Blick bringen sollte als die isolierte Tat eines sogenannten Täters, und zwar diese Tat nicht einmal en nature, sondern nur über gerichtliche, psychiatrische oder ähnliche Rekonstruktionen. Ein Versuch eines derartigen umfassenderen und realistischeren Konzepts liegt im interaktionistischen Modell des abweichenden Verhaltens vor. Was meint es? Unter abweichendem Verhalten versteht man in dieser Perspektive ein Verhalten, auf das durch Personen der Umwelt, insbesondere Instanzen sozialer Kontrolle, Normen zur Anwendung gebracht werden in Form von korrigierender Reaktion, also von Sanktionen und sanktionsanalogen Maßnahmen.

(Mit sanktionsanalogen Maßnahmen sind hier solche Maßnahmen gemeint, die im Falle eines Normbruchs gegenüber Personen ergriffen werden, die als nicht-schuldfähig gelten, weswegen ihr Verhalten nicht mit einer als gezielte Schädigung gemeinten Handlung, was ja eine Sanktion im eigentlichen Sinne immer ist, beantwortet wird, sondern mit einer anderen Art der korrigierenden Reaktion, beispielsweise einer Therapie.)

(6) Der Oberbegriff des abweichenden Verhaltens ist vergleichsweise abstrakt, aber er faßt Phänomene der Alltagswirklichkeit zusammen, die dort schon als Ergebnis gleichartiger sozialer Bewertungs- und zugleich Entwertungsprozesse gleichartig sind und auch dort schon, und nicht erst in der sozialwissenschaftlichen Betrachtung, als im Grunde gleichartig erlebt werden, auch wenn für sie unterschiedliche Begriffe gebraucht werden; sie sind alle das Ergebnis von Prozessen, in denen jemand einen anderen in seinem Verhalten als von irgendwelchen als verbindlich angesetzten Regeln abweichend klassifiziert, und zwar nicht nur theoretisch, sondern praktisch, mit meist unangenehmen Folgen,

die die Allgemeinheit beziehungsweise ihre bestellten Experten zu realisieren haben: Ächtung, Bestrafung, psychiatrische Behandlung durch Allgemeinheit, Polizei, Psychiatrie und so weiter.

Daß gegenüber anderen Verhaltensweisen oder Lebensformen, zum Beispiel gegenüber Behinderung, untergründig gleichartige gesellschaftliche Prozesse ablaufen, ist zu vermuten.

(7) Themen einer so verstandenen soziologischen Theorie der Abweichung, beispielsweise der Kriminologie, waren nun nicht mehr nur die Tat der Täter mit ihren Hinter- und Untergründen; ebenso wichtig wurden die Fragen nach Bestand und Hintergrund der Regel- und Normsysteme, der strafrechtlichen Normen beispielsweise, und nach den Bedingungen und – unter Umständen kontraproduktiven – Folgen ihrer Anwendung in Form der öffentlichen sozialen Kontrolle.

2.   ABWEICHENDES VERHALTEN ALS KONZEPT SOZIALER
       PROBLEMATISIERUNG

Trotz der unbezweifelbaren realen Ausweitung der Perspektive durch diesen neuen Forschungsansatz und trotz eines nennenswerten Wissenszuwachses in seinem Kontext ist er noch nicht voll befriedigend: Er greift nicht weit genug, weil er eine politische Schlagseite hat – und umgekehrt (2.1.). Eine weitere notwendige Ausweitung des Fragehorizontes ergibt sich, wenn man die Theorie abweichenden Verhaltens explizit mit der soziologischen Problemtheorie verknüpft (2.2.). Dabei ist auf eine Besonderheit der Problematisierung als Abweichung hinzuweisen: Das Abweichungsproblem entsteht auf zwei Ebenen, weil es Folge eines ganz bestimmten Verfahrens der Problemkonstitution ist (2.3.).

2.1.   Die verkürzte Perspektive des interaktionistischen
       Devianz-Konzepts – Ein wissenschaftliches Konzept mit
       politischer Schlagseite

Abweichendes Verhalten stellt einen bestimmten Typ sozialer Probleme dar, denn das Wort kommuniziert, wie jeder Problembegriff, auf drei Ebenen:

(a) Wir haben auch hier eine bestimmte Situation, in diesem Fall bestimmte Verhaltensweisen beziehungsweise bestimmtes Verhalten von Menschen, die angesprochen und in bestimmter Weise *dargestellt* und interpretiert werden, wodurch ein *Tatbestand* entsteht, Wegnehmen von Dingen, die anderen gehören; Gewalttätigkeit; Selbsttötungsversuch.

(b) Diese Situation wird in einem gesellschaftlichen Prozeß, (Erlaß eines bestimmten Strafgesetzes; Anzeige, staatsanwaltschaftliche und richterliche Untersuchung und Urteil; fachärztliche Untersuchung und Diagnose) in bestimmter Weise *bewertet,* das heißt problematisiert, und zwar, indem ihre Inkongruenz mit verbindlichen Normalitätsmaßstäben, hier mit sozialen Normen, (vorgesetzliche allgemeine Werte und Sittennormen, Strafgesetzbuch, Maßstäbe psychischer Gesundheit) festgestellt wird,

(c) mit der Folge, daß an bestimmte öffentliche Adressaten (Rechtspflege, Psychiatrie) die verbindliche *Aufforderung zur Reaktionsbereitschaft beziehungsweise Reaktion* ergeht.

Bis jetzt sieht alles nach einer bloßen Änderung der Terminologie der wissenschaftlichen Beschreibung aus, aber der Schein trügt, es handelt sich um einen Perspektivewechsel mit der Chance, das Blickfeld merklich auszuweiten. Versteht man beispielsweise die Kriminalisierung einer allgemeinen Handlungsweise und einer konkreten Handlung, das heißt ihre Qualifikation als Abweichung als eine besondere Art der Problematisierung, so stößt man unmittelbar auf die Frage: Aus welchen Interessen und in welcher Perspektive wird hier was problematisiert? Und dann erweist sich die Annahme der objektiven Realität der ausgegrenzten Handlung, die mittels der Strafrechtsnorm problematisiert wird, als trügerisch. Die inkriminierte Handlung als ausgegrenzte Größe, die es zu problematisieren gilt, ist vielmehr eine Folge einer bestimmten Rahmung (vergleiche unten Teil II, Kap. 1, 3.) des Problems, einer interessierten makro- und mikropolitischen Wirklichkeitskonstruktion – Watzlawick würde sagen: Sie ist die Folge einer Interpunktion (Watzlawick 1983: 72f; Watzlawick u. a. 1969: 57ff.) –, in der sie als zu problematisierende Einheit erst aus einem umfassenden Ensemble von Interaktionen ausgegrenzt und somit erst geschaffen wird. Mittels dieser Rahmung wird also Wirklichkeit in ganz markanter Weise sozial konstruiert.

Die „Tat" des somit konstituierten „Täters" ist ein bestimmter, kommunikativ geschaffener Ausschnitt aus einem umfassenden, prinzipiell grenzenlosen Interaktionsgefüge, eine aufgrund einer mikropolitisch durchgesetzten Entscheidung ausgegrenzte Sequenz innerhalb der Interaktion, die als diese *eine* Tat ihre Grenzen und damit Identität nur aus dem Willen der sozial durchsetzungsfähigen Betrachter hat. Das als deviant erklärte Handeln ist ein willkürlicher Ausschnitt aus einer umfassenden Realität des Lebens, der aus partikulären, parteilichen Interessen aus diesem Gesamt herausgelöst wurde. Damit dürfte auch deutlich

sein, daß die Begriffe der „Tat" und des „Täters" in einem objektivisti-
schen Sinn sozialwissenschaftlich unbrauchbar sind; lediglich konstruktionistisch gebraucht, im Sinne dessen, was sozial als „Tat" und
„Täter" gilt, sind sie wissenschaftlich sinnvoll.

Damit soll nicht geleugnet werden, daß in bestimmten Fällen von einem
humanen politisch-ethischen Standpunkt aus eine solche Parteilichkeit
gegen „Täter" und für „Opfer" angezeigt ist; trotzdem bleibt festzuhalten: In einer sozialwissenschaftlichen Analyse sollte diese Parteilichkeit außen vor bleiben.

Ein wissenschaftlicher Begriff des abweichenden Verhaltens, der nicht
im Wissen um diesen Prozeß der Konstitution des mit ihm Gemeinten
gebraucht wird, hat unausweichlich eine politische Schlagseite – er
überträgt die Sichtweise dessen, der sich in einem sozialen Konflikt mit
einer bestimmten Deutung der Situation durchgesetzt hat, auf den
scheinbar objektiven sozialwissenschaftlichen Betrachter.

Damit wird deutlich, was wir mit dem Begriff des abweichenden Verhaltens zur Sprache bringen: Zunächst ist es eine ganz spezifische Perspektive der Problematisierung unerwünschter Zustände; dann aber, sekundär auch eine Klasse von Problemen, die alle mittels derselben Perspektive und in derselben Weise konstruiert und konstituiert wurden
und aufgrund dessen dieselbe „Tiefenstruktur" (Dux 1973) haben, eine
Struktur der Wirklichkeit, die ihr allerdings nicht aufgrund irgendeiner
Natur der Sache eigen ist, sondern das Ergebnis unserer Wirklichkeitskonstruktion ist. Das soll im folgenden erläutert werden.

2.2.   Das Devianz-Paradigma als Konzept sozialer Problematisierung
       – Die spezifische Perspektive des Problemtyps der Abweichung

Wir stoßen hier zum ersten Mal auf einen Umstand, der uns noch oft beschäftigen wird: Für Problematisierungen aller Art liegen in unserer
Kultur bestimmte Muster, Typen oder Schemata vor und stehen uns so-
mit zur Verfügung; Schemata unterschiedlicher Konkretisierungsgrade,
die von uns unterschiedlich verwendet werden, je nach unserem Inter-
esse. Für den Bereich der sozialen Probleme, mit denen man sich in der
Sozialen Arbeit abmüht, scheinen mir drei grundlegende Schemata zur
Verfügung zu stehen, deren Anwendung zu drei Globaltypen sozialer
Probleme führen: das Täter-Schema, das den Basistyp der Devianz zur
Folge hat, das Opfer-Schema, aus dessen Anwendung der Basistyp der
Deprivation folgt, und das Beziehungs- oder Interaktionsschema, das
den Basistyp der Desintegration zeigt. Insofern diese Schemata bezie-

hungsweise Typen grundlegende Perspektiven der Wahrnehmung und Interpretation von Phänomenen anbieten, können wir sie auch als Paradigmen bezeichnen. Diese alltagspraktischen Paradigmen der politischen Auseinandersetzung finden ihren öfters unreflektierten Niederschlag in den entsprechenden sozialwissenschaftlichen Konzepten und darauf aufbauenden Theorien.

Die beiden letztgenannten Globaltypen und damit Paradigmen sind später zu erörtern, das erstgenannte stellt sich wie folgt dar: Abweichende Verhaltensweisen sind Probleme, die mittels des Täter-Schemas konstituiert werden; die Entscheidung für dieses Problematisierungsmuster ist nicht zufällig, vielmehr hat die Problematisierung einer Situation als Abweichung einen ganz spezifischen makro- und mikropolitischen Sinn, der sowohl bei der originären wie bei der Fallkonstitution erschließbar ist:

(1) Wird Abweichung als Globaltyp der Problematisierung gewählt, so gilt als Sache, um die es geht, das *Handeln* bestimmter Menschen. Sie gelten als aktive Gestalter der Situation, in der Regel als sogenannte Täter. Dieses Handeln hat für andere Menschen unerwünschte Konsequenzen – üblicherweise der Anlaß der Problematisierung. Diese anderen gelten als inaktiv und lediglich betroffen, in der Regel als sogenannte Opfer. Damit ist – in der Regel implizit – eine wichtige Entscheidung getroffen worden: Das zu konstituierende Problem hat eine ganz bestimmte Rahmung erfahren, es ist konzentriert auf Tat und Täter, alles andere, was bei einer anderen Rahmung des Problems sonst noch in den Blick kommen könnte, ist, als Symptom oder mögliche Ursache, sekundär oder gar irrelevant.

(2) Die störende Situation wird damit einzelnen als *Verursachern* zugeschrieben; abhängig vom weiter gewählten Devianztyp (s.u.) gelten sie u.U. auch als schuldig.

(3) Dieses Handeln wird unter Rückgriff auf für alle verbindliche *Normen* als negativ, unrichtig, unberechtigt qualifiziert; die Problematisierung von Handeln als Abweichung stellt prinzipiell und immer eine *Entwertung* solchen Handelns dar.

(4) Meistens handelt es sich um Konfliktsituationen zwischen Tätern und Opfern. Durch diese Art der Problematisierung ist die *Konflikt- beziehungsweise Solidaritätslinie*, die mittels der Problematisierung aufgebaut werden soll, klar: Die anderen, die Öffentlichkeit, die Verantwortlichen haben sich *gegen* die Täter, *für* die Opfer zu engagieren.

Wenn es jemandem gelingt, ein bestimmtes konkretes Handeln einer bestimmten konkreten Person gesellschaftlich verbindlich als abweichend zu definieren, so ist für diese Handlung die moralische und häufig auch juridische Be-Rechtigung getilgt und umgekehrt hat der von solcher Handlung Betroffene das moralische und häufig auch juridische Recht, gesellschaftlich beauftragte Akteure als Bundesgenossen zu erhalten.

(5) Der Konflikt spielte oder spielt sich in einem umgreifenden Handlungssystem ab, in das die Kontrahenten gemeinsam eingebunden sind; das System, in das öffentlich legitimiert zu intervenieren ist, ist demgegenüber beträchtlich reduziert – als Folge der Problemrahmung – auf das *Persönlichkeitssystem* des identifizierten Täters beziehungsweise auf sein Handlungssystem.

(6) Das erforderliche Handeln, also die adäquate Problembearbeitung, ist *soziale Kontrolle*, deren Ausführung gesellschaftlich beauftragten Experten obliegt.

Die der Kriminalisierung ehelicher sexueller Gewalt folgende staatliche Behandlung bezieht sich ausschließlich auf gewalttätige Ehemänner. Sollten Ehefrauen in irgendwelche Maßnahmen, etwa eine Paartherapie, einbezogen werden, so geschieht das nicht aufgrund der Problematisierung der Situation als kriminelle Devianz, sondern aufgrund möglicher weiterer, ergänzender oder konkurrierender Problematisierungen nach anderen Mustern.

Die Interessen, aus denen diese Perspektive gewählt wird, sind klar: Es ist der Blick von einem gesellschaftlichen „Innenraum" auf die Abweichler „draußen", und entsprechend laufen häufig untergründige Solidarisierungen nach innen und Schuld- oder zumindest Ursachenzuweisungen nach außen. Wie eigenartig und folgenreich eine derartige Problematisierung ist, wird deutlich, wenn man sie mit den zwei anderen Möglichkeiten vergleicht, die die beiden anderen Globaltypen der sozialarbeitsrelevanten Problematisierung bieten. Beim Vergleich mit dem Globaltyp der Deprivation wird sich zeigen, daß dieser Typ sozusagen das Spiegelbild des Devianzparadigmas ist und umgekehrt.

2.3. Das spezifische Verfahren der Problematisierung als Abweichung

(1) Wenn bestimmte Definitoren sozialer Probleme versuchen, bestimmte Handlungen oder Handlungsweisen gesellschaftsweit als abweichend zu problematisieren, so wollen sie etwas ganz einfaches: Sie wollen, daß so etwas nicht (wieder) vorkommt, und daß, falls es doch vorkommt, Betroffene einen Ausgleich für möglichen Schaden bekom-

men. Wenn es ihnen gelingt, für ihre Problematisierung dieser für sie negativen Verhaltensweisen den Staat zu gewinnen, so reagieren dessen Agenten allerdings sehr merkwürdig: Als Handlungsbedarf gilt das staatliche Verbot solcher Handlungsweisen – mit der Androhung staatlicher Reaktion. Bei gegebener „Zurechnungsfähigkeit" des Täters, und sie wird bis zum Beweis des Gegenteils (bei erwachsenen Tätern) immer vorausgesetzt, bedeutet das staatliches Strafen. Das Ganze hat bemerkenswerte Konsequenzen – etwas, das kulturell so ist, aber auch anders sein könnte und zugleich in allen Rechtsstaaten zu existieren scheint: Das Verbot wird zugleich zu einem Bestandteil der staatlich garantierten gesellschaftlichen Ordnung, und diese Ordnung gilt in den Rechtsstaaten als ein Wert an sich. Damit ist die problematisierte Verhaltensweise auf zwei Ebenen zum sozialen Problem geworden: Zum einen ist sie es auf der Ebene der staatlich geschützten Einzelinteressen der Betroffenen – des konkreten und abstrakten Rechtsguts also, beispielsweise des sexuellen Selbstbestimmungsrechts im allgemeinen und besonderen bei der Pönalisierung gewaltsamer Sexualhandlungen. Wenn sie beeinträchtigt werden, geht es jetzt die Allgemeinheit an, die parteiisch-schützend eingreifen wird. Zum andern ist die problematisierte Verhaltensweise jetzt auf der Ebene der staatlich garantierten Ordnung ein Problem. Wenn das Verbot übertreten wird, wird zugleich die ganze Ordnung behelligt. Hier besteht das Problem nur als Folge seiner Konstitution: Die Störbarkeit der Ordnung in diesem Detail ist nur gegeben durch die Ordnung, insofern sie dieses Detail jetzt neu enthält.

(2) Der Handlungsbedarf differenziert sich dann für beide Ebenen in einen primären und einen sekundären: Der primäre Handlungsbedarf besteht in der Verhinderung solcher Handlungen, insbesondere durch Abschreckung durch mit dem Verbot angedrohte und an Normbrechern vollzogene Strafen, aber auch durch andere Formen der sogenannten Prävention. Hierdurch sollen die Interessen der Menschen ebenso geschützt werden wie die Ordnung an sich gewahrt werden soll. Der sekundäre Handlungsbedarf besteht in der Bearbeitung der Situation nach der Abweichung. Hier doppelt sich die Problembearbeitung nochmals entsprechend gedoppelter Interessen: Auf der Ebene der *Einzelinteressen* soll es zur Restitution und Kompensation für die erlittene Schädigung kommen, und zwar staatlich vermittelt und garantiert. Auf der Ebene der *Ordnung* zelebrieren die Akteure des Staats ihr Bestreben, die Ordnung sekundär zu sichern, und zwar weithin unabhängig davon, ob Einzelinteressenten ein derartiges staatliches Eingreifen wollen. Sie

tun das im Ritual des Strafens, diesem Ausagieren der Ohnmacht des normierenden Staats. (Der Sinn dieses Strafens ist etwas dunkel; er erschöpft sich nicht in seiner Funktion der Abschreckung und damit Prävention; dieses Mehr im Strafen wird bisweilen als „Sühne" bezeichnet; was das ist, weiß ich nicht – es scheint mir sehr viel mit im Namen des Staats vollzogener Rache zu tun zu haben.)

(3) Diese Überlegungen zeigen erneut, wie eng der oben behauptete Zusammenhang zwischen der Sachkarriere und der Konstitutionskarriere sozialer Probleme ist: Wenn Handlungsweisen, die beispielsweise von anderen als Schädigung erlebt werden, aber nicht nur solche, pönalisiert werden, so verändern sie ihren Sozialcharakter und damit, da soziale Tatbestände ja auch real sind, ihre Realität: Sie werden in einem intersubjektiv und kulturell gegebenen Sinn zu etwas Neuem, nämlich zu einer Regelwidrigkeit, einer Ordnungswidrigkeit. Die Konstitution des Problems schafft die Fakten, die die Problembearbeiter zu bekämpfen beanspruchen.

3. KONZEPTE ZUR THEMATISIERUNG UNERWÜNSCHTEN
   VERHALTENS – ABWEICHUNGSTYPEN

Wie bereits erwähnt, entspricht dem sozial(arbeits)wissenschaftlichen Begriff des abweichenden Verhaltens kein Alltagsbegriff unmittelbar; trotzdem ist er ein realistisches Instrument zur Erfassung sozialer Alltagsprozesse. Er faßt nämlich unterschiedliche Arten und Verläufe sozialer Problematisierungen zusammen, die alle demselben Schema folgen und folglich alle in den oben (vergleiche 2.2.) genannten Aspekten (1-6) übereinstimmen: Sie folgen alle der „Tat"- beziehungsweise „Täter"-Perspektive. Sonst weisen sie allerdings beträchtliche Differenzen auf. Wie später ausführlich gezeigt wird (vergleiche unten Teil II, Kap. 1), kommen diese Abweichungsarten dadurch zustande, daß unterschiedliche Problemtypen, das heißt Problematisierungsprogramme zur Anwendung kommen. Diese Typen sind in der Kultur unseres Rechts-, Gesundheits- und Sozialwesens vorformuliert. Insgesamt gehe ich von der Vermutung aus, daß ihre Differenzierung in der Unterschiedlichkeit der mit ihnen implizierten Grundannahmen über ursächliche Zusammenhänge im Kontext identifizierter Täter besteht. Diese spezifischen Alltags-Devianztheorien haben die Bedeutung von sogenannten Skripten für die vereinfachende individuelle und soziale Wirklichkeitskonstruktion; ihr Zweck ist die Begründung und Legitimation der Intervention einer bestimmten Art und damit einer bestimmten Expertenkategorie. (Zur grundsätzlichen Bedeutung der Problemtypen als Lieferanten von Skripten im Prozeß der Problemkonstitution vergleiche unten Teil II, Kap. 1, 3.1. und 3.4.)

Von allen drei Globaltypen ist der Devianztyp am stärksten artikuliert, sozusagen am liebevollsten ausdifferenziert. Entsprechend sind auch die „realistischen" Devianztheorien vielfältig und weit entwickelt.

Warum gibt es so viele Devianztypen, Devianztheorien und Institute für Kriminologie und so wenig Armutstheorien und Institute zur Untersuchung der Gründe und Hintergründe der Armut? Eine spekulative Antwort könnte sein: Für die durchsetzungsfähigen Leute, die häufig auch etwas reicher sind, ist es viel interessanter, daß geklärt wird, wie es kommt, daß bestimmte Leute die gegebene Ordnung, insbesondere die Verteilungs- und Eigentumsordnung, nicht respektieren – damit man diesem mangelnden Respekt gegensteuern kann –, als daß geklärt wird, wie diese Verteilungsordnung genau aussieht und wie es kommt, daß sie selber – auf Kosten der Ärmeren – so reich sind.

Am Beginn der Neuzeit gab es vermutlich drei dominierende Devianztypen mit mehr oder weniger zahlreichen Unter- und Mischtypen: die Sünde, das Verbrechen und den Irrsinn. Für die Bearbeitung des ersten Typs waren die Kirchen zuständig, für den zweiten der sich zunehmend profilierende Nationalstaat und für den dritten die sich anfänglich etablierenden Toll- und Irrenhäuser mit ihren jeweiligen Experten. In dem Maß, wie die Kirchen an gesellschaftlicher Relevanz einbüßten, verschwanden die Sünde im allgemeinen und Spezialtypen wie Lasterhafte, Ketzer und gefallene Mädchen als soziale Probleme. (Sie überlebten, wenn überhaupt, als persönliche und Kleingruppenprobleme.) Das Verbrechen wurde umbenannt in Kriminalität, parallel dazu entstand ein hochdifferenziertes Rechtswesen; und der Irrsinn mutierte zur psychischen Krankheit, das Tollhaus zur ambulanten und stationären Medizin beziehungsweise Psychiatrie.

Im 19. Jahrhundert entstand neu der Typ der Verwahrlosung, Hand in Hand mit der Entstehung der „Socialpädagogik". Das 20. Jahrhundert brachte uns die Behinderung als soziales Problem – früher war Entsprechendes unabänderliches Schicksal –, hochgehalten durch verschiedene Einrichtungen und Berufe der Sonder- und Heilpädagogik und spezialisierte Richtungen der Psychiatrie. Schließlich wurde in den letzten Jahrzehnten ein neuer Typ etabliert, der noch keinen Namen hat und durch das Beratungswesen bearbeitet wird; ich bezeichne ihn im folgenden als „situative Desorientierung." (Mir ist bekannt, daß dieser Ausdruck auch ein psychiatrisches Krankheitsbild umschreibt; in diesem Sinn ist er natürlich hier nicht gemeint. Leider fand ich keinen anderen Ausdruck, der das Gemeinte ebensogut bezeichnet hätte.)

Im folgenden wird auf empirische Belege der aufgestellten Behauptungen verzichtet; ich nehme an, daß sie aufgrund der dem Leser und Verfasser gemeinsamen Erfahrung unserer Kultur einleuchtend und begründet erscheinen; eine detaillierte empirische Aufarbeitung des Gesagten wäre möglich, würde aber das in einer derartigen Überblicksarbeit Mögliche bei weitem übersteigen.

Diese fünf aktuellen Abweichungstypen lassen sich wie folgt charakterisieren:

(1) *Kriminalität*: (a) Als gemeinsames Charakteristikum aller mit diesem Typ problematisierten Spielarten menschlichen Handelns gilt eine sogenannte Zurechenbarkeit solcher Handlungen zu dadurch identifizierten Tätern; die Zurechenbarkeit erwächst aus einer angenommenen Freiheit des Handelns, die dann sogenannte Schuld zur Folge hat. (b) Die zur negativen Qualifikation des Handelns benötigten Verhaltensstandards werden beziehungsweise sind vor allem im Strafgesetzbuch, aber auch in anderen Gesetzeswerken ausformuliert. (c) Für die Bearbeitung zuständig sind die Institutionen der Gesetzgebung und der Justiz, das heißt die in ihr tätigen Experten. (d) Die zutreffende Problembearbeitung besteht in der Androhung von beziehungsweise der gezielten Schädigung dieser Täter, was gemeinhin als Strafe beziehungsweise Sühne bezeichnet wird, sowie ihrer (Wieder-)Einpassung in das gesellschaftliche Gefüge. (e) Daß Kriminalität als soziales Problem voll konstituiert ist, ergibt sich aus der ausgefeilten rechtlichen Fixierung ihrer Konstitutionsprozeduren und ihrer Bearbeitung in Grundgesetz und mehreren die Justiz betreffenden Gesetzen und damit der öffentlichen Bestellung eines Heeres gesellschaftlich beauftragter Bearbeiter (zumeist sogar mit Beamtenstatus) und dem Ausweis entsprechender Mittel im Bundes- und allen Länderhaushalten.

(2) *Psychische Krankheit*: (a) Als gemeinsames Charakteristikum aller mit diesem Typ problematisierten Spielarten menschlichen Handelns gilt, daß die Handelnden als in ihrer sogenannten Freiheit gravierend eingeschränkt gelten, das heißt als bestimmt durch determinierende Faktoren mit Krankheitswert (zum Begriff der Krankheit vergleiche unten Teil II, Kap. 1, 3.1.2.3.). (b) Die zur negativen Qualifikation des Handelns benötigten Verhaltensstandards sind die Kriterien der sogenannten psychischen Gesundheit, die bekanntlich mit beträchtlichen Randunschärfen behaftet sind, ferner alle Strafrechts- und Sittennor-

men. (c) Für die Bearbeitung zuständig sind die Institutionen der Psychiatrie und Psychotherapie mit staatlich anerkannten Psychiatern und Psychotherapeuten. (d) Die zutreffende Problembearbeitung besteht in Therapie, was auch immer das heißen mag. (e) Daß psychische Krankheit als soziales Problem voll konstituiert ist, ergibt sich daraus, daß ihre Bearbeitung durch mehrere Gesetze geregelt ist, dazu öffentliche Mittel (Gelder der gesetzlichen Krankenkassen und, im Falle fehlenden Versicherungsschutzes und bei Bedürftigkeit, Sozialhilfe) eingesetzt werden können und müssen und die Problembearbeiter gesellschaftlich als solche legitimiert sind („Staatsexamen").

(3) *Verwahrlosung*: (a) Als gemeinsames Charakteristikum aller mit diesem Typ problematisierten Spielarten menschlichen Handelns gilt, daß sie aus einem die Handlungsfreiheit und damit Verantwortlichkeit des Täters gravierend einschränkenden Defizit seiner Persönlichkeit erwachsen, das ihm in einer als defizitär qualifizierten Sozialisation zuteil wurde. (b) Die zur negativen Qualifikation des Handelns benötigten Verhaltensstandards sind einerseits die Strafrechts- und Sittennormen des alltäglichen Lebens, andererseits die mehr oder weniger präzisen Vorgaben für eine als richtig geltende familiäre, schulische und berufliche Karriere. (c) Für die Bearbeitung zuständig sind die Institutionen der Sozial- und Sonderpädagogik, der Jugendsozialarbeit und des jugendspezifischen Justizwesens. (d) Die zutreffende Problembearbeitung besteht im Eröffnen kontrollierender, komplementärer und kompensierender Entwicklungs- und Lernräume, also in sogenannter Resozialisierung. (e) Daß Verwahrlosung als soziales Problem voll konstituiert ist, ergibt sich aus der gesetzlichen Fixierung ihrer Bearbeitung, besonders durch das Kinder- und Jugendhilfegesetz (SGB VIII) und das Jugendgerichtsgesetz (JGG), der Verwendung öffentlicher Mittel in Form von Steuergeldern und der öffentlichen Anerkennung beziehungsweise Beauftragung der Experten der jeweiligen Institutionen, vor allem in Form von Beamtenstatus beziehungsweise staatlicher Anerkennung der Ausbildungen der Fachkräfte.

(4) *Behinderung*: (a) Als gemeinsames Charakteristikum aller mit diesem Typ problematisierten Spielarten menschlichen Handelns gilt, daß sie als aus einem die Handlungsfreiheit und damit Verantwortlichkeit des Handelnden gravierend einschränkenden Defizit seiner Persönlichkeit erwachsend gelten, das ihm erstand aus einer angeborenen oder erworbenen Schädigung seiner psycho-physischen beziehungsweise physischen Grundausstattung, einer Schädigung, die prinzipiell als nichtbehebbar gedeutet wird. (b) Die zur negativen Qualifikation des Han-

delns benötigten Verhaltensstandards sind im wesentlichen gleich wie die zur Identifikation von Verwahrlosung dienlichen. (c) Für die Bearbeitung zuständig sind die Institutionen der Behindertenarbeit. (d) Die zutreffende Problembearbeitung besteht einerseits im bewahrenden Kontrollieren der Betroffenen (zum Beispiel zur Verhinderung von Selbst- und Fremdschädigungen), andererseits im Eröffnen spezifischer kompensierender Lern- und Entwicklungsmöglichkeiten zur Erlangung einer bei gegebener Beeinträchtigung optimalen Verhaltensanpassung. (e) Daß Behinderung als soziales Problem konstituiert ist, ergibt sich aus der Verwendung öffentlicher Gelder, vor allem aus den verschiedenen Sozialetats, und aus dem Vorhandensein gesetzlicher Regelungen für den Umgang mit entsprechend qualifizierten auffälligen Menschen. Ferner sind auch hier Experten mit staatlicher Anerkennung ihrer beruflichen Qualifikation tätig. – Es ist anzumerken, daß Behinderung – unter dem Aspekt der Lebenslage der Betroffenen – auch als Deprivations- beziehungsweise Desintegrationstyp gehandelt wird.

(5) *Situative Desorientierung*: (a) Als gemeinsames Charakteristikum aller mit diesem Typ problematisierten Spielarten menschlichen Handelns gilt, daß sie aus einer zwar lebensgeschichtlich grundgelegten, aber im wesentlich durch die Gegebenheiten der momentanen Situation ausgelösten Desorientierung des Handelnden erwachsen. (b) Die zur negativen Qualifikation des Handelns benötigten Verhaltensstandards sind äußerst vage und spezifisch für die von den etablierten Bearbeitungsinstitutionen abgedeckten, das heißt konstituierten Bereiche: für den Ehe- und Partnerbereich etwa die Vorgaben adäquaten Partnerverhaltens, für den Suchtbereich die Vorgaben für adäquaten Umgang mit Rauschmitteln. (c) Für die Bearbeitung zuständig sind die Institutionen des Beratungswesens. (d) Die zutreffende Problembearbeitung besteht in der Aufdeckung und Bearbeitung psychischer beziehungsweise sozialer Faktoren, die als mündig geltende Entscheidungen und Handlungsweisen beeinträchtigen. (Die Grenzen zu dem, was als Therapie bezeichnet wird, sind bekanntermaßen fließend.) (e) Daß situative Desorientierung als soziales Problem konstituiert ist, ergibt sich aus der (Teil-)Finanzierung entsprechender Institutionen mit öffentlichen Mitteln, also aus Steuermitteln und Zuschüssen beziehungsweise Benutzerentgelten von gesetzlichen Kassen auf gesetzlicher Grundlage; für den Spezialbereich der Schwangerschaftskonfliktberatung gibt es darüberhinausgehende gesetzliche Regelungen.

Diese Devianztypen sind selbstverständlich nicht von sich aus gewachsen; sie wurden vielmehr von handelnden Menschen – gewollt, nichtbeabsichtigt und nicht-gewollt – geschaffen im Zuge der Konstitution konkreter Probleme. Wie man sich solche Prozesse vorzustellen hat, wird unten ausführlich besprochen.

4. DIE THEMENKREISE DER THEORIE ABWEICHENDEN VERHALTENS

Obwohl – oder weil – die Devianztheorie bisher nicht als Problemsoziologie artikuliert wurde, kommen in ihr manche Themen vor, die oben für eine entwickelte Problemsoziologie reklamiert wurden, allerdings in sehr unterschiedlicher Ausführlichkeit: der Problemkern (4.1.), die originäre Problemkonstitution (4.2.), die Fallkonstitution (4.3.) und die Evaluation der Problembearbeitung (4.4.).

4.1. Der Kern des Abweichungsproblems – das regellose Verhalten

Wie oben schon ausgeführt, gab es auch bei den Vorformen der Theorie abweichenden Verhaltens eine relativ naive Phase, in der die Abweichungen als objektiv gegebene Tatbestände wahrgenommen wurden, und wie in der Entwicklung zur allgemeinen Problemsoziologie kam es auch hier zu einem Umdenken: Der soziale Konstitutionsprozeß – hier spricht man üblicherweise von einem Definitionsprozeß – wurde wahrgenommen. Das hatte in der Devianztheorie allerdings keine so radikalen Folgen wie in der allgemeinen Problemsoziologie: Autoren, die den Sinn der Untersuchung des als deviant inkriminierten Verhaltens total leugnen, stellen eine Minderheit dar. Deswegen gibt es eine bunte Vielfalt „realistischer" Theorien, die häufig als „ätiologische" Theorien bezeichnet werden. Sie sollen insbesondere im Bereich der Kriminologie erklären, weswegen als deviant Qualifizierte ihr anstoßerregendes Verhalten an den Tag legen. Allerdings sind diese Theorien wiederum auch nur bei wenigen Autoren losgelöst von der Behandlung der übrigen devianztheoretischen Themen. (Meistverwendet als Überblickliteratur Lamnek 1996 und 1997.) Umfassende und zugleich inhaltsreiche Theorien sind kaum zu erwarten, da recht wenig allen prinzipiell kriminalisierbaren Handlungen zugrundeliegt und somit Gegenstand einer derartigen Theorie sein könnte: daß die in der Kultur unserer Gesellschaft allgemein vermittelten Normen nicht in den Bestimmungsrahmen des jeweiligen individuellen Handelns eingegangen sind, weswegen dieses Verhalten regellos wurde; und dafür dürfte es eine bunte Vielfalt von Gründen geben, die kaum je in einer einzigen Theorie zu erfassen sind.

4.2. Bruchstücke der Konstitution des Abweichungsproblems: die Normgenese

Die Konstitution des Abweichungsproblems wird nur rudimentär, insbesondere in Form der Diskussion der Hintergründe und Verläufe der Normgenese behandelt (vergleiche unten Teil II, Kap. 1, 3.1.1.2.). Weil allerdings die explizit problemsoziologische Perspektive fehlt, ist die Voraussetzung der Konstitution eines Problems als Devianz, nämlich die entsprechende Rahmung, nicht im Blick, ebensowenig die Frage, unter welchen Bedingungen es innerhalb dieser Rahmung dann zur Anwendung eines bestimmten Skripts, das heißt Abweichungstyps, kommt. (Zu Rahmung und Skripten vergleiche unten Teil II, Kap. 1, 3.1.1.1.)

4.3. Die Fall-Konstitution – die Normanwendung

Die tagtägliche Erfahrung, daß nicht jede kriminalisierbare Handlung kriminalisiert wird und es deswegen ein großes „Dunkelfeld" gibt, zeigte den Theoretikern abweichenden Verhaltens von Anfang an, daß die Normanwendung, die den Fall schafft, eben keine selbstverständliche, sozusagen mechanische Angelegenheit ist, sondern eine zu beachtende Möglichkeit neben anderen. Die Konstitution des Kriminal-Falles war also sehr früh schon Thema der „kritischen" Kriminologie und ist immer noch das Thema, anhand dessen die Fall-Konstitution der Abweichung exemplarisch diskutiert wird (vergleiche unten Teil II, Kap. 2, 2.).

4.4. Die Evaluation der Problembearbeitung

Ebenfalls von Anfang an waren die unbemerkten, unbeabsichtigten, als kontraproduktiv erlebten Folgen der Bearbeitung des Abweichungsproblems, insbesondere die der korrigierenden Reaktion, Thema der „kritischen" Kriminologie und Abweichungstheorie (vergleiche unten Teil II, Kap. 3, 2.). Dieses Thema ist hier von derart zentraler Bedeutung, daß eine sehr wichtige Strömung der soziologischen Abweichungstheorie das Etikett „Reaktionsansatz" verpaßt bekam. Diese Folgen werden als Probleme behandelt, allerdings durch und durch „realistisch" und nirgends „konstruktionistisch". Der Prozeß der Problematisierung dieser Folgen, ihre Maßstäbe und die theorie- und handlungsleitenden Interessen sind bisher nicht im Blick (vergleiche unten Teil II, Kap. 3, 3.).

Kapitel 3:
Ansätze, Theorien und Fragen der Armutsforschung

Eigentlich sollte man Außenstehende und Anfänger von der sozialwissenschaftlichen Armutsforschung fernhalten – sie könnten aufgrund eines falschen Schlusses vom Teil aufs Ganze den Glauben an die Seriosität der gesamten Sozialwissenschaften verlieren: In der Armutsforschung herrscht das reine Chaos. Daß das so ist und wie ein möglicher Ausweg aussehen könnte, nämlich Armutsforschung als eine wirklich realistische, weil konstruktionistische Armutstheorie betrieben, soll im folgenden gezeigt werden.

Ich beginne mit der Chronologie des Sprachgebrauchs (1.), zeige dann, daß die Armutsforschung gar keinen einheitlichen und damit gar keinen eigentlichen Gegenstand hat (2.), was in Verbindung zu sehen ist mit dem Mißstand ihres „realistischen" Ansatzes (3.), demgegenüber dann die Notwendigkeit betont wird, Armutsforschung als Problemsoziologie zu betreiben (4.).

1. Zur Chronologie der wissenschaftlichen Verwendung des Armutsbegriffs

(1) Im Gegensatz zu den anderen Leitbegriffen der sozialarbeitsrelevanten Problemsoziologien stammt der Begriff der Armut aus der Alltagssprache und kam erst sekundär in die Wissenschaftssprache. Das Wort ist uralt und dient seit jeher zur Kennzeichnung von Elendslagen aller Art. „Armut" kennzeichnete wahrscheinlich ursprünglich die Situation des – die beiden Wörter gehen wohl auf dieselbe sprachliche Wurzel zurück – „Erben", des Verwaisten; „arm" meint also ursprünglich „vereinsamt, bemitleidenswert, unglücklich" (Duden 1989: 44). Armut war die Lage, die – auch diese beiden Wörter sind wohl stammverwandt – Arbeit im Sinne schwerer körperlicher Tätigkeit notwendig machte (Duden 1989: 43 und 159). Damit stand das Wort schon vom Ursprung her auch im wirtschaftlichen Zusammenhang und konnte dann in einem eingeengten Sinn, im Gegensatz zu Reichtum, zur Kennzeichnung extremer materieller Mangellagen dienen (Duden 1989: 44).

Umgangssprachlich hat sich diese doppelte Bedeutung über Jahrhunderte weg erhalten. Das ist beispielsweise ablesbar an Redensarten wie der von der „armen Kirchenmaus" und dem „armen Teufel": In der Kirche gibt es keine Speisekammer, und deswegen ist die dort lebende Maus materiell arm; der Teufel wird – im spätmittelalterlichen Schwank – vielfach geprellt und betrogen, er ist bedauernswert und arm (Röhrich 1973: 65 und 1071).

(2) In der sozialpolitischen und sozialwissenschaftlichen Sprache war der Begriff dann im 19. und in der ersten Hälfte des 20. Jahrhunderts allgegenwärtig, auch wenn er teilweise durch Synonyme, insbesondere dem des „Pauper" beziehungsweise „Pauperismus", ersetzt wurde (Strang 1970: 21ff.). Er kennzeichnete in der Regel wirtschaftliche Mangellagen, die als so gravierend erschienen, daß Abhilfe nötig schien. In dieser Bedeutung war er noch im Gebrauch in Untersuchungen zur wirtschaftlichen Lage der deutschen Bevölkerung anfangs der 50er Jahre (Achinger u. a. 1952; Elsner/Proske 1953; Münke 1956).

(3) Aber dann kam es zu einer bemerkenswerten Veränderung: Scherpner gebraucht das Wort zwar noch in seiner „Theorie der Fürsorge", bemerkt aber, er arbeite mit der „einfachen alten Bezeichnung Armut (auch wenn dieser Begriff heute nicht modern ist und durch Umschreibungen ersetzt wird)" (Scherpner 1962: 138). Der Begriff und das Thema der „materiellen Armut" verschwinden fast ganz. Der Begriff wird ersetzt durch den der Sozialhilfebedürftigkeit. Die Sache wird als „marginal" (Strang 1970: 36) in doppelter Bedeutung des Wortes erklärt und auch so behandelt: Sie ist nur noch Sache von Randgruppen und als solche gesellschaftspolitisch und wissenschaftlich fast zu vernachlässigen. Damit noch nicht genug: Der Begriff „Armut" wird unter der Hand seines alten Gehalts entleert und mit neuem Inhalt gefüllt. Strangs bekannte Arbeit zu „Erscheinungsformen der Sozialhilfebedürftigkeit", erschienen 1970, aber schon Mitte der 60er Jahre entstanden (Strang 1970: 43), ist geprägt vom Bekenntnis, was einst als Armut im wirtschaftlichen Sinn des Wortes gegolten habe – „primäre Armut" –, sei fast verschwunden und da, wo es noch vorfindbar sei, Folgeproblem tieferliegender Störungen, auf jeden Fall marginal – „die rein finanziell-ökonomische Bedürftigkeit wird dabei zunehmend rezessiv" (Strang 1970: 74). Was man heute zurecht als „Armut" bezeichnen könne, das sei entweder eine Sache der Unzufriedenheit aus dem Vergleich mit anderen – „sekundäre Armut" – oder stelle psycho-soziale Hilfsbedürftigkeit dar in der Folge insbesondere von Vereinsamung und sozialer Desorganisation – „tertiäre Armut" (Strang 1970: 66ff.). Das, was bisher als Armut bezeichnet wurde, galt als gesellschaftlich und politisch überwunden; das Wort „Armut" wurde aber trotzdem weiter verwendet, mit neuem Inhalt.

Der Sinn dieses begriffspolitischen Manövers wird klar, wenn man sich die politische Brisanz des Armutsbegriffs verdeutlicht (vergleiche unten Teil II, Kap. 1, 3.1.1.3.). Dagegen wurde eine Strategie der Aushöhlung und Neubesetzung des Begriffs der Armut mit politisch weniger brisantem Gehalt angewandt, so daß er seine alte, gefährliche Wirkung nicht mehr entfalten konnte. Der 3. Familienbericht (Bundesministerium für Jugend, Familie und Gesundheit 1979: 48-51) steht noch in der Tradition dieser sozialpolitischen Begriffsstrategie, was damals aber schon anachronistisch war.

„In der Bundesrepublik haben die Arbeitnehmerfamilien mit mehreren Kindern und unterdurchschnittlichen Einkommen sowie die Mehrzahl der Rentnerhaushalte das niedrigste Lebensniveau. Doch es fällt schwer, diese Gruppe wirklich als 'arm' im Sinne von notleidend zu bezeichnen. Die Armut in einer Wohlstandsgesellschaft zeigt sich kaum noch als Massenerscheinung bei der Grundschicht der Gesellschaft. Sie ist vielmehr durch das Auseinanderfallen individueller Vorstellungen von einem angemessenen Lebensstandard und dem auf der Basis des eigenen Leistungsvermögens zu realisierenden Lebensniveau zu erklären. Der ,Pauperismus des Konsums', das Armutsgefühl, das dadurch entsteht, daß man wachsenden Konsumnormen nicht oder nicht rasch genug entsprechen kann, ist die Zwangslage, in der wirtschaftliche Not in einer Wohlstands- und Konsumgesellschaft wie der unseren vermehrt auftreten kann."

Das wird als „sekundäre Armut" bezeichnet, sie benenne

„den subjektiv empfundenen Mangel an höher bewerteten Gütern des Lebens, der in allen sozialen Schichten und Einkommensgruppen auftreten kann. Sie tritt vor allem dann auf, wenn im Einzelfall der als angemessen angesehene Lebensstandard aufgrund ungünstiger Lebenssituationen nicht erreicht werden kann."

Dann heißt es:

„Je mehr Kinder eine Familie hat, desto stärker ist sie darauf angewiesen, billig einzukaufen und zu wohnen, einfach zu essen und sparsam zu wirtschaften. Dieses Faktum ist an sich noch kein Grund zur Besorgnis, aber es kann ein Grund dafür sein, daß durch den Vergleich eine Familie mit mehreren Kindern ständig in der Spannung lebt, im Konsum nicht mithalten zu können."

Und die „politische" Lösung für dieses „Armutsproblem": „Wir müssen lernen, haushälterisch zu handeln."
(4) Zwischenzeitlich war der Begriff der gerade auch wirtschaftlich gemeinten Armut wieder rehabilitiert und blieb so auch als sozialpoliti-

sche Waffe weiter verfügbar, und zwar aus folgenden Gründen: (a) Einerseits wurde das Thema einer auch in den 60er Jahren als gegeben angesehenen materiellen Unterversorgung, gegenläufig zum weit verbreiteten Glauben an die „nivellierte Mittelstandsgesellschaft", neu thematisiert. Auch hier findet sich, wie beim Thema des abweichenden Verhaltens, US-amerikanischer Einfluß wieder: Der amerikanische „Krieg gegen die Armut", der dort auch zu einer bemerkenswerten sozialwissenschaftlichen Armutsforschung geführt hatte, wurde auch in Deutschland, vor allem sozialwissenschaftlich, wahrgenommen. (b) Diese Entwicklung traf auf die gesellschaftlichen Veränderungen, die üblicherweise als 68er-Bewegung gekennzeichnet werden und den Glauben an die weitgehend realisierte soziale Gerechtigkeit und eine Gesellschaft ohne nennenswerte materielle Armut erschütterten. (c) Schließlich kam es zu einer gesellschaftlichen Entwicklung, in der materielle Geringversorgung zunehmend häufiger wurde. Insbesondere die steigenden Scheidungszahlen und die wiedererstandene Arbeitslosigkeit bildeten dafür den Hintergrund. Das Problemfeld wurde immer stärker beachtet.– Gesellschaftskritisch orientierte Sozialwissenschaftler und Sozialarbeitstheoretiker hatten entsprechend schon seit den 60er Jahren mit dem Begriff der Armut operiert. Als exemplarisch für diese neue Sicht kann Roth (1970) dienen. Danach nahm das Thema auch in Politik und Journalismus breiteren Raum ein.

1971 hatte Papst Paul VI. in einem „Apostolischen Schreiben" mit dem Titel „Octogesima adveniens" beklagt, daß es in der modernen Gesellschaft in steigendem Maß „neue Arme" gebe: Behinderte, beschränkt Leistungsfähige, Alte (vergleiche KAB 1977: 497). Zwei oder drei Jahre später formulierten Politiker der auf der Bundesebene damals oppositionellen CDU, zunächst wohl Biedenkopf, dann, politisch und publizistisch wirksamer, Geißler, die „Neue soziale Frage" und errechneten eine erschreckende Zahl von durch „neue Armut" betroffener Menschen in Deutschland, die weder als Unternehmer noch als (gewerkschaftlich vertretene) Arbeitnehmer am gesellschaftlichen Reichtum beteiligt waren (Geißler 1976; Jäger 1987: 34). Im 3. Familienbericht – die verfassende Expertengruppe war von der SPD/FDP-Bundesregierung berufen worden – wurde die Existenz von (materieller) Armut hingegen geleugnet. Als dann die CDU in der Regierungsverantwortung war, betonte nun ihrerseits die SPD mit Nachdruck das große Ausmaß der „neuen Armut", einer neuen „neuen Armut" allerdings, diesmal als Folge der sich immer weiter ausdehnenden Arbeitslosigkeit. In dieser Bedeutung hat sich der Begriff der „neuen Armut" dann durchgesetzt und war der lange Zeit aktuell geltende.

In den tagespolitischen verbalen Kämpfen zwischen Regierung und Opposition war das Wort bis zur deutschen Einigung üblich. Die Opposition griff die Regierungsparteien und insbesondere den Bundeskanzler Kohl immer wieder mit der Behauptung an, es gebe eine erschreckende „neue Armut" in der reichen Bundesrepublik, die CDU und der Kanzler wurden nicht müde, diese Behauptung als verleumderische Propaganda zurückzuweisen. Armut, so heißt es, sei durch Sozialhilfe beseitigt. (vergleiche die „Großen Anfragen" der Bundestagsfraktionen der SPD und der GRÜNEN und der Antworten der Bundesregierung 1985 und 1986: Bundestagsdrucksachen 10/4503, 10/4623; 10/5294; 10/5948; 10/6055; 10/6623)

Zwischenzeitlich redete auch die Opposition seltener von Armut; die wahrgenommenen Folgelasten der deutschen Einigung schienen alle anderen denkbaren sozialpolitischen Aufgaben zu verdrängen; ganz abgesehen davon, daß in der Gesellschaftspolitik die Sozialpolitik und damit das Thema der Armut in dem Maß an Stellenwert einbüßten, wie der „Rheinische Kapitalismus", der merklich vom „Herz-Jesu-Sozialismus" geprägt war, durch den Manchester-Liberalismus verdrängt wurde. Das öffentlich-politische Reden von Armut schien zwischenzeitlich fast zu einem Monopol der Freien Wohlfahrtspflege geworden zu sein. Insbesondere der Deutsche Caritasverband und, in Verbindung mit den Gewerkschaften, der Deutsche Paritätische Wohlfahrtsverband sind mit diesem Thema an die Öffentlichkeit getreten (vergleiche Hauser/Hübinger 1993; DPWV 1989; Hanesch/DPWV/DGB 1994). Seit 1991 gibt es eine „Nationale Armutskonferenz", in der die Freie Wohlfahrtspflege, Kirchen und andere gesellschaftliche Gruppen vertreten sind. Von staatlicher Seite wurde sie nicht gefördert (Brand 1995: 289f).

Im Frühsommer 1995 meldete sich dann wieder die parlamentarische Opposition nachhaltiger zu Wort: Nachdem die PDS schon länger immer wieder in Parlamentsanfragen von Armut gesprochen hatte, startete die SPD-Bundestagsfraktion eine „Große Anfrage" zur „Armut in der Bundesrepublik Deutschland", auf die die Bundesregierung dann am 28. 11. 1995 antwortete (Bundestagsdrucksache 13/3339). Am 27. 9. 1996 kam es zu einer Debatte im Bundestag zu diesem Thema.

Bis zu ihrer Wahlniederlage im Herbst 1998 verwandte die CDU/CSU/FDP-Regierung für deutsche Zustände das Wort „Armut" nicht oder vielmehr nur sehr eingeschränkt: Armut ist durch Sozialhilfe beseitigt, folglich können nur diejenigen als arm gelten, „die Anspruch auf Sozialhilfe haben, diesen Anspruch aber nicht geltend machen" (Bundestagsdrucksache 13, 3339: 2). Mit demselben Argument wird im 10. Kinder- und Jugendbericht argumentiert. Die Sachverständigenkommission stellte fest:

> „Es gibt... grundlegende, durch sämtliche Analysen gestützte Aussagen, die zeigen, daß Kinderarmut ein gravierendes Problem in Deutschland ist" (Bundesministerium für Familie 1998: 90).

In der „Stellungnahme der Bundesregierung" zum Expertengutachten wird diese Aussage vehement zurückgewiesen: Sozialhilfeempfang bedeute keine Armut, und das weitere im Bericht angewandte Maß der sogenannten relativen Armut sei

> „nicht geeignet (...), soziale Problemlagen von Familien und Kindern zutreffend zu beschreiben" (Bundesministerium für Familie 1998: XIII).

Bemerkenswert ist die Schärfe, mit der die Argumentation erfolgt, eine Schärfe, die zeigt, daß es hier nicht um eine abstrakte Richtigkeit der Aussage, sondern um Interessen geht: Es wird das Schlußwort eines im Auftrag des Bundesministeriums für Gesundheit 1997 erstellten Gutachtens von W. Krämer „Statistische Probleme bei der Armutsmessung" zitiert, in dem es heißt, „unsere Armutsmaße" seien

> „eine Sammlung von mehr oder weniger willkürlichen und enorm angreifbaren Regeln (...), und jeder, der durch das moderne selbstverständliche Gerede von 'der' Armut etwas anderes zu wissen vorgibt, ist wissenschaftlich unglaubwürdig und ein Scharlatan" (1997: 37f).

Genau dieses Vorgehen wird der Sachverständigenkommission angelastet (Bundesministerium für Familie 1998: XIV). – Das Wort „Armut" diente der CDU/FDP-Bundesregierung nur zur Kennzeichnung von Verhältnissen im Ausland, vor allem in sogenannten Entwicklungsländern (vergleiche u. a. Bundeskanzler Kohl und Bundesminister Blüm im Kontext der Entwicklungspolitik, Bulletin 21.3.1995: 177f; Bundesminister Spranger bzgl. Südostasien, Bulletin 24.2.1995: 165). Was andere als „Armut" bezeichnen, galt für die Bundesregierung als „Notlage", sie hat eine „Notlagenkommission" eingesetzt, die „untersuchen (wird), wie spezifische Notlagen, zum Beispiel Obdachlosigkeit, Suchtfolgen usw. zielgerichteter vermieden und bekämpft werden können" (Bundestagsdrucksache 13/3339: 2).
Neben dieser sozialhilfeorientierten Definition von Armut verwandte die Antwort der CDU/FDP-Regierung auf die SPD-Anfrage noch einen anderen Armutsbegriff:

> „Als arm können nach Ansicht der Bundesregierung sinnvoll – nach einer in der Wissenschaft gebräuchlichen Definition – zum Beispiel Menschen in

Lebenslagen beschrieben werden, in denen sie aufgrund vielfältiger Benachteiligungen daran gehindert sind, ihre Grundanliegen in einem Maß zu verwirklichen, das innerhalb der Gesellschaft als Mindestmaß für eine menschenwürdige Existenz oder als Minimum der Teilhabe an den Ressourcen und Lebenschancen dieser Gesellschaft angesehen wird. Damit werden neben dem Einkommen auch andere, immaterielle Aspekte in die Armutsdefinition einbezogen."

Diese Armut wird dann aber gleich als soziales Nicht-Problem definiert, als Zustand, für dessen Behebung Staat beziehungsweise Öffentlichkeit nicht zuständig sind, weswegen ihre Existenz auch weder Legitimität noch Qualität der Regierung in Frage stellt:

„Die Sozialhilfe und die anderen öffentlichen Leistungssysteme können nicht jede Benachteiligung einzelner Personen oder Haushalte ausgleichen, da dies auch nicht deren Aufgabe ist" (Bundestagsdrucksache 13/3339: 2).

Die Wortkombination „neue Armut" wird zwischenzeitlich auch nicht mehr verwendet. Eine häufige Wortkombination ist heute „Armut und Ausgrenzung".

In der journalistischen Sprache spielten die Begriffe bis Mitte der 70er Jahre keine Rolle. In dem Maß, wie Begriff und Sache von der Politik (wieder-)entdeckt wurden, wurde der Begriff auch in den Zeitungen immer häufiger.

Jetzt wurde das Thema auch bei den anderen sozialwissenschaftlichen Richtungen Ende der 70er Jahre hoffähig (zur Geschichte des Themas und des Begriffs der Armut siehe ergänzend Hauser/Neumann 1993 und Leisering 1993). Inzwischen haben wir eine unübersehbare Fülle von Veröffentlichungen, in fast allen oben schon genannten Wörterbüchern zur Sozialen Arbeit und zur Soziologie kommt das Stichwort „Armut" vor (bei Schäfers 1998 allerdings nicht mehr). Und das ist das vielleicht Bemerkenswerteste: Das Wort „Armut" bezeichnet in der jüngeren und jüngsten Diskussion eine Vielzahl gesellschaftlicher und individueller Gegebenheiten.

2.   EINE THEORIE OHNE GEGENSTAND

(1) Schon ein kurzer Blick in die Armutsliteratur zeigt, daß mit dem einen Schlagwort „Armut" eine Vielzahl von Themen abgehandelt wird; insofern hat die Armutsforschung viele und damit kein eigentliches Thema.

Krämer (1997: 2) sieht hier schon beinahe kriminelle Energie am Werk: „'Armut' ist einer der dehnbarsten, am wenigsten verstandenen und am häufigsten mißbrauchten Begriffe der gesamten deutschen Sprache (und nicht nur der deutschen: 'poverty' im Englischen oder 'pauvreté' im Französischen werden tagtäglich gleichermaßen vergewaltigt und entstellt)."

Die Zusammenstellung in Schema 1 führt 18 verschiedene Spielarten angeblicher Armut auf; sie ließen sich über Kombinationen (zum Beispiel absolute und relative Einkommensarmut) und interne Differenzierungen (zum Beispiel milde und strenge relative Armut) fast beliebig vermehren:

Schema 1:   Armuten

Sozialhilfearmut	Lage von Menschen, die ein Recht auf Hilfe zum Lebensunterhalt haben
Bekämpfte Armut	Lage von Menschen, die ihr Recht auf Sozialhilfe realisieren
Verdeckte Armut	Lage von Menschen, die ihr Recht auf Sozialhilfe nicht realisieren
Sozialhilfeempfängerarmut	Lage von Menschen, die Sozialhilfe erhalten und sonst nichts
Primäre Armut	Lage von Menschen, deren physisches Existenzminimum nicht gesichert ist
Sekundäre Armut	Lage von Menschen, die unzufrieden sind aus dem Vergleich mit anderen, besser gestellten Leuten
Tertiäre Armut	Lage von Menschen, die psychosoziale Defizite aufweisen
Absolute Armut	Lage von Menschen, deren Grundbedarf nicht gesichert ist
Relative Armut	Lage von Menschen, die erheblich weniger Ressourcen zur Verfügung haben als die anderen

Subjektive Armut	Lage von Menschen, die sich als unterversorgt bzw. benachteiligt erleben
Deprivationsarmut	Lage von Menschen, die von dem allgemein akzeptierten Lebensstandard ausgeschlossen sind
Restitutive Armut	Lage von Menschen, deren Ressourcen so gering sind, daß sie zu einem übermäßig großen Teil durch Fixkosten gebunden sind
Spielraumarmut	Lage von Menschen, deren Ressourcen so gering sind, daß sie in den relevanten Dimensionen des Lebens keine Spiel- und Handlungsräume haben
Materielle Armut	Lage von Menschen, die in materieller Hinsicht nicht bedarfsgerecht oder vergleichsweise ausreichend ausgestattet sind
Ressourcenarmut	Lage von Menschen, deren Ressourcen vergleichsweise oder absolut gesehen zu gering sind
Einkommensarmut	Lage von Menschen, deren Einkommen vergleichsweise oder absolut gesehen zu gering ist
Multidimensionale Armut	Lage von Menschen, die in materieller und immaterieller Hinsicht nicht bedarfsgerecht oder vergleichsweise ausreichend ausgestattet sind
Lebenslagenarmut	Lage von Menschen in multidimensionaler Armut, die mit dem sogenannten Lebenslagenkonzept abgebildet wird

(2) Versucht man, das Chaos etwas zu ordnen, so ergibt sich, daß diese Armuten sich auf drei Grundtypen, deren Variationen sie sind, reduzieren lassen: (a) Ein als unerwünscht dargestelltes Ausmaß der Ungleichheit der ökonomischen Verteilung in der Gesellschaft – relative Armut; das anstehende Thema ist hier die gesamtgesellschaftliche ökonomische Verteilung. – Interessant ist, daß die relative Armut nicht den gesamten Komplex der Ungleichheit der ökonomischen Verteilung anspricht: Sie hat nur die Einkommensverteilung im Blick, die Besitz- beziehungsweise die Vermögensverteilung bleibt außerhalb der Betrachtung. (b) Als unerwünscht qualifizierter Grad der gegebenen Ausstattung von Personen mit immateriellen beziehungsweise materiellen Gütern – zum Beispiel Sozialhilfe(empfänger)armut, primäre Armut, materielle Armut, Lebenslagenarmut. Das anstehende Thema ist hier die Ausstattung von einzelnen Menschen. (c) Das subjektive Erleben und Erleiden von Situationen, die als durch eine unzureichende Ausstattung gekennzeichnet erlebt werden – sekundäre Armut, subjektive Armut. Das anstehende Thema ist hier (Un-)Zufriedenheit der Bevölkerung. – Es ist zunächst unverständlich und hat wohl auch kaum Parallelen in den Sozialwissenschaften, daß so viele Leute so viele unterschiedliche Gegebenheiten mit demselben Wort „Armut“ bezeichnen – aber nichts geschieht ohne hinreichenden Grund.

3.　Der „realistische“ und der „konstruktionistische“ Ansatz der Erforschung des sozialen Problems der Armut

(1) Armut ist zweifelsfrei ein soziales Problem ersten Ranges. Das lehrt die Erfahrung des Alltags, in dem überall Armut als solches gilt. Das lehrt auch die systematische Betrachtung des Gesamtphänomens; hierbei scheinen mir drei Beobachtungen bemerkenswert: (a) Wenn ich jemanden als arm bezeichne, dann sehe ich ihn in einer bestimmten Lage und (b) bewerte seine Lage; ich bezeichne sie als negativ, gemessen an einem verbindlichen Normalmaß; (c) und schließlich: Wenn ich jemanden als arm bezeichne, denke ich an so etwas wie Änderung, Korrektur in Form von Hilfe, Unterstützung, und zwar durch uns, die anderen, die „Gesellschaft“, den Staat. Oder anders formuliert:
„Jede Armutsdefinition, Hypothesen über Ursachen und der von der Konzeption abhängige Umfang der armen Bevölkerung sind ein Politikum. Spezifische Lebensumstände als Armut zu definieren, beinhaltet

eine besondere Handlungsaufforderung an den Staat, Maßnahmen dagegen zu ergreifen" (Ballerstedt u. a. 1979: 313; im gleichen Sinn Hauser u. a. 1986: 25).

(2) „Armut" ist also ebenfalls ein politischer Begriff, mit dem Menschen wiederum auf drei Ebenen kommunizieren, indem sie (a) einen gesellschaftlichen Zustand als gegeben bezeichnen und (b) ihn, gemessen an einem Normalmaß, negativ bewerten, mit dem sie diesen Zustand also skandalisieren und (c) zugleich die Forderung nach gesellschaftlicher, öffentlicher Abhilfe erheben. Damit bezeichnet der Begriff der Armut (wie der der Abweichung) nichts anderes als eine besondere Möglichkeit sozialer Problematisierung und, im Falle des Gelingens, eine besondere Klasse sozialer Probleme mit derselben „Tiefenstruktur" (vergleiche Kap. 2, 2.1.). Als Problembegriff ist er eine Vokabel des *politischen Sprachspiels*. Damit ist ein „realistischer" Armutsbegriff, der transportieren soll, was Armut „objektiv" und „real" sei, sozialwissenschaftlich unmöglich.

Der Armutsbegriff ist politisch so brisant, daß man sich sogar schon mit einer derart harmlosen Bemerkung auf spiegelglattes politisches Parkett begibt. Wegen der hohen skandalisierenden Wirkung des Worts „Armut" – das Vorhandensein von Armut zeigt, daß die „Verantwortlichen" das Sozialstaatsversprechen für alle nicht eingehalten haben – hat die Politik, die mit diesem Wort betrieben wird, üblicherweise eine ganz bestimmte Richtung: „Wer Armut diagnostiziert und beseitigen will, der betreibt das Geschäft der parlamentarischen oder außerparlamentarischen Opposition; wer Armut leugnet oder relativiert, der arbeitet der Regierung zu" (Room/Hennigsen 1990: 14; zit. nach Krämer 1997: 5). Argumentiert man nun gegen den sozialwissenschaftlichen Gebrauch des Wortes „Armut", so kommt man unwillkürlich in Gefahr, mißverstanden zu werden, man argumentiere im Sinne der Regierungspolitik; das ist zwar Unsinn, die Verführung zu einem solchen Mißverständnis wird aber gefördert durch die vergangene und gegenwärtige Diskussion um den Gebrauch des Worts: Im Anschluß an das genannte Zitat resümiert Krämer:

> „Das Wort ’Armut’ ist heute eine politische Waffe, ein ’Kampfbegriff’ (...), kein Kommunikationswerkzeug mehr, es ist eine Keule, mit der die Opposition auf die Regierung und die Gewerkschaften und Wohlfahrtsverbände auf die ’Besserverdienenden’ einschlagen, es soll allzuoft nicht Information vermitteln, sondern Information verhindern, es ist nach aktuellem Stand der Dinge eine einzige Gefahr für jede rationale Diskussion."

Mit dem Wort „Kampfbegriff" bezieht Krämer sich auf einen Aufsatz von Grieswelle (1986), in dem dieser mit aller ihm zu Gebote stehenden Schärfe mit den politischen Kräften, die damals unter Verwendung der Sprachfigur „neue Armut" Politik zu machen versuchten, abrechnet; die Verwendung des Worts „Armut" ist für ihn „Katastrophenrhetorik". Grieswelles Aufsatz ist keine wissenschaftliche Abhandlung zur Klärung von Sachfragen, sondern eine politische Kampfschrift zur Verteidigung und Rechtfertigung einer bestimmten Politik, eben der damaligen Regierungspolitik. Krämers Wortwahl legt die Vermutung nahe, daß er mit einer bestimmten politischen Absicht argumentiert, Grieswelles politisches Interesse ist manifest. Das heißt, die zitierten Gegner einer Verwendung des Worts „Armut" argumentieren *politisch*. Wenn man sich gegen eine *wissenschaftliche* Verwendung des Worts ausspricht, was nichts besagt über einen möglichen Sinn des Worts im politischen Sprachspiel, gerät man aufgrund der „Gesellschaft", in der man hier gesehen wird, bei oberflächlicher Betrachtung in den Verdacht, zu ihr zu gehören.

(3) Das, was von unterschiedlichen Sprechern als Armut identifiziert wird, ist also eine Folge politischer Einschätzung und Entscheidung. Dieses Geschäft wird allerdings weithin von Sozialwissenschaftlern versucht, die diese ihre Tätigkeit weitgehend als wissenschaftlich und nicht als das, was sie ist, nämlich sozialpolitisch, darstellen. Wie kommt es zu diesem breiten Gebrauch des wesentlich politischen Armutsbegriffs in sozialwissenschaftlich gemeinten Texten? Die Gründe scheinen mir zum einen persönlicher, zum andern wissenschaftsgeschichtlicher Art zu sein: (a) Es ist verständlich, wenn jemand sich nicht damit zufrieden geben will, die Welt nur zu interpretieren, man will sie auch ein bißchen verbessern: „Wirkungen über den engen Kreis der Fachkollegen hinaus zu erzielen, dürfte ein Hauptanliegen der meisten Armutsforscher sein", meint Jacobs entsprechend (Jacobs 1995: 406). (b) Die Armutsforscher haben anscheinend zu einem nennenswerten Teil den Schritt von einer „realistischen" Sicht ihres Themas zu einer „konstruktionistischen" Sicht noch nicht geleistet. Während in der allgemeinen deutschen Problemsoziologie eine einseitig „realistische" Sicht nur noch eine sehr untergeordnete Rolle spielt und die „konstruktionistische" Sicht die Debatte beherrscht, ist es in der Armutssoziologie umgekehrt. Wenn man aber Armutssoziologie als Problemsoziologie versteht – und wie sollte man sie realistischerweise anders verstehen? –, dann wird der Unfug der sozialwissenschaftlichen „realistischen" Armutskonzepte, die „Weichselzöpfe" sind, schnell klar: Es geht ja wohl nicht an, in einem einzigen Atemzug den politischen Konstitutionsprozeß von Armut zu rekonstruieren und gleichzeitig an ihm als Akteur mitzuwirken.

Leisering (1993) meint, er mache als erster im deutschen Sprachraum den Vorschlag, Armutstheorie als Problemtheorie abzuhandeln; das stimmt so nicht; einen früheren Versuch dieser Art, der sich in der Vermittlung auch komplizierterer Zusammenhänge gut bewährt hat, machte ich in meinem Buch von 1989 (Sidler 1989: 113-142). Der allererste, der Armutssoziologie als Problemsoziologie betrieben hat, war, selbstverständlich ohne diesen Begriff zu verwenden, Georg Simmel, der bereits 1908 Armut konstituiert sah durch die gesellschaftliche Anerkennung einer Lage als Hilfsbedürftigkeit:

> „Der Arme als soziologische Kategorie entsteht nicht durch ein bestimmtes Maß von Mangel und Entbehrung, sondern dadurch, daß er Unterstützung erhält oder sie nach sozialen Normen erhalten sollte. So ist nach dieser Richtung Armut nicht an und für sich, als ein quantitativ festzulegender Zustand zu bestimmen, sondern nur nach der sozialen Reaktion, die auf einen gewissen Zustand hin eintritt – genau wie man das Verbrechen, dessen unmittelbare Begriffsbestimmung eine sehr schwierige ist, definiert hat als „eine mit öffentlicher Strafe belegte Handlung" (Simmel 1992: 551 f).

In heutige Begrifflichkeit übersetzt: Armut ist dann gegeben, wenn sie als solche konstituiert ist, was manifest wird in der gesellschaftlichen Reaktion. – Barlösius (1995, 542f), Simmel folgend, vertritt in ihrem Versuch, das „Verhältnis von Armut und Soziologie in Deutschland" zu bestimmen, ebenfalls zunächst eine problemsoziologisch-konstruktionistische Position, ebenfalls ohne Nennung dieser Begrifflichkeit, wenn sie als eine Aufgabe einer Soziologie der Armut nennt, zu zeigen, „daß jede Armutsdefinition Teil des 'Kampfes' um die 'offizielle Durchsetzung einer legitimen Sicht' von Armut ist." Aber anschließend vertritt sie eine „realistische" Sicht von Armut und begibt sich damit wieder auf das politische Parkett, wenn sie doch wieder einen eigenen „realistischen" Armutsbegriff vorschlägt, den man der Klasse der „subjektiven Armut" zuordnen kann. – Dietz (1997) argumentiert in seiner „Soziologie der Armut" rein „realistisch".

4.   ANSATZ UND THEMEN EINER PROBLEMSOZIOLOGISCH ORIENTIERTEN ARMUTSFORSCHUNG

(1) Damit ist festzuhalten: Eine erfahrungswissenschaftlich orientierte Sozialwissenschaft, die von massiven ideologischen Einfärbungen freigehalten werden soll, kann nur mit einem „konstruktionistischen" Ar-

mutsbegriff und -konzept arbeiten; denn ein inhaltlich bestimmter Armutsbegriff ist eben seinem innersten Wesen nach politisch.

Es gab in Deutschland einen bemerkenswerten Versuch, einen „realistischen" wissenschaftlichen Armutsbegriff zu definieren. Auch wenn der Versuch gescheitert ist, die gefundene Definition wurde höchst relevante soziale Wirklichkeit. Gemeint ist die Bestimmung des „Warenkorbs", dessen Inhalt die Eckregelsätze der laufenden „Hilfe zum Lebensunterhalt" (HLU) bestimmte. Zu Beginn, in den 50er Jahren, stand da die Hoffnung, mit „mehr wissenschaftlicher Grundlage" die Armutsdiskussion zu entpolitisieren (Leibfried u. a. 1985: 129f). Aber ein „Warenkorb", in dem all das drin ist, was der Mensch „braucht", als Richtschnur für die Armutsdefinition, ist eine politische Entscheidung. Sein Inhalt ist nicht definierbar ohne praktisch-politische Entscheidungen über Werte beziehungsweise Menschenbild und über gewollte oder nicht gewollte Umverteilung. Auch in seinen Fortschreibungen bis 1985 blieb der Warenkorb das, was er von Anfang an war: eine politisch definierte Norm für die Identifikation eines sozialen Problems.

Wie bei jedem sozialen Problem kann von einer deskriptiv-empirisch orientierten Sozialwissenschaft her nicht entschieden werden, was Armut objektiv ist. Es läßt sich nur feststellen, welche Zustände beziehungsweise Lebenslagen von welchen Akteuren in welchem Prozeß als Armut durchgesetzt wurden, was also gesellschaftlich so konstituiert ist (Hauser u. a. 1986: 25). Im sozialwissenschaftlichen Sprachspiel kann das Wort „Armut", wie alle Problembegriffe, nur eindimensional gebraucht werden: zur Thematisierung des Tatbestands abgelaufener und ablaufender sozialer Problematisierungen. Armut im sozialwissenschaftlichen Sinn kann also nur das sein, was in bestimmten politischen Räumen politisch als solche definiert ist, das Wort bezeichnet also Tatbestände, die politisch verbindlich als Armut im jeweils gemeinten politischen Sinn des Wortes *gelten*.

(2) Entsprechend wird eine erfolgversprechende Soziologie der Armut als Problemsoziologie zu betreiben sein, mit zwei unterscheidbaren, aber zusammenhängenden Themenkreisen:

(a) Die Rekonstruktion der gesellschaftlichen Arbeit an diversen sozialen Problemen namens „Armut" mit den Aspekten der originären Problemkonstitution, der Fall-Konstitution und den sonstigen Aspekten der Problembearbeitung, der „Armutsbekämpfung" also, und möglicher Evaluation, gegebenenfalls mit sekundärer Problematisierung;

(b) die Rekonstruktion und Interpretation der den Konstitutions- und sonstigen Prozessen der Arbeit an den Problemen mit dem gemeinsamen Namen „Armut" zugrundeliegenden Realitäten, die sozusagen dynamisch zu sehen sind, also auch häufig in einer Sachkarriere, dabei nur unterscheidbar aber nicht scheidbar vom Konstitutions- und Reaktionsprozeß. Zur Kennzeichnung dieser Sachverhalte sollte man das Wort „Armut" tunlichst *nicht* verwenden.

5. ARMUT UND DEPRIVATION ALS PROBLEMTYPEN

(1) Es dürfte klar geworden sein, daß Armut dann vorliegt, wenn bestimmte generelle und konkrete Situationen politisch erfolgreich als solche problematisiert wurden; folglich ist „Armut" ein Problemtyp, der kulturell zur Verfügung steht. Allerdings ist Armut (zumindest solange, wie die zu problematisierenden Situationen noch im Zusammenhang mit ökonomischen Gegebenheiten gesehen werden) nur ein Sondertyp eines allgemeineren Typs, eines Globaltyps, den ich als „Deprivation" bezeichnen möchte. Seine Alltagsform liegt vor in der alltäglich vorfindbaren und zur Anwendung kommenden Opfer-Perspektive. Diese Perspektive ist politisch interessiert und somit für die um Objektivität bemühte Sachanalyse tückisch: Wie die „Tat" des „Täters" ein sozial konstruierter Ausschnitt aus einem komplexen, prinzipiell grenzenlosen Interaktionsgefüge ist, so ist es auch die „Lage" des „Opfers". Auch sie ist als gegebener Tatbestand ein willkürlicher Ausschnitt aus der Realität, Ergebnis interessierter, parteilicher Konstruktion mittels einer bestimmten Interpunktion auf der Grundlage einer makro- und mikropolitisch durchgesetzten Entscheidung. Macht man sich das nicht klar, so läuft man auch im wissenschaftlichen Umgang mit den als Armut problematisierten Phänomenen Gefahr, als Folge der Täter-Opfer-Mythologie unbesehen in die politisch interessierte Problemperspektive des Alltagsdenkens zu geraten.
Auch hier gilt, daß für eine humane politisch-ethische Betrachtung eine solche Parteilichkeit angezeigt sein kann; trotzdem hat sie bei der sozialwissenschaftlichen Analyse draußen vor zu bleiben.
(2) Die explizit problemsoziologische Perspektive schützt allerdings vor dieser Verengung der Sicht in der Untersuchung konstatierter Armut beziehungsweise Deprivation, denn sie läßt erkennen, welchen Sinn die Problematisierung einer Situation als Armut beziehungsweise Deprivation hat:
(a) Wird Armut beziehungsweise Deprivation als Typ der Problematisierung gewählt, so geht es um die *Lage* bestimmter Menschen. Sie gelten als passiv in diese Situation geraten, oft als sogenannte Opfer, bis-

weilen ausdrücklich als „unschuldig". („Schuldige" Arme sind Täter und damit gar keine echten Arme, vergleiche die öffentliche Debatte um „Sozialmißbrauch" und „Arbeitsscheu".)

(b) Die störende Situation, also die Lage dieser Menschen wird ursächlich (den) *anderen* zugeschrieben, die, soweit sie eindeutig identifiziert werden, häufig als Täter, bisweilen als schuldig gelten. Erath (1996: 58) sieht das ähnlich, er drückt es noch schärfer aus:

„Der Begriff Arme/Armut ist moralisch hoch belastet, insbesondere weist er den Betroffenen eine Opferrolle zu. Im Gegenzug dazu gilt dann das Reich- (beziehungsweise nicht Arm-)sein als moralisch verdächtig. Die Armen werden in diesem Bild dann zu den bemitleidenswerten 'guten', die Reichen zu den beneidenswerten 'schlechten' Menschen."

(c) Diese Lage wird unter Rückgriff auf von allen beanspruchbare *Standards der Ausstattung negativ qualifiziert*, nämlich als unzumutbar.

(d) Angesichts der häufig im Hintergrund stehenden Konflikte sind die Konflikt- und Solidaritätslinien, die aufgebaut werden sollen, klar: Die Öffentlichkeit hat *für* die Opfer, bei eindeutig identifizierten Tätern *gegen* diese zu intervenieren.

(e) Das System, in das öffentlich legitimiert interveniert werden soll, ist das *persönliche Handlungssystem und das Persönlichkeitssystem* der Betroffenen, der sogenannten Opfer, und hier hat Kompensation zu erfolgen.

(3) Bisweilen wird allerdings ein zweites, sekundäres Interventionssystem beschrieben, das der angenommenen Akteure, der Täter, auch der Gesellschaft; hier hat Verhaltenskontrolle beziehungsweise Verhaltenskorrektur zu erfolgen – aber das ist eine Problematisierung im Devianzschema. Damit zeigt sich, daß sich Deprivations- und Devianzparadigma sozusagen spiegelbildlich gegenüber stehen, sie sind jeweils *eine* Seite sozusagen einer Zwillingsproblematisierung, bei denen die jeweils andere aber implizit bleibt beziehungsweise als eigenes Problem konstituiert wird.

So wird im Gesamtzusammenhang ehelicher Beziehungen, in denen sexuelle Gewalt vorkommt, das Gesamtfeld aufgespalten in die Täterproblematik, die dem Devianzparadigma folgend, nämlich als Sexualdelikt, problematisiert wird, und in die Opferproblematik, die dem Deprivationsmodell folgend, als Traumatisierung u.ä. thematisiert wird. Für die Behandlung des ersten Problems und seine Kosten ist der Staat mit strafender Gewalt und Steuermitteln zuständig, für das zweite Therapeuten und Krankenkassen. Sollte sich jemand finden, der den Gesamtzusammenhang der ehelichen Beziehung problematisieren will, dann ist es sehr fraglich, ob sich öffentliche Gelder für diese Bearbeitung finden lassen – ein entsprechendes soziales Problem ist nicht konstituiert. Als Ausweichmöglichkeit bietet sich dann lediglich die Pathologisierung des Verhaltens der Beteiligten – dann zahlt die Krankenkasse.

(4) Folgendes bleibt noch anzumerken: Bezüglich der Konstitution von Abweichungsproblemen haben wir oben gesehen, daß sie, sobald sie konstituiert sind, auf zwei Ebenen existieren: auf der Ebene der Behelligung bestimmter Interessen und auf der Ebene der Behelligung der gesellschaftlichen Verhaltensordnung. Deprivationsprobleme sind gesellschaftlich nicht so dimensioniert. Zumindest ist das nicht der Fall auf der Ebene der Fallkonstitution und -bearbeitung der materiellen Armut – es gibt keine „Offizialarmut", wer als arm gelten will, muß sich selber melden, hier reicht nicht einmal, wie im Fall der Kriminalisierung, die Anzeige durch andere. Auf genereller Ebene wird zwar von Akteuren der Problemdefinition, besonders von kirchlichen Kreisen, bisweilen auf so etwas wie eine Verteilungsordnung rekurriert, beispielsweise in Texten der katholischen Soziallehre, die allerdings sehr allgemein und grundsätzlich gehalten sind (Sidler 1984: 146-148). In der aktuellen Politik kommen solche Themen als Basis konkreter politischer Entscheidungen nicht vor.

Kapitel 4:
Ansätze, Perspektiven und Fragen der Randgruppentheorie

In der folgenden Darstellung der Grundzüge der sogenannten Randgruppentheorie – ob es etwas, das diesen Namen verdient, gegeben hat oder gibt, ist fraglich – wird zunächst die Geschichte des Begriffs und Konzepts der Randgruppe dargestellt (1.). Daran schließt sich der Versuch, den logischen Charakter des Randgruppenbegriffs als eines politischen Problembegriffs zu zeigen (2.), sowie die Darstellung der spezifischen Perspektive dieses Problembegriffs, der Tatbestände als Manifestationen gesellschaftlicher Desintegration thematisiert (3.). Abschließend werden weitere aktuelle Thematisierungen des Desintegrationsansatzes aufgeführt, die auf den Randgruppenbegriff verzichten (4.).

1.   DAS RANDGRUPPEN-KONZEPT

Im folgenden wird die Geschichte des Begriffs und der aktuelle Sprachgebrauch skizziert (1.1.), der seine Erklärung findet in der Kritik am Wort beziehungsweise Konzept der Randgruppe (1.2.).

1.1.   Zur Herkunft des Begriffs – der Aufstieg und Niedergang des Randgruppen-Konzepts

Der Begriff „Randgruppe" ist ein reines Kunstprodukt der sozialwissenschaftlichen Sprache. Auch hier sind bei Begriff und Thema angelsächsische Einflüsse festzustellen, aber bei weitem nicht in dem Ausmaß wie bei den Konzepten des sozialen Problems und des abweichenden Verhaltens. Die Begriffsgeschichte läßt sich von Vorformen seiner Verwendung (1.1.1.) bis zum aktuellen, distanzierten Gebrauch heute (1.1.6.) verfolgen.

1.1.1. Vorformen

Vermutlich eine Vorform des Worts findet sich beim Psychologen Hofstätter, der in seiner „Einführung in die Sozialpsychologie" (1959) von „Außengruppen" spricht. Hofstätter bezieht sich in seinen Ausführungen weithin auf amerikanische Verhältnisse, Literatur und Terminologie. Neben dem Begriff „Außengruppen" gebraucht er auch den der „Minoritäten". Aber anders als bei den Paradigmen „soziales Problem" und „abweichendes Verhalten" war in der weiteren Entwicklung eine unmittelbare Übertragung des entsprechenden Konzepts primär amerikanischer Provenienz auf deutsche Verhältnisse nicht möglich. In den USA gab es eine völlig andere Minderheiten-Situation als (damals) in der Bundesrepublik. Einschlägige Konzepte und Theorien konnten deswegen nicht einfach übertragen werden, die deutschsprachigen Sozialwissenschaftler mußten vielmehr im Adaptationsprozeß für ihre spezifische Situation eigene Ansätze entwickeln. – Der Begriff „Randgruppen" wurde, soweit ersichtlich, erstmals 1961 von Kleining (1961: 162) und 1963 von Schelsky, allerdings „ohne nähere Erläuterung und explizite Verwendung für analytische Zwecke" (Fürstenberg 1965: 237), gebraucht.

1.1.2. Das soziologische Randgruppenkonzept von Fürstenberg

Nach diesem sporadischen Gebrauch des Wortes in der soziologischen Fachliteratur hat Fürstenberg in seinem 1965 erschienen Aufsatz „Randgruppen in der modernen Gesellschaft" ein erstes theoretisch anspruchsvolles Randgruppenkonzept vorgelegt. Das Erkenntnisinteresse und der Fragehorizont, innerhalb dessen das Phänomen der Randgruppen bei ihm steht, ist umschrieben mit der Formulierung von der „Gefährdung der gesellschaftlichen Stabilität" (Fürstenberg 1965: 236). In diesem Problembereich sind für Fürstenberg von zentraler Bedeutung sogenannte „Randpersönlichkeiten", „Menschen, die sich mit der Gesellschaft nicht oder nur peripher verbunden fühlen und dies durch abweichendes Verhalten zeigen" (Fürstenberg 1965: 236). Wenn solche „Randpersonen" Gruppen bilden, entstehen „Randgruppen", „loser oder fester organisierte Zusammenschlüsse von Personen, die durch ein niedriges Niveau der Anerkennung allgemein verbindlicher soziokultureller Werte und Normen und der Teilhabe an ihrer Verwirklichung sowie am Sozialleben überhaupt gekennzeichnet sind" (Fürstenberg 1965: 237). Als solche Randpersönlichkeiten oder Randgruppen, die sich nach Fürstenberg sowohl auf der Ebene der Gesamtgesellschaft wie auch in einzelnen Sozialbereichen bilden können, nennt er insbesondere kriminelle Banden, Obdachlose, Landstreicher, nicht exakt umschriebene Teile der alten Menschen, „Außenseiter und Sondergruppen in Schulklassen". Interessant sind diese Personentypen für Fürstenberg, weil und insofern sie „gesellschaftliche Stabilität" in Frage stellen können, und das können die „Randpersönlichkeiten" erst, wenn sie sich gruppenmäßig zusammengeschlossen haben. Vom Frageinteresse und Ansatz Fürstenbergs her ist der reale Gruppencharakter der Randgruppen also von zentraler Bedeutung. Damit ist auch deutlich, daß das Randgruppenkonzept Fürstenbergs im Rahmen einer Theorie des sozialen Wandels entwickelt wurde und nicht innerhalb einer Problemtheorie.

1.1.3. Marcuses revolutionärer Ansatz

Schon 1964, also kurz vor Fürstenbergs Aufsatz, aber erst 1967 in deutscher Übersetzung und damit hierzulande für einen größeren Leserkreis zugänglich, formulierte Marcuse einen ähnlichen Gedanken, aber aus konträrem Interesse: sein Interesse war nicht Stabilität, sondern Beseitigung der gesellschaftlichen Stabilität, die Revolution der kapitalistischen Gesellschaft. Marcuse spricht vom gesellschaftlichen „Substrat der Geächteten und Außenseiter" und rechnet zu ihnen „die Ausgebeuteten und Verfolgten anderer Rassen und anderer Farben, die Arbeitslosen und die Arbeitsunfähigen" (Marcuse 1967: 267). Auch er nimmt an, daß diese Menschen Gruppen bilden – mit nachhaltiger Wirkung für den Status quo einer Gesellschaft:

> „Wenn sie sich zusammenrotten und auf die Straße gehen, ohne Waffen, ohne Schutz, um die primitivsten Bürgerrechte zu fordern, wissen sie, daß sie Hunden, Steinen und Bomben, dem Gefängnis, Konzentrationslagern, selbst dem Tod gegenüberstehen (...) Die Tatsache, daß sie anfangen, sich zu weigern, das Spiel mitzuspielen, kann die Tatsache sein, die den Beginn des Endes einer Periode markiert" (ebd.).

Die von Marcuse anvisierte Population ist also nicht vollends identisch mit Fürstenbergs „Randgruppen", wohl aber zum Teil; der Tatbestand der Gruppenbildung und ihre Potenz, sozialen Wandel zu initiieren, werden von beiden in gleicher Weise betont.

1.1.4. Sozialarbeits-Theorien und jüngere soziologische Theorien der Randständigkeit

Im Sozialarbeiterjargon taucht der Begriff der Randgruppen Ende der 60er Jahre auf, zunächst zur Kennzeichnung räumlich isolierter Bevölkerungsgruppen am Rande der Städte, von Obdachlosen und Zigeunern. Nach Ibens Darstellung (Iben 1986: 675; Iben 1993: 756) wurde der Begriff 1968 zum ersten Mal von ihm in dieser Weise verwendet. Bald danach wurde er ausgeweitet auf andere „Minderheiten"; inzwischen werden diese beiden Begriffe praktisch synonym gebraucht. In dieser Begriffstradition stehen dann unter anderen das Themenheft „Randgruppen" der Zeitschrift „Bürger im Staat" (1973), Bellebaum (1974), Kögler (1976), Stallberg/Stallberg (1976), Essinger (1977), Hauser u. a. (1986), Vaskovics (1982) und in jüngster Zeit Iben (1997). Diese Texte unterscheiden sich nun von den bisher besprochenen in zwei markanten Punkten: (a) Sie folgen einem völlig anderen Erkenntnisinteresse: Es geht nicht mehr um die Frage nach der Situation der Gesellschaft und ihrer möglichen Veränderung, sondern um die Situation der einzelnen, und zwar einzelner, die in einer als problematisch empfundenen Lebenssituation stehen. (b) Der gruppenmäßige Zusammenschluß, bei Fürstenberg und Marcuse konstitutiv für das Konzept, wird irrelevant, das Wort „Gruppe" wird im Sinne von „statistischer Gruppe" verwendet.

Mit der Subsumtion der genannten Problemphänomene unter den Begriff der Randgruppen ist nun etwas sehr Merkwürdiges geschehen: Alle hier thematisierten Aspekte menschlichen Leids, die sich beispielsweise als Krankheit, Schuld, Versagen, Armut darstell(t)en und bisher mit solchen Termini individualisierend thematisiert worden waren, werden nun unter einem ganz neuen Blickwinkel, nämlich als gesellschaftlich bedingte und (mit-)verursachte Tatbestände, das heißt in soziologischer Perspektive betrachtet. Dieser Vorgang ist als eine besonders markante Auswirkung der Soziologie-Welle der späten 60er Jahre in der Theorie der Sozialen Arbeit beziehungsweise der Politisierung der Sozialen Arbeit anzusehen.

Als so charakterisierbare Randgruppen werden unter anderem alte Menschen, psychisch Kranke, Drogenabhängige, Arme, Strafgefangene, Ausländer genannt. Die einzelnen Autoren weichen nun in dem, was für sie konstitutiv für das Randgruppenphänomen ist, etwas voneinander ab. Insgesamt nennen sie folgende konstituierende Faktoren der Randgruppenzugehörigkeit seitens der Betroffenen: (a) Isolation/Desintegration/soziale Distanz; die Meinungen gehen aber schon und gerade hier auseinander: Stallberg/Stallberg (1976) lehnen diesen Faktor als nicht allgemein für alle Randgruppen zutreffend ab, Vaskovics (1982) sieht ihn – neben beziehungsweise vor der Diskriminierung – als zentralen Faktor an. (b) Unterprivilegierung/Benachteiligung/relative Deprivation/Diskriminierung, definiert als Ausschluß von „wesentlichen gesellschaftlichen Austauschprozessen und der Verteilung von Ressourcen" (Kögler 1976) beziehungsweise „augenfällige ungleiche Behandlung etwa durch Verweigerung gleicher Chancen und Mittel" (Bellebaum 1974). (c) „Ihre Situation ist durch ein hohes Maß an Ohnmacht und gesellschaftlicher Einflußlosigkeit gekennzeichnet" (Iben 1984: 127, ähnlich 1997: 757). (d) Den Randgruppen wird Gefährlichkeit unterstellt und das „Moment der Bedrohung der gesellschaftlichen Ordnung" zugeschrieben (Hauser u. a. 1986: 184). (e) Sie sind Ziel von Vorurteil und Stigmatisierung (Iben 1997: 757). (f) Sie stellen soziale Probleme dar. (g) Sie legitimieren die Existenz und Tätigkeit von Instanzen sozialer Kontrolle und Hilfe und je nachdem sind sie von besonderen Kontrollprozessen betroffen.

1.1.5. Das Randgruppenkonzept der „Neuen Linken"

Dieses Konzept, das zu Anfang der 70er Jahre zeitweilig zu politischen Aktionen mit zu Randgruppen gezählten Menschen, nämlich psychisch Kranken, Strafentlassenen, Obdachlosen und Heimjugendlichen führte, läßt sich als Integration des Marcuseschen und des sozialarbeiterischen Ansatzes verstehen. Das sind offensichtlich zwei völlig verschiedene Begriffe beziehungsweise Konzepte, insofern ist nicht a priori zu erwarten, daß Randgruppen im ersten Sinn mit Randgruppen im zweiten Sinn identisch sein müssen. Es mag zwar sein, daß sie es bei bestimmten Typen im Einzelfall sind, aber das ist jeweils zu zeigen und nicht vorauszusetzen. Die „neue Linke" ging zwar von dieser Annahme aus, blieb aber den empirischen Beleg letztlich schuldig oder falsifizierte sogar durch das Scheitern der sogenannten Randgruppenstrategie ihre eigene Hypothese.

Inhaltlich, nach erfaßter Personengruppe, wird das breite Sozialarbeiterkonzept genommen, die negativ bewerteten Zustände dieser Personengruppen werden als Resultat gesellschaftlich verursachter Abweichung von den Normen der kapitalistischen Gesellschaft interpretiert. Die Folgen sind – im Lichte dieser Perspektive – Repressionen durch die Herrschenden. In der Zeit der politischen Aktionen wollte man die Prophezeiungen Marcuses realisieren; später diente die Darstellung der Randgruppensituation als Exempel der Kapitalismusschelte. Typischerweise wurde sie verknüpft mit dem Labeling-Ansatz der Erklärung abweichenden Verhaltens. Beispielhaft sei auf den Aufsatz von Karstedt (1975) hingewiesen.

1.1.6. Die aktuelle Situation

Sozialwissenschaftlich und sozialarbeitstheoretisch hatte der Begriff bis etwa 1980 Hochkonjunktur. Seitdem gehört er zwar ins Vokabular der scientific community, aber es arbeiten nur wenige Sozialwissenschaftler, beispielsweise Vaskovics (1983), Iben (1984 und 1997), Girtler (1995) und Schäfers (1995) explizit mit und unter diesem Stichwort. Chassé u. a. (1992), Gahleitner (1996) und H. Peters (1996) verwenden ihn auch noch in jüngster Zeit, aber merklich distanziert oder in einer gegenüber dem Sprachgebrauch der 70er Jahre modifizierten Form. Allerdings ist er nach wie vor in nahezu allen Hand- und Wörterbüchern der Soziologie und Sozialen Arbeit zu finden, so bei den Soziologen Fuchs-Heinritz (1994), Hartfiel/Hillmann (1982), Schäfers (1986, aber nicht mehr 1995 und 1998), bei Schäfers/Zapf 1998 steht er in der Kombination „Randgruppen und Minderheiten"; ferner in den Lexika zur Sozialen Arbeit von Bauer (1992), des Deutschen Vereins (1993 und 1997), Eyferth (1984), Kreft/Mielenz (1996), Schwendtke (1995) sowie Stimmer (1996). In der praxisorientierten Sozialarbeitsliteratur wird der Begriff nach wie vor ziemlich unbekümmert gebraucht, beispielsweise schon in den Buchtiteln von Kaczynski (1994), Nickolai/Quensel/Rieder (1991) und Schmid (1990).

Es gibt eine Sozialwissenschaft, in der der Randgruppenbegriff nach wie vor Hochkonjunktur hat, nämlich die Geschichtswissenschaft. Zur Beschreibung gesellschaftlicher Verhältnisse, wie sie in der Vergangenheit innerhalb und außerhalb des mitteleuropäischen Raumes bestanden haben, scheint er sehr fruchtbar zu sein (so neben anderen Deubelius 1981; Haas 1992; Roeck 1993; Breitenborn 1994; Hergemöller 1994; von Hippel 1995).

1.2. Die Kritik an Begriff und Konzept der Randgruppe

Der Rückgang des Gebrauchs des Wortes „Randgruppe" vor allem in der theorieorientierten Literatur war nicht nur sozusagen modebedingt; er war und ist vielmehr auch die Folge zunehmender Kritik an seiner Verwendung. Diese Kritik setzte auf zwei Ebenen an:
(1) Die Verwendungsfähigkeit des Wortes wird in Zweifel gezogen, wie mir scheint, zurecht. So, wie es gebraucht wurde und wird, war es immer weniger geeignet, klare und eindeutige Kommunikation zu ermöglichen: Dem lexikalischen Wortsinn nach müßte man erwarten, daß der Begriff Menschen in einer besonderen räumlich-sozialen Situation

kennzeichnet, nämlich solche, die irgendwie am Rande stehen und dabei Gruppen bilden. Sobald man sich klar macht, was für unterschiedliche Menschen und Menschentypen unter diesen Begriff subsumiert wurden, verfliegt die Vorstellung, mit diesem Begriff etwas Präzises in Händen zu haben. Neun Arbeiten, die während der Hochkonjunktur dieses Begriffs erschienen (Bellebaum 1974; Fürstenberg 1965; Iben 1972; Karstedt 1975; Klee 1973; Kögler 1976; Seeber/Spiegel 1972; Stallberg/Stallberg 1976; Zeitschrift „Bürger im Staat" 1973), nennen folgende Menschentypen als Randgruppen zugehörig: Kriminelle, Straffällige, Strafgefangene, Strafentlassene; Obdachlose, Landstreicher, Nichtseßhafte, Clochards, Gammler; Alte; schulische Außenseiter; soziale Absteiger; dem sozialen Wandel gegenüber Unangepaßte; Behinderte; psychisch Kranke, aus stationärer psychiatrischer Behandlung Entlassene; ausländische Arbeitnehmer und ihre Familien; Suchtkranke, Drogenabhängige, Alkoholiker; Fürsorgezöglinge, familienunabhängige Jugendliche; Selbstmörder; Kleinrentner; Arme, untere Unterschicht, einkommensschwache Haushalte; Prostituierte; Landfahrer; Zigeuner, ethnische Minderheiten; Rocker, jugendliche Konflikt- und Rückzugssubkulturen, Halbstarke; Lehrlinge; Kriegsdienstverweigerer; Bewohner von Sanierungsgebieten; Homosexuelle; unvollständige Familien; Spätaussiedler; religiöse Sekten; politisch radikale Gruppen. Diese Liste ganz unterschiedlicher Menschenkategorien unter ein und demselben Begriff ist nur möglich, weil der Begriff der Randgruppe so bar jeder grenzziehenden Präzision ist. Von Gruppen im Sinne sozialer Gruppen kann bei den meisten der genannten Kategorien keine Rede sein; es handelt sich lediglich um statistische Gruppen, das heißt Sozialkategorien. Und auch die Perspektive der Randständigkeit hat sich bei manchen Autoren fast vollständig aufgelöst. Dies geschah infolge eines modischen Gebrauchs des Begriffs ohne Beachtung seiner sprachlichen Bedeutung und ohne Blick dafür, wieweit das mit dem Begriff vielleicht implizierte Konzept auf das jeweils in Frage stehende Phänomen angewandt werden kann. So sagen Stallberg und Stallberg (1976: 200) zurecht: „Ein gängiger Verwendungsmodus ist es denn auch, durch 'Randgruppe' all das zu thematisieren, was Gesellschaftsmitgliedern an Nachteiligem widerfahren kann (...)" Zumindest für den Bereich empirisch orientierter deskriptiv-analytischer Aussagen wird man Brocke zustimmen können, der sagt: „Der Begriff 'Randgruppen' ist zu ungenau und unspezifisch, als daß er heute noch sinnvoll verwendet werden könnte" (Brocke 1996: 459).

(2) Das Konzept wurde ideologiekritisch attackiert, allerdings in kontroverser Weise: (a) Brocke sieht das Konstrukt „Randgruppe" als ein politisch „linkes" Produkt: „Kapitalismuskritik, Klassenkampf und Sozialarbeit verbanden sich in den 70er Jahren mit dem Begriff Randgruppen" (Brocke 1996: 459). (b) Riege (1984: 849) sah es eher im „rechten" Lager beheimatet: Er sah den Begriff der Randgruppen als einen „deskriptiven Begriff, der wesentliche Problembereiche der gegenwärtigen Verhältnisse aufzuzeigen in der Lage war"(!), aber letztendlich keinen Erklärungswert habe. Er bringe zwar in den Blick, daß es teilweise „extrem und kumulativ" auftretende „Belastungen und Einschränkungen in ökonomischer, sozialer und psychischer Hinsicht" gebe, indem er sie aber außerhalb der Gesellschaft ansiedle, verstelle er den Blick dafür, daß sie Äußerungen der ganz normalen, alltäglichen (kapitalistischen) Sozialstruktur seien, verhindere also ihre wirkliche Erklärung. Das Konzept selbst sieht er verankert im gesellschaftspolitisch-ideologischen Bild der „nivellierten Mittelstandsgesellschaft" ohne radikale gesellschaftliche Konflikte und Probleme:

> „Solange und dort, wo das Bild einer an sich intakten Gesellschaft vorherrscht, werden diese Probleme Sondergruppen zugewiesen...(Es) haben in diesem Erklärungsansatz gesellschaftspolitische Vorstellungen einen Ausdruck gefunden, die sich der Existenz realer sozialer Probleme zwar nicht mehr verschließen können, diese jedoch als noch ungelöste Restbestände oder Einzelfragen von insgesamt intakten, nicht veränderungsbedürftigen gesellschaftlichen Verhältnissen begreifen" (Riege 1984: 848f).

Beide Kritiken sind sich darin einig, daß das Konstrukt letztlich einer zeitbedingten Täuschung entstammt: einerseits gegeben im „Bild einer an sich intakten Gesellschaft", in der bestimmte Probleme wie „Armut, Wohnungslosigkeit, Verwahrlosung etc." „als überwunden geglaubt" und „Sondergruppen" zugewiesen wurden (Gahleitner 1996: 32), andererseits in Gestalt der auch in der kapitalismuskritischen Literatur verbreiteten „implizite(n) Vorstellung der Konzentration von Benachteiligungen auf den gesellschaftlichen Rand" (Chassé 1992: 93). Diese Bilder sind heute weitgehend aufgegeben und abgelöst von der Vorstellung von „Benachteiligungsprozesse(n) (...), die weit in den Kern der Gesellschaft hineinreichen" (Chassé 1992: 93).

> „Die zunehmende Arbeitslosigkeit, die ansteigenden Sozialhilfeempfängerzahlen, Verarmungsprozesse, zunehmende Obdachlosigkeit und Wohnungsnot werden zu beunruhigenden sozialen Problemen, die keineswegs auf bestimmte gesellschaftliche Gruppen begrenzt bleiben, sondern sich bis

weit in die gesellschaftliche Mitte hinein bemerkbar machen. Das Risiko-potential der reflexiven Modernisierung mit Prozessen der Individualisie-rung und Enttraditionalisierung erfaßt tendenziell Kern und Rand" (Chassé 1992: 95).

Dieser Sicht der gesellschaftlichen Lage entspringt auch das Bild von der Zweidrittelgesellschaft, das die Metapher vom Rand als gesell-schaftlichem Ort von Problemen unsinnig, ja verfälschend erscheinen läßt.

Die Nutzanwendungen dieser Kritik fallen unterschiedlich aus: Riege möchte auf den Randgruppenbegriff verzichten. Gahleitner verwendet ihn noch, aber nur „aufgrund fehlender sprachlicher Alternativen" (1996: 15, Fußnote 8). Chassé unterscheidet zwei Sprachebenen, auf die gleich einzugehen sein wird, und möchte den Begriff für die eine dieser Ebenen zumindest vorläufig erhalten (1992: 91, 100). Chassé u. a. ver-wenden den Begriff weiterhin: Die genannten Entwicklungen haben die Folge, daß „sich das Reservoir von Randgruppen (vergrößert), in der Weise, daß sich den alten Formen gesellschaftlicher Ungleichheit, die in der schärfsten Zuspitzung zur Randgruppenbildung führen können, neue Formen beigesellt haben, die dies in weitere soziale Bereiche hin-ein ausdehnen." Denn es „wird der Begriff der Randgruppe zwar nicht obsolet, aber er weitet sich aus, weil die Brüche und Gefährdungen im Lebensverlauf tendenziell zur Normalität werden: jeder kann zur Rand-gruppe werden, zumindest zeitweise, beziehungsweise in bestimmten Phasen seines Lebens" (1992: 18).

2. DAS RANDGRUPPEN-KONZEPT ALS ANSATZ SOZIALER PROBLEMATISIERUNG

Was wurde und wird in der Sprache, die den Begriff der Randgruppe verwendet, kommuniziert? Wissenschaftliche Sachanalyse (2.1.) oder etwas ganz anderes (2.2.)?

2.1. Der nicht-wissenschaftliche Charakter des gängigen Randgruppen-Begriffs

Chassé macht eine interessante Unterscheidung zwischen zwei Spre-chebenen; er differenziert (implizit) zwischen einer „gesellschaftsana-lytischen" und einer „politischen" Sprechebene und kommt dann zur (expliziten) „These":

„Der Randgruppenbegriff ist eine deskriptive Kategorie, auf die unter
gesellschaftsanalytischem Aspekt besser verzichtet wird. Als politischer
Begriff behält das Wort von den Randgruppen der Gesellschaft dagegen
eine wichtige Bedeutung bei der Skandalisierung gesellschaftlicher Probleme... Er könnte dazu dienen, die von der Gesellschaft vergessenen Gruppen im Bewußtsein zu halten beziehungsweise ins Bewußtsein zu rufen, die
in der öffentlichen oder politischen Diskussion längst verschwunden sind"
(Chassé 1992: 91, 100).

Eine vergleichbare Unterscheidung habe ich in meiner Arbeit von 1989
getroffen in der Differenzierung von deskriptiv-analytischer wissenschaftlicher Sprache und präskriptiv-provokativer politischer Sprache.
Vom Randgruppenbegriff habe ich damals behauptet, er sei originär der
politischen Sprache zugehörig. Das stimmt allerdings nicht ganz: Von
Fürstenberg, und damit „originär", wurde der Begriff in einem deskriptiv-analytischen und damit in einem im engen Sinn sozialwissenschaftlichen Kontext gebraucht. Seit der Übernahme des Wortes durch Iben
in anklagend-skandalisierender Absicht zur Thematisierung der Lage
bestimmter Leute (seitdem ist es fast ausschließlich in solcher Absicht
verwandt worden), hat es diese ursprüngliche Sprechebene allerdings
verlassen und ist nur noch auf der politischen Ebene beheimatet. Es ist
also nur noch ein Wort des politischen Sprachspiels – insofern hat Chassé nicht völlig recht mit der eben zitierten Aussage, der Randgruppenbegriff sei eine „deskriptive Kategorie, auf die unter gesellschaftsanalytischem Aspekt besser verzichtet wird": als deskriptive Kategorie
steht dieser Begriff gar nicht mehr zur Verfügung.

2.2. „Randgruppe" als politischer Problembegriff – Zu den Möglichkeiten eines wissenschaftlichen Randgruppenbegriffs

(1) Das ist so, weil seit Iben und in der ganzen praxisorientierten Begriffstradition, der sich auch die soziologischen Autoren eingeordnet
haben, die Absicht des Sprechens von Randgruppen nicht primär deskriptiv-analytisch war, sondern negativ bewertend und im gesellschaftlichen Kontext Veränderungen fordernd, also politisch; der Begriff der Randgruppe ist ein politischer Problembegriff. Das läßt sich
besonders deutlich zeigen an dem vielleicht am häufigsten verwandten
Kriterium der Randgruppenzugehörigkeit, der relativen Deprivation beziehungsweise Unterversorgung: „Wo die Grenzen für eine annehmba-
re Ausstattung beziehungsweise eine nicht mehr akzeptable Unterversorgung zu ziehen sei, kann schwerlich die Wissenschaft allein beant-

worten; dies sind zugleich politische und gesellschaftliche Fragen"
(Chassé 1992: 92); und zwar deshalb, weil es hier um die Problematisierung einer Lage als Armut geht; dasselbe gilt auch für die anderen
Dimensionen konstatierter Randständigkeit. – Wie bei allen anderen
Problembegriffen ist es nicht möglich, den Randgruppenbegriff unmittelbar deskriptiv-analytisch und in diesem Sinn wissenschaftlich zu gebrauchen. Er könnte mittelbar nur so gebraucht werden, daß mit ihm soziale Problematisierungen eines bestimmten Typs nachgezeichnet würden, mit ihm also analytisch gefaßt würde, was gesellschaftlich-politisch als Randgruppe *gilt*. Da die Konturen der Phänomene, die politisch als solche gelten, derzeit so vage sind, läßt sich momentan auf diesem Wege kein wissenschaftlicher Randgruppenbegriff gewinnen.
Peters folgt diesem Ansatz zunächst, indem er sagt: „Ich schlage vor,
von Gruppen als von Randgruppen zu sprechen, wenn sie als stigmatisiert gelten und... eine nennenswerte, nicht ganz definitionsohnmächti-
ge Gruppe meint, diesen Gruppen solle geholfen werden" (1996: 28).
Allerdings fällt er dann doch wieder in einen Problemobjektivismus zurück, weil er meint, er als Wissenschaftler könne entscheiden, was die
relevanten Dimensionen der Randlage objektiv zu sein hätten; er über-
sieht damit, daß wissenschaftlich auch nur die als relevant geltenden Dimensionen nachgezeichnet werden könnten, wenn es sie denn in politisch eindeutiger Weise gäbe.
(2) Der Begriff der Randgruppe ist also ein politischer Problembegriff
wie jener der Armut oder der Abweichung. Warum konnte er sich, im
Unterschied zu den anderen globalen Problembegriffen, so schwer behaupten? Neben den oben genannten theoretischen Gründen gibt es
hierfür meines Erachtens noch zwei politische Ursachen:
(a) Für die Diagnose „arm" oder „abweichend" gibt es im Kernbereich
der sozialen Problematisierungen ziemlich klare Kriterien und Maße:
Armutsgrenzen mit sozialpolitischer Bedeutung, StGB und die zugege-
benermaßen ziemlich vagen Kriterien psychischer Gesundheit. Für
Randgruppenzugehörigkeit gab es nichts derartiges. Weder gab es klare
sozialpolitische Aussagen über als relevant definierte Lebensbereiche,
in denen sich Ausgrenzung manifestiert, noch über Grenzwerte, jenseits
derer Randlage zu konstatieren wäre. Den Aussagen über Randgruppen
fehlte ein politisch gültiges Koordinatensystem ihrer Verortung.
Wenzel und Leibfried meinen hingegen:

„Die gesetzliche Definition von Randgruppen erfolgt in § 1 der Verordnung
zur Durchführung des § 72 (BSHG, N.S.). Hier werden besonders folgende

Personengruppen benannt: Obdachlose, Landfahrer, Nichtseßhafte, Strafentlassene und verhaltensgestörte junge Menschen" (1986: 303).

Das stimmt in dieser Eindeutigkeit nicht: In § 72 BSHG wird gesprochen von „Personen, bei denen besondere soziale Schwierigkeiten der Teilnahme am Leben in der Gemeinschaft entgegenstehen"; in § 1 der Verordnung zur Durchführung des § 72 werden diese Personen näher bestimmt als

> „Hilfesuchende, deren besondere Lebensverhältnisse zu sozialen Schwierigkeiten, vor allem in der Familie, in der Nachbarschaft oder am Arbeitsplatz, führen, so daß eine Teilnahme am Leben in der Gemeinschaft nicht möglich oder erheblich beeinträchtigt ist, und die diese Schwierigkeiten aus eigenen Kräften und Mittel nicht überwinden können."

In beiden Texten fehlt der Begriff der Randgruppe.

(b) Für die Problemtypen der Armut und der Abweichung gibt es politisch bestellte Experten und Instanzen, die als Beteiligte an der Sozialverwaltung oder am Rechtssystem befugt sind, diese Problemtypen gesellschaftlich verbindlich, unter Umständen „im Namen des Volkes", anzuwenden; Personen, deren Situation unter diese Problembegriffe subsumiert werden, gewinnen dadurch häufig einen neuen Rechtscharakter. Sie sind eindeutig und mit staatlicher oder staatlich autorisierter Gewalt in dieser Eigenschaft als Arme oder Abweichende festgeschrieben. So etwas gibt es für den Problemtyp der Randgruppe nicht: Er dient Journalisten und sozialpolitisch argumentierenden Wissenschaftlern beim Versuch, die Lage bestimmter Menschen zu problematisieren. Ebenso dient er den Berufstätigen Sozialer Arbeit, ihre Problemsicht auf den Begriff zu bringen. Seine Anwendung schafft keinen neuen Rechtscharakter, und die Anwendung ist in hohem Maß beliebig. Über die durch befugte Experten konstituierten Fälle von Armut und Abweichung sind diese Problemtypen gesellschaftlich greifbare Wirklichkeit; Randgruppen blieben immer nebulös und ungefähr. Beides ist eine Folge davon, daß der Begriff der Randgruppe sich zwar bei gesellschaftskritischen Theoretikern sozialer Problematisierung großer Beliebtheit erfreute, aber nicht bei durchsetzungsfähigen Akteuren der Problemkonstitution. Randgruppen als solche wurden, im Unterschied zu Abweichung und Armut, nie gesellschaftlich verbindlich als soziales Problem konstituiert.

(3) Wie mir scheint, ist das Randgruppen-Konzept als Problemschablone faktisch, das heißt nach den mit ihm problematisierten Personenkategorien, abgelöst durch das Konzept der multidimensionalen Armut

beziehungsweise der Armut nach dem Lebenslagenkonzept (Chassé 1992: 93; Gahleitner 1996: 33ff.). Es klingt dann lediglich, vielleicht auch nur scheinbar, nach, wenn Prozesse des Armwerdens und Situationen des Armseins, der Arbeitslosigkeit und der Behinderung als „soziale Ausgrenzung" thematisiert werden (Leu u. a. 1997: 1; Andreß 1997). Es fragt sich allerdings, ob dabei nicht unter der Hand und unbedacht die spezifische Perspektive der Problematisierung, die das Randgruppen-Konzept beinhaltete, aufgegeben wurde. Was war diese Perspektive?

3.   DIE SPEZIFISCHE PERSPEKTIVE DES PROBLEMTYPS DER
      RANDGRUPPE

Die bisher behandelten globalen Problembegriffe „Abweichung" und „Armut" bringen sozial relevante Situationen in ganz bestimmter Perspektive problematisierend zur Sprache. Gilt das auch für den Randgruppenbegriff? Was wäre entsprechend die spezifische Perspektive des Problembegriffs der Randgruppe? Welchen spezifischen Sinn macht es, eine Situation mit diesem Begriff zu problematisieren?
(1) Die spezifische Perspektive dieser Problematisierung zeigt sich, wenn man die in der Literatur (vergleiche. 1.1.4.) vorwiegend genannten Merkmale sogenannter Randgruppen zusammenhängend betrachtet: (a) Isolation, Desintegration, soziale Distanz in Verbindung mit (e) Vorurteil und Stigmatisierung. Diese Merkmale benennen den Kern des Problemtatbestands, eine bestimmte, als defizitär qualifizierte Ausprägung des sozialen Beziehungsgefüges von Betroffenen. (b) Unterprivilegierung, Benachteiligung, relative Deprivation, Diskriminierung, in Verbindung mit (c) Ohnmacht, gesellschaftliche Einflußlosigkeit. Diese Merkmale nennen Konkretisierungen beziehungsweise Manifestationen von Folgen des ersten Punktes, Armutslagen als Ausschluß aus als relevant geltenden Austausch- und Verteilungsprozessen, Ohnmachtslagen als Ausschluß aus gesellschaftlichen Steuerungs- beziehungsweise Regelungsprozessen. (d) Gefährlichkeit/Bedrohung gesellschaftlicher Ordnung: Dieses Merkmal benennt als Aspekt beziehungsweise Manifestation des als unbefriedigend geltenden Beziehungsgefüges die Antizipation beziehungsweise Wahrnehmung von abweichendem Verhalten. (Die Punkte (f) und (g) signalisieren, daß die Lage der Betreffenden eben nicht nur als persönliche, sondern auch als soziale Probleme gelten.)

Wie oben schon angedeutet, problematisiert damit der Randgruppenbegriff unerwünschte Tatbestände in der Perspektive möglicher gesellschaftlicher Desintegration, nimmt sie also wahr und interpretiert sie als Manifestationen einer gesellschaftlichen Einbindung von Individuen beziehungsweise Gruppen, die nach Art beziehungsweise Grad als unerwünscht, weil defizitär, gilt und die so gar nicht als Integration, sondern als Desintegration wahrgenommen wird. Dabei geschieht diese Problematisierung in einer umfassenden, die übrigen Basistypen der Thematisierung sozialarbeitsrelevanter sozialer Probleme, nämlich Devianz und Deprivation, integrierenden Weise, indem sie dem Beziehungs- oder Interaktionsparadigma der Problematisierung folgt.

(2) Damit hat auch die Problematisierung einer Situation mit dem Konzept der Randgruppe einen ganz spezifischen Sinn:

(a) Als Sache, um die es bei dieser Problematisierung geht, gilt das *Beziehungsgefüge* bestimmter Menschen. Wenn ein problematischer Zustand mit dem Begriff der Randgruppe thematisiert wird, so gilt er als Manifestation einer Lage, in der jemand ist, der aus dem als normal geltenden gesellschaftlichen Verkehr und Austausch ausgeschlossen ist beziehungsweise nicht an ihm teilnimmt. Das hat für die verschiedenen Beteiligten unterschiedliche Folgen, unter anderem in Gestalt unerwünschter Formen des Handelns, als Abweichung also, aber auch in unerwünschten Arten und Graden der Ausstattung in Form von Deprivation. In dieser Sicht gibt es weder Täter noch Opfer, sondern nur unterschiedliche Beteiligte, die handeln.

(b) Zur Ermöglichung einer Problematisierung braucht man vorfindbare oder neu zu schaffende *Standards adäquater sozialer Beziehungen* zwischen den Mitgliedern bestimmter sozialer Gruppen beziehungsweise der Gesellschaft.

(c) Die Problematisierung als Randgruppe ist (zumindest zunächst) *nicht-parteiisch*, weil sie keine Apriori-Interpunktionen vornimmt, sondern damit rechnet, daß es situationsgerecht sein könnte, prinzipiell alle Beteiligten mit ihrer Lage und ihrem Verhalten in die Problematisierung einzubeziehen.

(d) Als Problembearbeitung hat der *Eingriff in das gesamte Beziehungssystem* zu erfolgen: die Veränderung der Interaktion zwischen direkt Betroffenen und sozialem Umfeld. Denn aus der Perspektive des Problemtyps der Randgruppe wird das ganze komplexe Interaktionsgefüge der anderen mit den direkt Betroffenen als relevantes System angesetzt. Der Blick scheint mir hier am ehesten neutral-beobachtend und offen für jede mögliche Realität zu sein.

(3) Wenn der Begriff der Randgruppe ersatzlos schwindet, so verliert sich für die soziale Problematisierung also eine aus soziologischer Sicht sehr realistische Perspektive auf problematisierbare Situationen. Es fragt sich, ob diese Problemperspektive vielleicht unter einer anderen Begrifflichkeit weiterlebt.

4. AKTUELLE THEMATISIERUNGEN DES DESINTEGRATIONSANSATZES

Die Perspektive des Interaktionsparadigmas ist tatsächlich in anderen Konzepten erhalten, die den Begriff der Randgruppe nicht verwenden. Ein einheitliches Problemkonzept oder gar ein einheitlicher Problemnamen sind allerdings nicht zu finden. Näherungsweise ist diese Perspektive als Desintegrationsansatz benennbar. Zum einen finden wir ihn in der Übernahme des französischen Problembegriffs der „exclusion" (4.1.), dann in unterschiedlichen Versuchen, das Täter-Opfer-Schema zu überwinden (4.2.), zum dritten in aktuellen „systemischen" Konzepten Sozialer Arbeit (4.3.).

4.1. Exklusion, Ausgrenzung, Ausschluß – alter Wein in neuen Schläuchen?

Seit einigen Jahren kommt – zumindest in Aufsätzen und Monographien, noch nicht in Fachwörterbüchern und Lexika – der Problembegriff der „sozialen Ausgrenzung" und seiner Synonyme in Gebrauch und in Mode: Zunächst in Frankreich, dann auch im übrigen europäischen Ausland häufig gebraucht, ist – bei zunehmender Europäisierung der Fachdebatte – mit der wachsenden Bedeutung dieses Problembegriffs auch bei uns zu rechnen. Seit Niklas Luhmann den Begriff „Exklusion" (1995) in seinem Munde führte, hat er in Deutschland die höchsten sozialwissenschaftlichen Weihen, was seine weitere Verbreitung sicher fördert. Ob er die integrationstheoretische Perspektive des Randgruppenkonzeptes rettet, bleibt abzuwarten.
(1) Zum einen wird er oft undifferenziert und ohne Konzept gebraucht. Dabei scheint die Argumentation nicht dem Beziehungs- oder Interaktionsparadigma verpflichtet zu sein, sondern dem Opfer-Paradigma zu folgen: die Ausgegrenzten als hilflose Opfer, „die Gesellschaft" als kollektiver Täter. Das ist besonders zu vermuten bei den schon genannten politisch anklagenden Argumentationen mit der Formel „Armut und soziale Ausgrenzung."

(2) Andererseits gibt es differenzierte Analysen des Begriffs und mit dem Begriff (zum Beispiel Andreß 1997; Kronauer 1997; Siebel 1997). Siebel fragt kritisch nach dem Sinn, den es macht, die Begriffe „Armut" oder „Benachteiligung" durch den der „Ausgrenzung" zu ersetzen. Einen möglichen Grund sieht er in einem eventuell sinnvollen Wechsel der Konzepte, der mit diesem Sprachwechsel verbunden sein könnte. Als zweiten möglichen Grund nennt er abgelaufenen sozialen Wandel, dessen Ergebnisse dann in einer neuen Terminologie zu fassen wären. Für diesen zweiten Fall differenziert er den Begriff der sozialen Ausgrenzung nach sieben Dimensionen und stellt zusammenfassend fest:

> „Wenn es gelingen würde, die Selbstdefinition, die rechtliche und soziale Diskriminierung, die Ausschließungstendenzen auf den Arbeits- und Wohnungsmärkten und die sozialräumliche Segregation in den Städten, ferner die Existenz von sich selbst verstärkenden Mechanismen und die gesellschaftliche Funktionslosigkeit bestimmter sozialer Gruppen empirisch zu beschreiben und theoretisch überzeugend miteinander zu verzahnen – dann wäre tatsächlich ein sozialer Wandel erfaßt, der einen neuen Begriff von Ungleichheit rechtfertigte, eben den der Ausgrenzung" (Siebel 1997: 75).

So einleuchtend diese differenzierende Fassung des Ausgrenzungskonzeptes ist, wesentlich Neues bringt es nicht: Nach diesen Dimensionen, mehr oder weniger mit denselben Begriffen, wurde auch die Lage der Randgruppen konkretisiert (Siehe oben 1.1.4. und Sidler 1989: 150-161). Wenn diese Beobachtung stimmt, dann sind derzeit Soziologen und auch Theoretiker Sozialer Arbeit – so Bommes und Scherr mit ihrem Artikel „Exklusionsvermeidung, Inklusionsvermittlung und/oder Exklusionsverwaltung. Zur gesellschaftstheoretischen Bestimmung Sozialer Arbeit" (1996) – dabei, das Rad zum zweiten Mal zu erfinden, das heißt zum zweiten Mal bestimmte gesellschaftliche Lagen mittels des Integrationsansatzes differenziert zu beschreiben beziehungsweise zu problematisieren. Das heißt aber auch, daß in diesem Konzept die spezifische Perspektive der Randgruppenthematik erhalten wäre.

(3) Scherr kombiniert in seinem Artikel „Randgruppen und Minderheiten" (1998: 512) beide Begriffe beziehungsweise Konzepte: Er nennt als einen Leitbegriff neben anderen zur Interpretation gegenwärtiger „Randständigkeit" die „Exklusion aus gesellschaftlichen Funktionssystemen". Außer einem Anklang des Luhmannschen Systemdenkens bringt dieser Vorschlag nichts Neues, denn auch in der älteren Randgruppen-Diskussion waren „Ausschluß" und diverse Synonyme geläufige Vokabeln. Er bekräftigt allerdings die Vermutung, daß die nunmehr pointierte Verwendung dieser Wörter eher einen bloßen Sprach-

wandel als einen Wechsel im Konzept der Beschreibung und Problematisierung bestimmter Situationen bedeutet.

4.2. Die Zwillingsproblematisierung im Täter-Opfer-Schema und seine Überwindung

Oben wurde schon darauf hingewiesen: Die Problemtypen der Devianz und der Deprivation sind sozusagen Zwillinge; wo der eine auftaucht, ist (fast) immer der andere, zumindest verdeckt oder als Schatten, mit gegenwärtig – (fast) jeder Täter hat sein Opfer, (fast) jedes Opfer leidet unter einem Täter. Diese Nähe der Typen läßt vermuten, daß sie eine untergründige Verbindung haben. Die Bestätigung findet sich in Einsichten beziehungsweise Hypothesen und Theorien der letzten Jahre zu den Problemen der Devianz und Deprivation, wie sie im wissenschaftlichen Umgang mit diesen Phänomenen entwickelt wurden. Wie oben schon erwähnt, sprengen wissenschaftliche Theorien bisweilen, trotz ihrer ursprünglichen Bindung an den Fokus der politischen Problemkonstruktion und -konstitution, die Problemtypen dieser Skandalisierungen. In dem Maß, wie diese wissenschaftlichen Theorien Eingang finden im politisch-gesellschaftlichen Feld, bewirken sie dann auch dort entsprechende Auflösungen starrer Konturen der Problemtypen. Das ist der Fall in Form von Transzendierungen des Devianzparadigmas in das Deprivationsparadigma (4.2.1.) und in das Desintegrationsparadigma (4.2.2.) und in Form der Transzendierung des Deprivationsparadigmas in das Paradigma der Desintegration (4.2.3.).

4.2.1. Vom Devianzparadigma zum Paradigma der Deprivation

Zunächst kann man an den in den letzten Jahren wiederholt in der Alltagserfahrung zutage getretenen Befund erinnern, daß viele der sogenannten Täter selber sogenannte Opfer früherer Delikte sind, die sie insbesondere in ihrer Kindheit und Jugend über sich ergehen lassen mußten, wodurch sie psychisch beziehungsweise psychosozial depriviert wurden. In dieser Sicht der Dinge haben wir zwar noch klar identifizierbare Täter und Opfer, aber die aktive Täterschaft der Täter wird doch etwas relativiert. Sozialwissenschaftlich trägt diese Perspektive zum einen in den sozialisationstheoretischen Erklärungen des Handelns sogenannter Täter, in denen deren Taten als Ausdruck einer gestörten, deprivierten Persönlichkeit in der Folge einer defizitären Sozialisation gelten (Lamnek 1996: 80ff.). Ein anderer Theoriestrang in derselben Perspektive versucht, innerfamiliäre Gewalt im Kontext dessen zu erklären, daß die sogenannten Täter selber als Kinder häufig gravierend depriviert, nämlich massivster Gewalt ausgesetzt waren (Kaiser 1996: 735f). In beiden Ansätzen hat die Interpretation den engen Rahmen des Devianzparadigmas verlassen und wurde um die Dimension der Deprivation erweitert.

4.2.2. Vom Devianzparadigma zum Paradigma der Desintegration

(1) Mehrere Theorien der Kriminologie übersteigen die enge Perspektive des Devianzparadigmas implizit oder gar explizit in Richtung des Desintegrationsparadigmas. Beispielhaft genannt seien folgende:
(a) Die Ansätze, die im Kontext des Labeling- beziehungsweise Reaktionsansatzes Kriminalität als Ergebnis beziehungsweise momentanen Standort innerhalb einer Karriere ansehen, in der Aktionen beziehungsweise Reaktionen der sogenannten Täter mit Aktionen beziehungsweise Reaktionen der Umwelt, insbesondere der Agenten sozialer Kontrolle, sich hochschaukeln, wobei sie die sogenannten Täter zunehmend ausgrenzen (Lamnek 1996: 216-234; immer noch exemplarisch Stenger 1984 und Quensel 1970): Sie sehen Ausgrenzung, verstanden als Prozeß *und* Zustand, als erklärenden Hintergrund der problematisierten Handlungen.
Heitmeyers Versuch, Gewalthandlungen männlicher Jugendlicher zu erklären, rekurriert ausdrücklich auf das Desintegrationskonzept. Falls seine Kritiker recht haben, hat er allerdings keine empirische Bestätigung gefunden (Heitmeyer 1993; Heitmeyer u. a. 1995; zusammenfassend zur Kritik Rössner u. a. 1997: 11-16).
Diese Sicht der Dinge hat sich auch in der praxisorientierten Literatur durchgesetzt. Nickolai beispielsweise charakterisiert jugendliche „zu Freiheitsstrafen verurteilte Wiederholungstäter" so: „Bei ihnen zeigen sich tendenziell Merkmalsbündel, die man als Syndrom der sozialen Beziehungslosigkeit bezeichnen kann" (Nickolai 1996: 173). Und: „Rechtsextremistische Gruppierungen können ein Sammelbecken für die gesellschaftlich ausgegrenzten Jugendlichen sein" (175).
(b) Unter dem Sammelnamen des Subkulturansatzes vereinigte Theorien erklären Kriminalität als Folge bestimmter Werte und Normen, die nur in Teilbereichen der Gesellschaft gelten und im Widerspruch stehen zur dominanten, durch Gesetze und formale Kontrolle aufrecht erhaltenen Kultur (Lamnek 1996: 142-185): Sie interpretieren das skandalisierte Verhalten als Folge der Nicht-Einbindung in die sogenannte Mittelschichtgesellschaft beziehungsweise der Einbindung in abweichende Lebenswelten.

(c) Aussagen der Opferforschung, der Viktimologie, besagen, die überwiegende Zahl kriminalisierbarer Handlungen seien Beziehungstaten, die als solche, das heißt aus der jeweils gegebenen und Probleme generierenden Beziehung von sogenanntem Täter und sogenanntem Opfer ihren subjektiven Sinn haben (Kiefl/Lamnek 1986).

(2) Hier sind wir einen wesentlichen Schritt weiter in Richtung einer Überwindung der Täter-Opfer-Dichotomie sozialer Akteure: Die als delinquent problematisierten Handlungen sogenannter Täter sind nicht mehr nur monströse, „böse" Untaten, die erratisch im Raum stehen, sondern in ihrem Sinn rekonstruierbare, ja nachvollziehbare Handlungen von Menschen innerhalb eines komplexen Interaktionsgefüges, in dem es nicht mehr rein aktive Täter und rein passive Opfer gibt, sondern nur Akteure, die agieren, indem sie reagieren.

In dieser Sicht ist nicht nur das Begehen von als deviant geltenden Handlungen fragwürdig, sondern auch das Unterlassen: „Gesetzt den Fall, Sie haben nie einen Menschen umgebracht: wie erklären Sie es sich, daß es dazu nie gekommen ist?" (Max Frisch 1966, s. Frisch 1979: 10)

In den erwähnten deskriptiv-analytischen Aussagen wird gezeigt, wie die Ausgestaltung dieses Gefüges bestimmte Folgen zeitigt, unter anderem und insbesondere das problematisierte Handeln. In den praxeologischen sozialarbeitstheoretischen Aussagen wird es problematisiert als Raum ungenügender Integration betroffener Menschen, das heißt als Raum ihrer Desintegration. Das heißt, sowohl in analytischen wie in praxisorientierten Aussagen zur Devianz ist das Devianzparadigma in nennenswertem Maß in Richtung des Desintegrationsparadigmas der Interpretation und Problematisierung unerwünschter Phänomene transzendiert. Devianz erscheint zunehmend als die selektive Thematisierung einer einzigen von mehreren Desintegrationsdimensionen.

4.2.3. Vom Deprivationsparadigma zum Paradigma der Desintegration

Die Gleichsetzung von „arm" und „Opfer" ist allgegenwärtig, trotzdem gibt es mehrere Interpretationsansätze für Deprivationsphänomene, die diese fast mechanische Gleichung vermeiden.

Kortmanns Karriere-Modell von Armut (Kortmann 1986) impliziert die Grundannahme, daß Armut, die bei einem Individuum an einem bestimmten Punkt seines Lebens diagnostiziert wird, – ähnlich wie die konstatierte Kriminalität – keine unveränderliche Eigenschaft, aber auch kein passiv erlittenes Schicksal ist. Vielmehr ist sie die Funktion einer Karriere, die dieses Individuum zugleich reagierend und agierend durchlaufen hat, wie bei dem Modell der Devianz-Karrieren. Folglich ist seine Armut eine Funktion seiner Interaktion, die durch Art und Ausmaß ihrer (Des-)Integration bedingt ist.

Ähnlich ist die Perspektive der dynamisch-interaktiven Variante des Lebenslagenkonzepts der Armut, in der eine Lebenslage als Funktion des persönlichen Handelns innerhalb gegebener Ressourcen interpretiert wird. Sowohl das Handeln als auch die verfügbaren Ressourcen eines einzelnen sind Manifestationen seiner sozialen (Des-)Integration (zum Beispiel Busch-Geertsema u. a. 1993). – Im Ansatz ist diese interaktionistische Sicht übrigens schon bei Scherpner vorhanden, für den die „beiden Grundformen der Hilfebedürftigkeit", „Armut" und „Verwahrlosung", „in wechselseitiger Beziehung stehen" (Scherpner 1962: 138f). Die Annahme eines hohen Realitätsgehalts dieser Perspektiven stützen Ergebnisse der Bremer „dynamischen Armutsforschung", die Leibfried und Leisering wie folgt zusammenfassen: „Die Armen sind überwiegend keine Opfer, aber auch keine Arbeitsscheuen und Asozialen" (Leibfried/Leisering 1995: 305). Arme sind in dieser Perspektive also keine passiven Opfer, diagnostizierte Armut nicht die Folge des einseitig aktiven Handelns der anderen, der Gesellschaft, der Herrschenden, der Mehrheit, sondern Manifestation und Folge einer bestimmten gesellschaftlichen Integration, die unter Rückgriff auf bestimmte normative Vorstellungen als Desintegration problematisiert wird. Auch Deprivation erscheint so als selektive Thematisierung einer einzigen von mehreren Desintegrationsdimensionen.

Barlösius (1995: 536f) nennt mehrere Armutsberichte von Verbänden und Kommunen, die die Begriffe „Desintegration" oder „Ausgrenzung" verwenden. Ihrem Resumé ist zu entnehmen, daß diese Berichte ihrer Auffassung nach dennoch nicht dem Desintegrationskonzept verpflichtet sind: „Die in den empirischen Untersuchungen operationalisierten Armutsdefinitionen messen soziale Ungleichheit mit materiellen und immateriellen Kriterien; ob und wie sich diese auf die Integration auswirken, wird nicht ausdrücklich erforscht"; noch weniger, so wird man hinzufügen müssen, ist im Blick, daß die als Armut problematisierten Ungleichheitslagen möglicherweise Desintegration als Ursache haben.

4.3.   Das Desintegrationsparadigma im Hintergrund aktueller systemischer Handlungskonzepte für Soziale Arbeit

Nicht nur auf der Seite von Problemtheorien finden sich mehr oder weniger ausgeprägte Desintegrationskonzepte; auch in aktuelle Ansätze einer Konzeptualisierung Sozialer Arbeit sind sie eingegangen. Eine Mehrzahl neuerer Versuche im deutschsprachigen Raum, das Handlungsfeld Sozialer Arbeit im Interesse einer weitergehenden Professionalisierung der entsprechenden Berufe als Einheit zu konzipieren, geht von einem systemischen Ansatz aus, das heißt die Autoren nehmen an, daß die problematisierten Phänomene, die Soziale Arbeit zu bearbeiten habe, bedingt seien aus dem als System angesetzten mikro- und makrosozialen Zusammenhang und folglich nur in einer Veränderung dieses Systems bearbeitbar seien. Soziale Systeme bestehen nun wesentlich aus Beziehungen beziehungsweise Interaktionen; Probleme im System sind folglich als Beziehungs- beziehungsweise Interaktionsprobleme zu thematisieren, also als (Des-)Integrationsprobleme. Die derzeit am häufigsten gelesenen und zitierten Autoren dieser Denkrichtung sind Staub-Bernasconi (grundlegend 1983) und Wendt (1986 und 1990).

Teil II:
Zentrale Themen der Problemsoziologie

Was kommt in den Blick, wenn man die Welt und vor allem soziale Probleme problemsoziologisch betrachtet? Wie oben schon gesagt, insbesondere folgendes: Man sieht, daß soziale Probleme gar nichts Objektives, Vorfindbares, Dingliches sind, sondern etwas, das dadurch entsteht, daß Welt in das Kraftfeld menschlicher Interessen gerät; man sieht, daß und wie soziale Probleme als solche von Menschen geschaffen, erfunden oder, wie es der Fachjargon sagt, „konstituiert" werden (Kapitel 1). Weiter sieht man, daß solche problematisierten Tatbestände Aktivitäten hervorrufen, prophylaktische und reaktive; Probleme werden also bearbeitet (Kapitel 2). Was man auch sieht: daß die neue Situation in der Folge der Problembearbeitung häufig unterschiedlich beurteilt und bewertet wird, was oft zu neuen, sekundären Problematisierungen Anlaß gibt und dann zu einem erneuten Zyklus der gesellschaftlichen Arbeit am Problem führt (Kapitel 3).
Unser Modell sieht also folgende drei Etappen der gesellschaftlichen Arbeit an sozialen Problemen vor:

Originäre Problemkonstitution
Problembearbeitung
Evaluation und mögliche sekundäre
Problematisierung

Kapitel 1:
Die originäre Problematisierung –
Zur originären Konstitution sozialer Probleme

Für den deutschen Raum gibt es meines Wissens wenige Untersuchungen solcher sehr kompliziert verlaufenden Konstitutionsprozesse. Zu den wichtigen zählen sicher folgende: Stallberg u. a. (1982) rekonstruierten die zweimalige Konstitution eines Prostitutionsproblems in Dortmund; Bullerdiek (1994) beschrieb, wie die Strafvollzugsreform im Stadtstaat Bremen zum sozialen Problem wurde und wie dieses Problem erledigt wurde; Stöbener (1996) zeichnete die Konstitution des Problems des Pflegerisikos nach, die meines Wissens ausführlichste und gründlichste Studie dieser Art im deutschsprachigen Raum. Usarski (1988), Brückner (1992), Schetsche (1993), Kubrink (1993) und B. Peters (1997) untersuchten Teilaspekte von Konstitutionsprozessen, Brückner die gegensätzlichen Thematisierungen des Drogenproblems durch konkurrierende Akteure der Prävention, Schetsche die Problematisierung unterschiedlicher Aspekte des Themas „Kinder und Sexualität", dabei insbesondere die Problematisierung sexueller Kontakte zwischen Erwachsenen und Kindern in der sogenannten Fachliteratur; Kubrink stellte die kunstvolle Schaffung des Bildes der Ausländerkriminalität auf den Ebenen der Kriminalstatistik, Kriminologie und Massenmedien dar; Usarski beschreibt in seiner religionswissenschaftlichen Arbeit, wie in Massenmedien, Verlautbarungen staatlicher Instanzen und wissenschaftlich gemeinten Beiträgen aufgrund der Aktivität vor allem kirchlicher Interessengruppen das „Jugendsekten-Konstrukt" geschaffen wurde. Er argumentiert allerdings nicht innerhalb eines problemsoziologischen, sondern mit einem devianzsoziologischen Ansatz; B. Peters rekonstruiert die Problematisierung der Pornographie im Internet durch Frauengruppen, staatlichen Jugendschutz, Massenmedien und Gruppen von Internet-Nutzern. – Wissenswertes erfährt man auch in unterschiedlichsten sonstigen Bindestrichsoziologien, was man sich dann allerdings mühsam zusammensuchen muß. Trotzdem möchte ich im folgenden versuchen, immer wieder feststellbare Grundzüge dieses Prozesses in modellhafter Vereinfachung zu skizzieren. Ich mache das anhand der vorliegenden Studien und meiner Alltagserfahrung, unter Verwendung der zum Thema bisher vorliegenden Vorschläge.
Die sachlichen Voraussetzungen originärer Problematisierungen scheinen sehr unterschiedlich zu sein; entsprechend werden im folgenden zu-

nächst Arten originärer sozialer Probleme unterschieden (1.). Dann wird dargestellt, anhand welcher Modelle in der vorliegenden Literatur der originäre Konstitutionsprozeß beschrieben wird und welche typischen Akteure gesehen werden; ich selber entscheide mich für ein sehr einfaches 3-Phasen-Modell, bei dem unterschiedliche Akteure in differenzierter Weise als aktiv erscheinen (2.). Im folgenden wird dieses Modell ausgeführt (3.), und abschließend wird gezeigt, welche Konsequenzen die originäre Problemkonstitution kurz- und langfristig hat (4.).

Im ganzen Text werden immer wieder Beispiele genannt, und zwar nicht nur solche, bei denen die Problematisierung vollends geglückt ist, vielmehr auch solche, die erst in Ansätzen vorhanden sind oder auch sozusagen steckengeblieben sind, also politisch nicht durchgesetzt werden konnten – manche sprechen in solchen Fällen mit einem etwas verunglückten Bild von „abgetriebenen Problemen". Für das Verständnis von Problematisierungen sind auch diese Beispiele aussagekräftig. Ich nehme sie schwerpunktmäßig, aber nicht ausschließlich, aus dem Feld, in dem ich arbeite, aus dem Bereich der Sozialen Arbeit.

1.   ARTEN ORIGINÄRER SOZIALER PROBLEME

Originäre soziale Problematisierungen liegen dann vor, wenn bisher nicht Gegebenes beziehungsweise Gesehenes problematisiert wird; von originären Problemen soll gesprochen werden, wenn es zu einer erfolgreichen bisher nicht gegebenen politischen Problematisierung gekommen ist. Ein solcher Prozeß kann unterschiedliche Hintergründe haben, und entsprechend möchte ich unterscheiden:

(1) *Neuartige Problematisierungen und Probleme*: Von ihnen soll gesprochen werden, wenn – nach Meinung unbeteiligter, neutraler Beobachter – bisher nicht vorhandene Gegebenheiten neu auftreten, diese in bestimmter Weise wahrgenommen und (erfolgreich) problematisiert werden. Als Beispiele für derartige Problematisierungen und Probleme seien genannt:

Die zweite sogenannte neue Armut als Folge der Massenarbeitslosigkeit seit Beginn der 80er Jahre; die radioaktive Umweltbelastung als Folge der militärischen und industriellen Nutzung der Kernenergie; die sogenannten Asylantenprobleme seit Mitte der 80-er Jahre als Folge des vermehrten Zuzugs von Flüchtlingen.

(2) *Neuentdeckte Problematisierungen und Probleme*: Von ihnen soll gesprochen werden, wenn – nach Meinung unbeteiligter, neutraler Be-

obachter – bisher bereits vorhandene, aber gesellschaftlich ausgeblendete, nicht wahrgenommene Gegebenheiten in bestimmter Weise wahrgenommen und (erfolgreich) problematisiert werden. Als Beispiele für derartige Problematisierungen und Probleme seien genannt:

Die erste sogenannte neue Armut der Nicht-Produktiven, Nicht-Organisationsfähigen, wie sie Papst Paul VI. 1971 in einem „Apostolischen Schreiben" mit dem Titel „Octogesima adveniens" (KAB 1977: 497) und nach ihm die CDU-Politiker Biedenkopf und Geißler in den 70-er Jahren (Geißler 1976; Jäger 1987: 34) konstatierten; sexueller Mißbrauch von Kindern durch Familienangehörige, den es vermutlich seit unvordenklichen Zeiten gibt, der aber erst in den 80-er Jahren öffentlichkeitswirksam zur Sprache kam; dasselbe gilt wohl für die seit den 80-er Jahren ansatzweise immer wieder einmal thematisierte Gewalt gegen alte Menschen (zu letzterem Meyer 1998).

(3) *Neudefinierte Problematisierungen und Probleme*: Von ihnen soll gesprochen werden, wenn – nach Meinung unbeteiligter, neutraler Beobachter – bisher bereits vorhandene und in bestimmter Weise gesellschaftlich wahrgenommene Gegebenheiten nun in neuartiger Weise wahrgenommen und dann auch (erfolgreich) problematisiert werden. Als Beispiele seien genannt: Der Wandel vom Gefügigmachen einer „zickigen" Ehefrau zur Vergewaltigung in der Ehe; der Wandel von der Züchtigung zur Mißhandlung von Kindern.

So unterschiedlich auch die Hintergründe sind, gleich ist bei allen drei hier unterschiedenen Arten originärer Probleme, daß gesellschaftlich geltende Wirklichkeit und ihre Problematisierung in gewisser Weise schöpferisch, in bisher nicht dagewesener Weise produziert werden.

2. Zur Frage der typischen Konstitutionskarriere sozialer Probleme und der beteiligten Akteure

Wie verlaufen nun typischerweise solche originären Prozesse der Konstitution sozialer Probleme (2.1.), und welche Akteure sind zu identifizieren, die ihn tragen und vorantreiben (2.2.)?

2.1. Zur „Naturgeschichte sozialer Probleme" –
die Konstitutionskarriere von Problemen

(1) Über den Verlauf derartiger Konstitutionsprozesse wissen wir wenig. In der Literatur wird bisweilen die Frage gestellt, ob dem Konstitu-

tionsprozeß sozialer Probleme vielleicht ein in allen konkreten Einzelfällen gleichartiges Muster zugrunde liege. Mit anderen Worten: es wird gefragt, ob es immer oder typischerweise eine bestimmte Abfolge bestimmter Aktionen der Definierer beziehungsweise bestimmter Geschehnisse gebe. Damit fragt man nach einem bestimmten Phasenverlauf, hinter dem so etwas wie eine Gesetzmäßigkeit verborgen liege, so daß man von einer Art „Naturgeschichte sozialer Probleme" sprechen könnte. Es finden sich mehrere Vorschläge dieser Art; vier sollen genannt werden. Drei sind allgemeiner Art. Ein vierter beschreibt die Konstitution eines bestimmten Problems, stellt hier einen bestimmten Ablauf fest und wagt die Hypothese, der Prozeß könnte auch bei anderen Problematisierungen ähnlich verlaufen.

(a) Blumer (1975: 106) macht den Vorschlag eines 5-stufigen Abfolgeschemas, das ein soziales Problem typischerweise durchläuft: „erstens das Auftauchen des sozialen Problems, zweitens die Legitimation des Problems, drittens die Mobilisierung des Handelns angesichts des Problems, viertens die Erstellung eines offiziellen Handlungsplans und fünftens die Transformation des offiziellen Plans in seine tatsächliche Ausführung."

(b) Ein anderes, ein „Vier-Phasen-Modell der Naturgeschichte sozialer Probleme" bieten Spector und Kitsuse (1973; hier in der Zusammenfassung bei Albrecht 1977: 166):

„Stadium 1: Versuche bestimmter Gruppen, die Existenz gewisser Bedingungen zu behaupten, sie als übel, schädlich und unerwünscht zu definieren, diese Behauptungen zu veröffentlichen und Kontroversen darum anzuheizen sowie eine öffentliche Streitfrage daraus zu machen.

Stadium 2: Die Erkenntnis bei gewissen offiziellen Organisationen (...), daß die oben genannten Gruppen einen legitimen Zweck verfolgen: Dies kann zu einer offiziellen Untersuchung der Angelegenheit, zu Verbesserungsvorschlägen und zur Schaffung einer Einrichtung zur Bearbeitung dieser Behauptungen und Forderungen führen.

Stadium 3: Wiederauftreten der Beschwerden und der Forderungen durch die oben genannten Gruppen, die ihrer Unzufriedenheit mit den gewählten Maßnahmen zur Lösung der kritisierten Bedingungen (...) Ausdruck verliehen etc.

Stadium 4: Die Zurückweisung der Reaktion beziehungsweise des Ausbleibens von Reaktionen durch die vorhandenen beziehungsweise geschaffenen Institutionen (...) und die Entwicklung von Aktivitäten zur Schaffung alternativer, paralleler beziehungsweise konträrer Organisationen als Reaktion auf die Wirkungsweisen der schon eingeleiteten Maßnahmen."

Dieses Schema unterscheidet sich von Blumers Schema insbesondere dadurch, daß hier herausgearbeitet ist, wie Definition und Reaktion nicht nur zeitlich klar getrennt aufeinander folgen können, sondern vielfach so verschränkt sind, daß auf eine erste Definitionsphase eine zweite – bezogen auf die durch die erste Reaktion veränderte Situation – erfolgen kann, die nach einer erneuten, verbesserten Reaktion verlangt.

(c) Schetsche (1996: 31) unterscheidet in seinem „Modell (...) idealtypisch sechs Phasen einer Problemkarriere": „Sozialer Sachverhalt – Problemmuster – öffentliche Anerkennung – staatliche Anerkennung – Problembekämpfung – Problemlösung".

(d) Stallberg u. a. (1982: 99) untersuchten die Prozesse, in denen in Dortmund aus dem Tatbestand der Strassenprostitution seit 1966 zweimal ein soziales Problem wurde. Für die beiden Prozesse, einmal in den Jahren 1966 bis 1968, das zweite Mal in den Jahren ab 1976, sehen sie etwas unterschiedliche Phasenabfolgen. Für den ersten Fall unterscheiden und beschreiben sie die Phasen „Problemwahrnehmung, Problemanerkennung, (erfolglose, N.S.) Problembekämpfung, Problemformulierung und -ausweitung, Problemberatung, Problementscheidung und Problemlösungsbewertung."

Im zweiten Fall entdecken sie folgende Phasenabfolge: Problementdeckung – Problembekämpfung – Problemdramatisierung – Problemerörterung – Problementscheidung (ebd.106ff.). Interessant ist auch hier die Verschränkung von Definition und Reaktion im faktischen Ablauf der Problemkonstitution.

(2) Ich gehe davon aus, daß jede Problematisierung von einer mehr oder weniger kleinen Minderheit der Bevölkerung in Gang gesetzt wird, die sich in einer ursprünglichen Problematisierung, wie ich das nennen möchte, eine Auffassung von bestimmten Gegebenheiten bildet und dann versucht, diese „an die große Glocke zu hängen". Für die Beantwortung der Frage nach den weiteren Schritten sind dann nicht nur und nicht primär empirische Einsichten von Bedeutung, sondern vor allem definitorische Entscheidungen: Je nach dem, wie wir den Begriff des sozialen Problems definieren, werden wir auf unterschiedliche notwendige Schritte in der Logik der gelingenden Konstitution eines sozialen Problems stoßen:

(a) Entscheiden wir uns definitorisch, als wesentlich für ein soziales Problem die öffentliche und öffentlichkeitswirksame Problematisierung eines Tatbestands anzusehen, das heißt betreiben wir *Problemsoziologie als Sonderthema der Medien- beziehungsweise Öffentlichkeitssoziologie,* so ergibt sich als der Sache nach bei jeder Problematisierung zu erwartender Dreischritt: Ursprüngliche Problematisierung – Generalisierung der Problematisierung über Massenmedien in der Öffentlichkeit – Problemdurchsetzung in politischen Entscheidungen.

(b) Entscheiden wir uns definitorisch, als wesentlich für ein soziales Problem die Aktivierung staatlicher Reaktion im gesellschaftlichen Auftrag zu sehen, das heißt betreiben wir Problemsoziologie als ein Sonderthema der Soziologie des Politischen, so ist der oben genannte zweite Schritt, die Generalisierung der Problematisierung in der Öffentlichkeit, nicht immer und unbedingt zu erwarten; allerdings zeigt sich auch hier ein (denk-)notwendiger Zwischenschritt: Das Werben um die politischen Entscheidungsträger. In der parlamentarischen Demokratie deutschen Zuschnitts erfolgt das unter anderem und sehr häufig über die Aktivierung von Öffentlichkeit. Das ist allerdings nicht der einzige denkbare und vorfindbare Weg; daneben gibt es noch die Möglichkeit der unmittelbaren Adressierung politischer Entscheidungsinstanzen. Ob es also zu einer Aktivierung der Öffentlichkeit kommt, ist aus dieser Sicht der Dinge nicht apriori zu erwarten, sondern eine empirisch zu beantwortende Frage. Ich folge diesem zweiten Ansatz, entsprechend ergibt sich folgender zu erwartende Dreischritt:

Ursprüngliche Problematisierung
Werben um politische Entscheidungsträger
Politische Problemdurchsetzung

(3) Die Entscheidung für die eine oder die andere Definition hat enorme Konsequenzen für das, was an politischen Prozessen in den Blick kommt. Geht man auch nur von der partiellen Richtigkeit der These aus, Politik sei gedoppelt in eine von der Öffentlichkeit weithin abgeschottete Politik, in der der Großteil der wesentlichen Entscheidungen falle, und eine im Licht der Öffentlichkeit stattfindende Politik, in der weithin „symbolische Politik" laufe (Edelman 1976, knapp zusammengefaßt in Lehne 1994), so bedeutet die bisherige ausschließliche Konzentration der problemsoziologischen Aufmerksamkeit auf die medienvermittelten Problematisierungen, daß man sich als Soziologe durch möglicherweise geschickt inszenierten Theaterdonner von der Analyse relevanter politischer Entscheidungsfelder ablenken läßt auf die Wiese, wo der Plebs zwar kein Brot, aber immerhin Spiele geboten werden.

(4) Schetsche (1996) beschreibt diese Prozesse mit dem Begriff der „Karriere" sozialer Probleme, einem Bild, das sehr gut trifft. Nur muß man sich klar machen, daß soziale Probleme auf zwei unterschiedlichen Ebenen Karrieren durchlaufen: Neben dieser Konstitutionskarriere haben wir häufig auf der Ebene der Problemkerne Sachkarrieren, die bei einer realistischen Sicht der einer Problemkonstitution zugrundeliegenden Fakten unbedingt zu beachten sind (vergleiche oben Teil I, Kap. 1, 2.1.2.).

2.2.   Akteure der Problemkonstitution – Definitoren der Probleme

(1) Die gesellschaftliche Konstitution sozialer Probleme ist ein Prozeß, der – wie jeder andere gesellschaftliche Prozeß – nicht aus irgendwelchen mythischen oder mystischen Tiefen einer subjekthaft handelnden Gesellschaft erwächst, sondern getragen ist von handelnden Menschen, die gemeinsam aufgrund ganz konkreter Interessen, die sie als Personen in ihrer Einbindung in die gesellschaftliche Struktur haben, aktiv sind (und dabei häufig etwas bewirken, was keiner der Beteiligten so wollte) und als solche prinzipiell identifizierbar sind. Entsprechend ist ein akteursorientierter Ansatz der Analyse sozialer Probleme unabdingbar.
Er birgt allerdings auch seine Risiken. Auf sie weist Lehne hin mit der Anmerkung, es handle sich hierbei um eine „Personalisierung und damit Vernachlässigung der strukturellen Ebene", die zwar „einer angemessenen wissenschaftlichen Analyse des politischen Systems nicht gerecht" werde, wohl aber „der Logik von Alltagswahrnehmungen" entspreche (Lehne 1994: 222, Anm. 10). Mir scheint diese „Personalisierung" notwendig, allerdings darf dabei die „strukturelle Ebene" eben nicht vernachlässigt werden. Unser Modell muß sich genau so vom Mythos von der Gesellschaft als handelndem Subjekt wie vom Mythos von der völlig unabhängig agierenden Person freihalten.
(2) Wer sind folglich die Akteure der Konstitution sozialer Probleme, aus welchen Interessen handeln sie? Wie handeln und wirken sie zusammen, so daß am Ende ein bestimmtes Problem wirklich ist? Zusammenhängende theoretischen Aussagen lassen sich, soweit ich sehe, in der Literatur nicht finden dazu, welche Menschen warum auf die Idee kommen und es auch schaffen, ihre Interessen dadurch zu verfolgen, daß sie ihre Realisierung als im Kontext des Allgemeininteresses stehend ausgeben und dafür Gehör und Mitspieler finden, die dabei ihrerseits ihre Interessen verfolgen. Es finden sich lediglich da und dort sehr unterschiedliche Aufzählungen von „Definitoren", „Akteuren" oder „Instanzen der Definition sozialer Probleme":

(a) Blumer (1975: 108) nennt beiläufig Interessengruppen, politische Instanzen, mächtige Organisationen und Korporationen, Massenmedien. Die Rolle der Massenmedien, insbesondere hinsichtlich ihrer Selektions- und Verbreitungsfunktion, wird von Albrecht (1977: 167) angesprochen.

(b) Schäfers (1981: 153f) meint, unter „Instanzen", die soziale Probleme definieren beziehungsweise „erkennen", seien „hervorzuheben":

- „einzelne soziale Systeme und ihre Problemerkennungs- und -verarbeitungskapazität;
- politische Instanzen, incl. die parteipolitische Basis;
- die Öffentlichkeit (Medien; Bürgerinitiativen);
- Wissenschaften, für die die Erkenntnis und 'Bearbeitung' sozialer Probleme zur Konstitution ihres Gegenstandsbereichs gehört, an wichtigster Stelle die Soziologie (...)."

(c) Ähnliches schreiben Bellebaum und Braun (1974). Sie nennen folgende Instanzen der Definition sozialer Probleme: politische Gruppierungen und Parteien; Journalismus und Literatur; und als besonders wichtig: die „Wissenschaft".

(d) Giesen (1983: 234) betont, Becker folgend, die Rolle „moralischer Unternehmer" beziehungsweise der „sozialpolitischen Akteure"; das sind einerseits Gruppierungen, die im Aufweis von „Mißständen" „moralische Bedürfnisse", nämlich gesellschaftlichen Veränderungswillen, zu wecken versuchen, andererseits sind es Personen, die „das Leistungsangebot ihres Berufes oder ihrer Organisation als erfolgversprechende Dienstleistung zur Deckung moralischer Bedürfnisse anbieten." Konkret gemeint sind mit letzteren die Verwaltungen und Organisationen sozialer Arbeit und die Sozialberufe im weitesten Sinn des Wortes, also einschließlich Ärzte, Therapeuten, Pädagogen und Polizei; natürlich muß man auch und gerade Sozialarbeiter und Sozialpädagogen dazurechnen.

(e) Leisering (1993: 489) meint, bezogen auf das Problem der Armut, „die wichtigsten Problemdefinitoren finden sich (...) in drei Bereichen: Wissenschaft – politische Öffentlichkeit – politisch-soziale Praxis, das heißt Sozialverwaltung, soziale Professionen und Wohlfahrtsverbände."

(f) Schetsche (1996: 16) unterscheidet „idealtypisch acht Arten von Akteuren (...): aktiv Betroffene, Advokaten, Experten, politische und ideologische Problemnutzer, soziale Bewegungen, Moralunternehmer, Massenmedien und staatliche Instanzen."

(g) Albrecht u. a. (1985: 318) weisen besonders auf den Staat hin: „Der Staat wird in der Regel nur als Adressat von Beschwerden und Ansprüchen, nicht aber als aktiver Gestalter und 'Produzent' von Problemen, als vielleicht 'mächtigster Problematisierer' im Sozialstaat gesehen. Tatsächlich aber erweist sich der Staat in Form der planenden Verwaltung im modernen Wohlfahrtsstaat als an der Problematisierung von Sachverhalten maßgeblich beteiligt, wenn nicht sogar die Initiative ausschließlich von ihm ausgeht."

(3) Es stellt sich mir die Frage, ob diese bunte Vielfalt von Definitoren, und das heißt von Konstrukteuren sozialer Probleme, nicht etwas klassifiziert werden könnte, wodurch man zu etwas mehr Klarheit kommen könnte. Das scheint möglich, nachdem verdeutlicht wurde, in welchen Schritten typischerweise aufgrund der rekonstruierbaren Logik des gesellschaftlichen Problematisierens derartige Problemkonstitutionen erfolgen. Dann nämlich läßt sich fragen, wer aus welchen Interessen an diesen Schritten jeweils beteiligt ist. Beides soll im folgenden dargestellt werden.

3.   VERLAUF UND AKTEURE DER ORIGINÄREN
      PROBLEMATISIERUNG – EIN MODELL

Schematisch vereinfacht wird von einem Dreischritt in der Logik der gelingenden Konstitution eines sozialen Problems ausgegangen: Ursprüngliche Problematisierung (3.1.) – Das Werben um politische Entscheidungsträger – der Versuch, die Problematisierung auf die politische Tagesordnung zu setzen (3.2.) – Durchsetzung der Problemdefinition durch die Entscheidung politisch Mächtiger (3.3.).

Typischerweise werden diese einzelnen Schritte von teils gleichen, teils unterschiedlichen Konstrukteuren oder Agenten der Problemkonstitution geleistet, und sie erfolgen typischerweise nicht nacheinander, sondern in mannigfacher Weise verschränkt und verwoben; sie sind also nur analytisch – dem rekonstruierbaren Sinn des Handelns der beteiligten Akteure folgend – unterscheidbar, nicht sachlich oder zeitlich scheidbar. Entsprechend sieht Stöbener „die Problematik, daß Konstitutionsprozesse gleichzeitig auf verschiedenen gesellschaftlichen und politischen Ebenen und Arenen ablaufen, die sich keineswegs immer 'linear' entwickeln und über keine kontinuierlichen, stetigen Entwicklungsmuster verfügen. Vielmehr kehren Themen und Aktionen aus bereits durchlaufenen Stufen wieder, die selten in einer Kausalbeziehung zueinander in dem Sinne stehen, daß das Durchlaufen der einen Stufe

Schematische Darstellung des Verlaufs der originären Konstitution sozialer Probleme

I. Aspekte der Problematisierung	II. Beteiligte/Akteure der originären Problematisierung

1. Ursprüngliche Problematisierung
• Wahrnehmung auslösender Phänomene / des Anlasses
• Wirklichkeitsdarstellung – Schaffung des Problemtatbestand
  • Eingrenzung des Problemfelds / Rahmung („framing") mittels Globaltypen sozialer Probleme
  • Tatsachenbehauptung und -interpretation (u. a. Benennung von Ursachen / Verursachern) mittels bestimmter Skripte unter Verwendung spezifischer Problemtypen
• Wirklichkeitsbewertung – Skandalisierung des Problemtatbestandes
  • Entwicklung / Aktualisierung von Wertmaßstäben beziehungsweise Standards des Verhaltens beziehungsweise der Ausstattung und
  • ihre Anwendung in der Qualifikation des Problemtatbestands
• Formulierung des gesellschaftlichen Handlungsbedarfs – Anmeldung von Forderungen an die Allgemeinheit
  • was zu tun ist – präventiv
                    – reaktiv
  • durch wen
  • zu wessen Nutzen (gegen wen)
• Bündelung der ursprünglichen Problematisierung in einem Problemnamen
	1. Ursprüngliche Problematisierer – Fordernde Definitionen
	• Betroffene
	  • „Opfer"
	  • „selbstlose Anwälte"
	• moralische Unternehmer
	• Leistungsanbieter/Experten/sozialpolitische Akteure/professionelle Anwälte
	• Instrumentalisten

2. Das Werben um politische Entscheidungsträger – Wege auf die politische Tagesordnung	2. Generalisierer – Propagierende Definitoren
2.1. Der kurze Weg: Die unmittelbare Adressierung politischer Entscheidungsträger	2.1. „Lobbyisten", i.d.R. = ursprüngliche Problematisierer

2.2. Die Ochsentour: Der lange Weg durch die Öffentlichkeit auf die politische Tagesordnung
• Problematisierungen in Versammlungsöffentlichkeiten
• Problematisierungen in der medienvermittelten Öffentlichkeit
  • Diffusion der Problematisierung
  • Meinungsbildung und Interessenformierung
	2.2. Akteursgruppen in der Medienöffentlichkeit
	• Öffentlichkeitsakteure/Sprecher – i.d.R. = Repräsentanten der ursprünglichen Problematisierer
	• Medienmacher
	• Engagierte
	• Chronisten
	• Nachrichtenhändler
	• Publikum

I. Aspekte der Problematisierung	II. Beteiligte/Akteure der originären Problematisierung

3. Die politische Problemdurchsetzung
• Kontroverse
• Formale Beschlüsse zu folgenden Materien:
  • als gegeben geltende Tatbestände beziehungsweise Tatbestandsmerkmale
  • anzuwendende Standards des Verhaltens beziehungsweise der Ausstattung
  • staatliche / gesellschaftliche (Re)-Aktionsverpflichtung
  • Handlungsbedarf
  • Zuständigkeiten
(Vereinfachtes Verfahren: Subsumtion eines Tatbestands unter einen bereits ausformulierten Problemtyp)
	3. Politiker – Entscheidende Definitoren
	• Parlamente und Regierungen
	• Gerichte
	• staatliche Verwaltungen
	• Entscheidungsträger in Wohlfahrtsverbänden

die Voraussetzung für die erfolgreiche Bewältigung der nächsten Ebene darstellt" (Stöbener 1996: 123).

3.1. Ursprüngliche Problematisierung

Am Anfang jeder originären Problemkonstitution steht (a) entweder die Tatsache, daß Leute ungehalten sind über neue, neu wahrgenommene oder neu interpretierte Tatbestände und das auch laut sagen, oder (b) daß Leute aufgrund einer neuen Situation beziehungsweise neuer Machtverhältnisse es wagen, ihr altes Unbehagen laut zu artikulieren. Sie machen auf eine Situation, so, wie sie sie sehen beziehungsweise wie sie wollen, daß sie gesehen wird, aufmerksam und verlangen von der Allgemeinheit eine Änderung. Das bezeichne ich als ursprüngliche Problematisierung. Sie ist eine Veranstaltung mit offenem Ausgang (3.1.1.), sie weist typischerweise ganz bestimmte Aspekte auf oder, anders formuliert, hat ganz bestimmte kommunikative Gehalte (3.1.2.). Ferner lassen sich in diesem Prozeß bestimmte Typen üblicherweise beteiligter Personen unterscheiden, also die Akteure der ursprünglichen Problematisierung (3.1.3.), die typischerweise als Raum der ursprünglichen Problematisierung spezifische Binnenöffentlichkeiten bilden (3.1.4.). Was heißt das im einzelnen?

3.1.1. Eine Veranstaltung mit ungewissem Ausgang

Schon die ursprüngliche Problematisierung verläuft häufig nicht unwidersprochen, das heißt unterschiedliche oder gar gegensätzliche Problematisierungen stoßen oft schon früh aufeinander, womit nicht absehbar ist, wer sich schlußendlich durchsetzen wird.

Exemplarisch hierfür ist die von Stöbener rekonstruierte Konstitution des sozialen Problems des Pflegefallrisikos (Stöbener 1996). Wir finden sehr gegensätzliche Problematisierungen unter dem Stichwort „(materielle) Armut". Der Problematisierung des „sexuellen Mißbrauchs" tritt die Gegenproblematisierung des „Mißbrauchs mit dem Mißbrauch" gegenüber.

Bundesminister Borchert (Borchert 1997: 647) zitierte in einer Rede den amerikanischen Agrarökonomen Hathaway und ergänzte ihn noch:

„'Das Agrarproblem besteht: – für Laien in Form von Überschüssen, über deren steigende Größe und Kosten regelmäßig berichtet wird; – für Ökonomen in einer unbefriedigenden Verteilung der Produktionsfaktoren; – für Bauern hauptsächlich in niedrigen und ungleichmäßigen Einkommen, trotz harter Arbeit, sorgfältiger Betriebsführung und oft großen Kapitalinvestitionen; – für Parlamentarier in einem Milliardenloch im Etat; – für Politiker in Form einer Falle, die zunehmend ein vorzeitiges Ende ihrer politischen Karriere verspricht, dann nämlich, wenn sie gefangen sind zwischen unzufriedenen Bauern und wütenden Steuerzahlern – mit wenig Hoffnung einen von beiden zufriedenzustellen, geschweige denn beide.' In Kenntnis der heutigen Diskussionen müßte die Liste der Kritikpunkte wahrscheinlich noch um Vorwürfe von Umwelt- und Tierschützern sowie von kirchlich oder entwicklungspolitisch engagierten Gruppierungen erweitert werden."

Mit ihren Aktivitäten lösen die Akteure der ursprünglichen Problematisierung ferner in der Regel eine bemerkenswerte Dynamik aus, die sie weder in dieser Art wünschen noch steuern können: Die Allgemeinheit ist eine höchst aktive, hochkomplexe Größe, in der, sobald sie aktiviert ist, eigenständige Interessen unterschiedlicher Akteure rege werden. Konkret heißt das, daß diejenigen, die in höchst unterschiedlichen Rollen als Vertreter dieser Allgemeinheit fungieren – als Medienmacher, als Politiker, als gesellschaftlich beauftragte Problembearbeiter –, sich am Konstitutionsprozeß mit ihren höchst eigenen Interessen beteiligen, und diese Interessen können komplementär, aber auch konträr sein zu den Interessen, die die Problematisierung ursprünglich auslösen. Was schlußendlich als soziales Problem konstituiert wird, hat deswegen unter Umständen sehr wenig mit dem zu tun, was diejenigen, die sich zu Anfang über etwas aufregten, im Sinne hatten.

3.1.2. Aspekte der ursprünglichen Problematisierung

Bei diesem ersten, fundamentalen Schritt der Problemkonstitution wird zum einen eine bestimmte Darstellung und Deutung eines bestimmten Ausschnittes der Realität gegeben, der Problemtatbestand wird also deskriptiv gebildet (3.1.2.1.). Diese so gewonnene Wirklichkeit wird andererseits an bestimmten Maßstäben einer postulierten Normalität gemessen und als von ihnen in negativer Richtung abweichend qualifiziert, womit sie skandalisiert wird (3.1.2.2.). Verbunden damit ist die Forderung, dieses nunmehr gegebene Problem müsse durch Verantwortliche in der Gesellschaft bearbeitet werden, es wird also ein gesellschaftlicher Handlungsbedarf formuliert (3.1.2.3.). Zusammengebunden wird das ganze in der Regel durch einen zupackenden Namen, wie Schetsche (1996: 69f) sagt, einen Namen, der immer ein Problembegriff ist und entsprechend in den oben genannten Dimensionen der Tatsachenaussage, Bewertung und Handlungsaufforderung spielt (3.1.2.4.).

3.1.2.1. Wirklichkeitsdarstellung – Schaffung des Problemtatbestands
Zum Verständnis des folgenden ist wichtig, sich nochmals klarzumachen, daß mit dem *Begriff des Problemtatbestands nicht irgendeine Realität gemeint ist, sondern eine kommunikativ hergestellte, also sozial konstruierte Wirklichkeit.* Die Schaffung solcher Problemtatbestände besteht sozusagen im Malen von Bildern von der Realität. Diese Bilder reihen sich ein in die unendliche Fülle weiterer Bilder, die den Grundbestand unserer Wirklichkeit ausmachen; sie sind Repräsentanten der Fakten, der „Dinge an sich", in unserem mit anderen geteilten Bewußtsein.
(1) *Zur Frage der Realitätsentsprechung der konstruierten Problemtatbestände – eine „realistische" Zwischenbemerkung*: Wieweit diese Tatbestände, also die Behauptungen angeblicher Tatsachen, der Realität entsprechen, ist eine schwierige empirische Frage (vergleiche im Extrem die Frage nach „kernlosen sozialen Problemen"). Daß hier nicht einfach die nackte Realität zur Sprache kommt, also sprachlich abgebildet wird, ist klar; denn es handelt sich ja – wie jeder Gehalt jeder Kommunikation – um Bilder, um konstruierte Wirklichkeiten, die allerdings ein größeres oder geringeres Maß an Realitätsentsprechung aufweisen können. Es gibt mehrere Versuche, mit einer wissenschaftlich-kritischen Darstellung zu zeigen, daß bestimmte Problemtatbestände sehr unrealistische Re-Konstruktionen von Fakten sind.
Ein sehr anschauliches Beispiel für die darstellende und interpretierende Schaffung von Problemtatbeständen mittels eines beträchtlichen An-

teils schöpferisch-interessierter Phantasie liefert Kubrink (1993): Er zeigt, wie auf den drei Ebenen (a) der Kriminalstatistik, insbesondere der Polizeilichen Kriminalstatistik (PKS), (b) der wissenschaftlich-kriminologischen Interpretation und (c) der massenmedialen (hier: Printmedien-) Verarbeitung ein Bild von Ausländerkriminalität gemalt wird, das, soweit es eine kritische sozialwissenschaftliche Rekonstruktion der zugrundeliegenden Realitäten beurteilen läßt, keineswegs realistisch ist; er verdeutlicht, „daß dem 'Problem' der Ausländerkriminalität regelmäßig keine nationalitätenbedingten Besonderheiten zugrundeliegen" und „daß sich das soziale Problem der Ausländerkriminalität als Ergebnis eines Herstellungsprozesses darstellt" (297). Zu den Interessen, die diesen dichterischen Prozeß vorantreiben und steuern, legt er erwägenswerte Hypothesen vor. – Auch bei anderen Kriminalitätsproblemen, etwa beim Problem der angeblich ausufernden Zahl schwerer Gewalt- beziehungsweise Sexualdelikte, ist das in der Öffentlichkeit dargestellte Bild nicht unbedingt realistisch; Kerner betont, es gebe „in Abständen 'Wellen' der Gewalt oder der Sexualität, die man mit hoher Vorsicht interpretieren muß" (Kerner 1994: 929). Und bezüglich der Kriminalität insgesamt meint er als Ergebnis der kritischen Analyse der vor allem mittels der polizeilichen Kriminalstatistik dargestellten sogenannten Kriminalität: „Wie die Kriminalität wirklich aussieht, weiß niemand" (Kerner 1994: 924).

Genau genommen, ist dieser Satz Kerners nicht sehr sinnvoll. Das Wort „Kriminalität" läßt sich in zwei Bedeutungen verstehen. Man kann damit den Inbegriff der durch Polizei und Justiz kriminalisierten Handlungen meinen, und wie sie aussieht, wissen wir sehr genau; sie kann also Kerner nicht meinen. Man kann damit auch den Inbegriff aller prinzipiell kriminalisierbaren Handlungen meinen; aber eine solche Kriminalität als objektiv gegebenes Gebilde ist ein Phantom: Sowohl die gesetzlichen Kriterien, nach denen „kriminelle" Handlungen identifizierbar sein sollten, wie die Handlungen von Menschen sind häufig vieldeutig, weswegen es diese Kriminalität als distinktes, scharf abgegrenztes Phänomen gar nicht gibt. Gerade bei der scheinbar so akribisch genauen Darstellung der Kriminalität scheint weniger die Realität darstellungsleitend zu sein als das Pippi-Langstrumpf-Motiv: „Zwei mal drei macht vier, wiediewiediewiet und drei macht neune, ich mach mir die Welt, wiediewiediewie sie mir gefällt." –

Ein weiteres, nachdenklich stimmendes Beispiel eines derartigen Versuchs der Kritik der Realitätsnähe interessiert konstruierter Problemtatbestände bietet Usarski (1988: 102-159). Er vertritt die These, das seit

1978 mit großem Aufwand gemalte Bild von den jugend- und gesellschaftsgefährdenden sogenannten Jugendsekten halte einer empirischen Überprüfung überhaupt nicht stand. Das öffentlich gemalte Bild von diesen, wie er sie nennt, „Neuen Spirituellen Bewegungen" sei ein Horrorbild, im wesentlichen gemalt von Vertretern der mit diesen Bewegungen konkurrierenden Großkirchen.

Die geringe Realitätsnähe mancher derartiger Bilder zeigt sich auch ganz vordergründig darin, daß wir über viele Phänomene, die als soziale Probleme in Erscheinung treten, gar nicht genau informiert sind. Bohle wies 1981 (1981: 200) auf den Umstand hin, „daß im Vergleich zu wirtschaftlichen Daten nicht nur ein Mangel an gesellschaftlichen Daten im allgemeinen, sondern auch für den spezifischen Bereich sozialer Probleme im besonderen besteht." Dieser Satz dürfe auch heute noch zutreffen, auch wenn wir beispielsweise im Bereich der Armutsforschung mehr und genaueres erfahren haben. Bohle zufolge ist diese mangelhafte Datenlage vor allem eine Folge von interessiertem Nichtwissen und von „Barrieren innerhalb des politisch-administrativen Systems". Mehr und genauere Informationen würden wohl Handlungsdruck in eine politisch unerwünschte Richtung bedeuten.

Noch keine Bundesregierung hat bisher einen nationalen Armutsbericht vorgelegt; das soll allerdings in Zukunft unter der rot-grünen Bundesregierung anders werden.

(2) *Problematisierungsmuster, Rahmen, Skripte, Problemtypen*: Wie werden diese Bilder gemalt? Wie mir scheint, werden sie geschaffen in bestimmten kreativen Wahrnehmungs- und Denkoperationen, und weiterhin scheint mir, daß bei allen Problematisierungen sich eine bemerkenswert konservative Haltung bemerkbar macht: Man schaut, ob so etwas ähnliches schon einmal da war, wie man damit umging, ob und wie es gegebenenfalls sozial problematisiert wurde. Die Problematisierung läuft eben nicht im gesellschaftsfreien Raum sondern im gesellschaftlich-kulturellen Kontext unter Verwendung kultureller Gegebenheiten, von Wissen, Werten und Worten, tradierter Routinen des Umgangs mit Problemen. Besonders wichtig für die ursprüngliche Problematisierung – und auch für die weiteren Schritte – sind die Ergebnisse früherer Problematisierungen, die sich in Form von Problemtypen und Problemnamen niedergeschlagen haben. Honegger sieht es ähnlich: „Menschen treten nie unvoreingenommen an Probleme heran, sie sind vielmehr immer bereits ausgerüstet mit Interpretationsvorlagen, die tradierten Mustern, Typisierungen und Lösungsroutinen entstammen" (Honegger 1985: 25). Damit läßt sich fragen, wie diese „Interpretationsvorlagen" für soziale

Probleme aussehen und wie sie wirken. Deswegen soll im folgenden zunächst gezeigt werden, welche „Interpretationsvorlagen" zuhanden sind.
(a) Esser (1990; 1991) weist auf zwei wichtige, allgegenwärtige Strategien hin, die uns rationales Handeln unter den Bedingungen eingeschränkter Rationalität („bounded rationality") ermöglichen: „Frames" (Rahmen) sind Esser zufolge – hierbei weicht er von anderen diesbezüglichen Ansätzen ab – letztlich Ergebnisse der Entscheidung für bestimmte Ziele, die eine radikale Vereinfachung der in einer bestimmten Situation prinzipiell möglichen, aber nicht bewältigbaren Zielfülle darstellen. Neben „frames" nennt Esser als zweite Form der Optimierung eingeschränkt rationalen Handelns die Anwendung von „habits". Er versteht darunter „automatische, unreflektierte Reaktionen ohne Ziel-Mittel-Kalkulationen" (1990: 234). Eine besondere Spielart stellen die „Skripte" dar, „habits" für die routinemäßige Bewältigung kognitiver Probleme, „Muster kognitiver Repräsentationen", „allgemeine und integrierte Wissensstrukturen über einen bestimmten Bereich, die den Prozeß der Informationsverarbeitung drastisch vereinfachen und so dem Akteur eine relativ leichte Situations-Orientierung erlauben" (1990: 234). Was hier als „Skripte" bezeichnet wird, deckt sich weithin mit dem, was in der deutschen Wissenssoziologie als „Deutungsmuster" bezeichnet wird.
(b) Bei der sozialen Problematisierung kommen solche Rahmen und Skripte in großem Umfang zur Anwendung. Sie liegen in Gestalt von „Problemtypen" vor. Solche Problemtypen sind Basis und Produkt sozialer Problematisierung, und deswegen wird erst unten, bei der Frage nach den Folgen der Problematisierung, ausführlich darauf eingegangen. Hier nur soviel: Es spricht viel für die Vermutung, daß bei den sozialen Problematisierungen, wie sie weiten Bereichen der gesellschaftlichen Problembearbeitung zugrundeliegen, bestimmte Problemtypen zur Anwendung kommen. Diese Problemtypen sind von unterschiedlicher Konkretheit; neben sehr umfassenden Typen – ich nenne sie Globaltypen – finden sich Spezialtypen unterschiedlicher Reichweite. Für das Sozialwesen (und darüber hinaus) dürften die zentralen Globaltypen „Abweichung/Devianz", „Armut/Deprivation" und „Randständigkeit/Desintegration" sein. Mit unterschiedlicher schöpferischer Phantasie sind diese Globaltypen ausdifferenziert in Spezialtypen, am üppigsten für den Typ „Devianz": Hier haben wir als Angebot unserer Kultur (mindestens) fünf Spezialtypen (vergleiche Teil I, Kap. 2, 3.) mit einer Fülle weiterer Untertypen. Beide Typenarten haben eine kognitive und eine evaluative Dimension, sie implizieren und ermöglichen also Sach-

und Wertaussagen. Wie mir scheint, dienen die *Globaltypen* in ihrer kognitiven Dimension, also mittels der mit ihnen gegebenen theoretischen
Ansätzen, als *Rahmen* und die *Spezialtypen* als *Skripte* bei der Schaffung der Problemtatbestände. Ich möchte im folgenden zeigen, wie mit
ihrer Hilfe die Wirklichkeitsdarstellung erfolgt, die Problemtatbestände
also mehr oder weniger kunstvoll gemalt werden. Weiter dienen diese
Typen auch als Habits für die Fragen der praktischen Konsequenzen,
also in ihrer evaluativen Dimension für die Bewertung und, als Konsequenz der theoretischen Implikationen der Typen, für die Formulierung
des Handlungsbedarfs. Das ist später zu erläutern.

(3) *Operationen der Wirklichkeitsdarstellung*: Die Wirklichkeitsdarstellung erfolgt in drei zusammenhängenden kreativen Wahrnehmungs-
und Denkoperationen, in der Eingrenzung des Problemfeldes, in der Regel mittels kulturell verfügbarer Rahmen, dann in der Behauptung der
Existenz angeblicher Tatsachen innerhalb dieses Problemfeldes und
schließlich in der Interpretation dieser Tatsachen innerhalb eines ihnen
Bedeutung verleihenden Kontextes mittels kulturell verfügbarer Skripte. Im folgenden wird diese Rahmung (a) und die Tatsachendarstellung
und -interpretation (b) dargestellt. Die Interpretation führt zur Benennung von Ursachen oder gar Verursachern (c). Am Schluß steht dann
der konkrete neue Problemtatbestand (d) der nicht nur in der Gegenwart
als gegeben, sondern auch für die Zukunft als wahrscheinlich erlebt
wird (e).

(a) Bei der Eingrenzung des Problemfeldes handelt es sich um die Wahl
eines Bildausschnittes und damit die Festlegung der Bildgrenzen innerhalb eines prinzipiell grenzenlosen Universums von Phänomenen; über
eine vielfach wohl unbewußte Entscheidung wird festgelegt, was als bedeutsam eingegrenzt, was als sekundär bedeutsam am Rande stehend
und was als unbedeutsam ausgegrenzt werden soll. Das ist die Rahmung
(= framing) des Problems in der ursprünglichsten Bedeutung des Wortes. Diese Rahmung impliziert die Entscheidung, was als Problem und
was als Symptom gelten soll. Diese Auffassung von Rahmung deckt
sich voll mit dem Konzept von Esser, für den, wie gesagt, Rahmung die
eingrenzende Entscheidung für Ziele bedeutet: Probleme lassen sich
mühelos als Negativformulierungen von Zielen, Ziele als Positivformu-
lierungen von Problemen interpretieren; das „framing" eines Problems
im Sinne Essers, so kann man folgern, besteht dann darin, sich für das,
was im Kern und grundsätzlich mittels der Problembearbeitung verändert werden soll, zu entscheiden. (Der Bezug zu Zielen an dieser Stelle
zeigt, daß die Wirklichkeitsdarstellung nur unterscheidbar, nicht aber

scheidbar ist von der Skandalisierung der Situation und der Formulierung des Handlungsbedarfs.) Das, was im Problemfeld entscheidend ist, soll letztlich verändert werden. Diese Rahmung erfolgt nun, das ist meine These, vor allem in der Übernahme und Anwendung der Perspektive globaler Problemtypen, im Feld Sozialer Arbeit also in der Anwendung der Perspektive der kulturell tradierten Typen der Devianz, Deprivation und Desintegration – mit sehr unterschiedlichen Ergebnissen für die so gewonnenen Tatbestände.

Das Problem der Gewalttaten rechtsradikaler Jugendlicher wird unterschiedlich gerahmt:

Bei der Rahmung als abweichendes Verhalten gilt als Problemtatbestand das unerwünschte Verhalten, das einem fiktiven Personkern der sogenannten Täter ursächlich zugeordnet wird. – Bei der Rahmung als Manifestation von Desintegration gilt als Problemtatbestand das gesellschaftliche Gefüge mit seiner (Nicht-)Einbindung der Jugendlichen, ihr Symptom sind die Ausprägungen der Persönlichkeiten und das Verhalten der Jugendlichen.

Das Problemfeld der unterschiedlichen Teilhabe an materiellen Gütern wird unterschiedlich gerahmt: Bei der Rahmung als Einkommensarmut ist der Problemtatbestand die Ausstattung des einzelnen mit materiellen Gütern; es wird der Deprivationstyp angewandt und damit der Opferperspektive gefolgt. – Das ist nicht die einzige denkbare Rahmung; das wird schlaglichtartig beleuchtet mit der Bemerkung des Engländers Taawney aus dem Jahre 1913, die Nowotny (1982: 129) zitiert: „Was denkende reiche Leute das Armutsproblem nennen, nennen denkende arme Leute ebenso gerechtfertigt das Reichtumsproblem", nur mit dem Unterschied, daß letztere mit ihrer Globalsicht der Dinge politisch nicht zum Zuge kommen. Entsprechend ist die Rahmung als Ungleichheit der Verteilung möglich: Der Problemtatbestand ist dann die Verteilungsordnung, deren Symptom sowohl die Lage der sogenannten Reichen wie die der sogenannten Armen ist; diese Ordnung wird von irgendwem aufrechterhalten – latent ist die Täterperspektive spürbar, die politisch aber nicht erwünscht ist und damit nicht zum Tragen kommt.

(b) Die Wirklichkeitsdarstellung wird mit der Behauptung von angeblichen Tatsachen fortgesetzt. Hier wird also von den Agenten der Problematisierung gesagt: Das und das ist der Fall. Das ist nur möglich in Verbindung mit der dritten kognitiven Operation, wodurch die Phänomene in einen ihnen Bedeutung verleihenden Kontext gestellt sind; denn dieser Kontext determiniert erst die Auswahl der als relevant geltenden Tatbestände innerhalb des Problemfelds. Er bringt sie aber auch in einen Zusammenhang, der Erklären beziehungsweise Verstehen der problematisierten Phänomene ermöglicht. Die Wirklichkeitsdarstellung bietet also zugleich die Behauptung von der Existenz angeblicher Fakten und ihre Interpretation. Bei der Verwendung „wissenschaftlichen" Wissens im Problematisierungsprozeß ist hier ein erster wichtiger Ort für seinen Einsatz. Dieser selektierende und interpretierende Kontext, so behaupte ich, wird in der Regel mittels bereits vorliegender Skripte hergestellt, das heißt mittels der kognitiven Elemente spezifischerer Problemmuster, also der Spezialtypen sozialer Probleme, die Niederschlag früherer erfolgreicher Problematisierungen, somit Bestandteil unserer tradierten Kultur sind.

Die Problematisierung rechtsradikaler Gewalttaten als abweichendes Verhalten läßt die Wahl mehrerer Skripte zu, die mit den Devianztypen gegeben sind und die dann je Spezifisches in den Blick bringen: Das Kriminalitäts-Skript bringt Entscheidungsfreiheit, Zurechenbarkeit, kriminelle Energien, Vorsatz der sogenannten Täter in den Blick, zugleich bietet es bestimmte Erklärungen aus Alltags- und wissenschaftlichen Devianztheorien. Das Verwahrlosungs-Skript bringt familiären Hintergrund und von der statistischen Norm abweichende psychische Verfassung der Betroffenen in den Blick und impliziert zugleich die Erklärung aus diesem Kontext.

(c) Bei der Interpretation werden insbesondere Ursachen genannt, theoretische Erklärungen spielen hier also eine wichtige Rolle – wird bei der Problematisierung „die Wissenschaft" bemüht, so ist hier der zentrale Ort, wo „realistische" wissenschaftliche Theorien im engsten Sinn des Wortes angefordert und angewandt werden.

Der Kontext der Kriminalisierung eröffnet den Blick auf die diversen alltagstheoretischen und wissenschaftlichen Kriminalitätstheorien; der Kontext der Einkommensarmut bringt mögliche Erklärungen individueller Ausstattung in den Blick.

Häufig bleibt es nicht bei der Benennung von Ursachen, sondern es erfolgt eine Personalisierung, es werden Verursacher genannt. Das geschieht dann in der Regel im Kontext des Devianz- beziehungsweise Deprivationsparadigmas und im Zuge der Benennung von Konfliktlinien zwischen den unmittelbar Betroffenen, den „Opfern", und denen, die für deren Lage als ursächlich oder gar – zusammenhängend wiederum mit dem Problemtyp – verantwortlich und damit als schuldig gesehen werden, den „Tätern".

Als Verursacher der sich angeblich ausweitenden Gewalt in Deutschland werden häufig Ausländer beziehungsweise das „organisierte Verbrechen", das aus dem Ausland operiert, genannt.

In den 70er Jahren galten auf der Schablone eines mehr oder weniger reflektierten Marxismus vielen die „Kapitalisten" als die letztlichen Verursacher der meisten Problemtatbestände.

(d) Rahmung und spezifizierte Anwendung von Skripten zusammen ermöglicht es, den konkreten Problemtatbestand zu schaffen, wie die folgenden Beispiele zeigen:

Eheliche sexuelle Gewaltverhältnisse wurden schon in der ursprünglichen Problematisierung mit dem Globaltyp der Abweichung gerahmt und so politisch wirksam thematisiert. Hierbei wurde als Skript die theoretische Perspektive des Devianztyps der Kriminalität gewählt, was dann in Verbindung mit der entsprechenden Bewertung zum Delikttyp und Problemnamen (zu letzterem vergleiche unten 3.1.2.4.) der „Vergewaltigung in der Ehe" führte. Die sachlich wohl denkbaren und auch begründbaren Alternativen – Rahmung als Deprivation oder Desintegration – spielten und spielen politisch keine Rolle.

Das Konfliktfeld sexueller Handlungen mit Kindern wurde in der ursprünglichen Problematisierung so thematisiert: Zunächst wurde (und wird) es zerlegt in zwei Problemzonen, die als Devianz der sogenannten Täter einerseits und als Deprivation der sogenannten Opfer andererseits gerahmt werden. Dann wurde im ersten Bereich als Skript die theoretische Perspektive des Problemtyps „Kriminalität" gewählt, was dann in Verbindung mit der entsprechenden Wertung den Delikttyp Sexualdelikt, Sondertyp und -name „sexueller Mißbrauch" ergab.

Hierfür lag im übrigen der Problemtyp schon lange ausformuliert vor, wurde aber nur in einem verschwindend geringen Teil der prinzipiell problematisierbaren Situationen angewandt, und dann auch nur höchst selten gegenüber Mitgliedern der Kernfamilie, weil niemand daran Interesse hatte – nicht einmal die Mütter der Kinder, für die es keine Alternative gab zur Fortsetzung einer nunmehr vergifteten bürgerlichen Ehe mit den Tätern.

Die Problemzone der Opfer wurde thematisiert mit dem Skript der psychosozialen Verelendung und darin einem neuen Sondertyp, dem des sexuell mißbrauchten Kindes.

Die Angriffe gegen Ausländer, die nach der deutschen Einigung und in den neuen Ländern verstärkt auftraten, wurden vor allem mit dem Abweichungs-Typ problematisiert, und zwar in unterschiedlichen Varianten, das heißt mit unterschiedlichen Skripten (zumeist Kriminalität, kombiniert mit Verwahrlosung); es gab aber auch einige wenige Versuche, sie mittels des Armuts-Typs (psychosoziale Verelendung) zu problematisieren. Ein dritter Versuch thematisiert das Phänomen, zusammen mit Aspekten des Rechtsextremismus, als Manifestation gesellschaftlicher Desintegration (Nickolai 1996; Butterwegge 1995; Heitmeyer 1993). Die drei Ansätze eröffnen sehr unterschiedliche, wenn nicht gar gegensätzliche Horizonte des Erklärens beziehungsweise Verstehens der Vorgänge – ganz unterschiedliche Leute werden zu Tätern und Opfern, oder es gibt gar keine Täter und Opfer – und fordern beziehungsweise legitimieren je nach angewandtem Skript dann auch sehr unterschiedliche Weisen der Reaktion – Repression in mehreren Varianten, Kompensation oder umfassende Gesellschaftspolitik.

Bemerkenswert ist, daß die Rahmungen mittels der Globaltypen sich gar nicht wechselseitig ausschließen; gerade bei Sozialarbeitsproblemen haben wir häufig unterschiedliche, ja gegensätzliche Problematisierungen einer und derselben Gegebenheit zugleich und manchmal durch dieselben Beteiligten, vor allem mittels des Deprivations- und Devianzansatzes.

Die Lage der Asylanten wird sozialarbeitsrelevant mit einer Mischung von Devianz und Deprivation thematisiert: Einerseits gelten sie als materiell und psychosozial unterversorgt und damit sozialarbeiterischer Hilfe berechtigt, andererseits werden sie als potentielle Ruhestörer beargwöhnt. Dieses Problem scheint übrigens keinen Namen zu haben – es geht unter im Allerweltsproblemnamen des „Asylantenproblems". Ähnlich sieht es aus bei der Problematisierung der Lage Haftentlassener beziehungsweise unter Bewährungsauflagen Stehender und bei verhaltensauffälligen Jugendlichen. Entsprechend ist dann der grundsätzlich denkbare und häufig gebotene Handlungsbedarf unterschiedlich bis widersprüchlich – mit massiven Rollenkonflikten für die für die Intervention zuständigen Sozialarbeiter.

(e) Menschen leben nicht nur in der gegenwärtigen Gegenwart, sondern sie antizipieren in die Gegenwart hinein die Zukunft. Damit sehen sie auch Problemtatbestände in der Regel nicht nur als hier und jetzt gegeben, sondern auch als mit mehr oder weniger großer Wahrscheinlichkeit für die Zukunft zu erwarten. Damit haben diese Tatbestände eine Existenz in zwei Formen: als in der Gegenwart gegebene Größen und als für die Zukunft prognostizierte Tatbestände.

3.1.2.2. *Wirklichkeitsbewertung – Skandalisierung des Problemtatbestands*

Zugleich mit der Wirklichkeitsdarstellung wird eine negative Bewertung dieser Wirklichkeit vorgenommen. Insofern wird jetzt der Problemtatbestand skandalisiert, der in der Gegenwart gegebene Tatbestand wird zum Problemfall erklärt, der für die Zukunft erwartete ruft Sorge hervor und wird so zum Risiko. Dabei wird zum einen auf bestimmte Maßstäbe einer beanspruchten oder behaupteten Normalität zurückgegriffen, an denen die dargestellte Wirklichkeit gemessen und als defizitär qualifiziert wird. Zugleich werden diese Maßstäbe als für alle verbindlich dargestellt. Das soll dazu führen, daß die negative Bewertung der dargestellten Wirklichkeit von allen übernommen wird und für alle bindend wird. Damit setzt die Konstitution sozialer Probleme „verbindliche normative Definitionen, ein appellationsfähiges Ideal des guten Lebens und richtigen Handelns für alle Gesellschaftsmitglieder voraus" (Giesen 1983: 236, im gleichen Sinn auch Groenemeyer 1996: 78f).

Das sind beim Problem der Gewalt das Ideal einer gewaltfreien Gesellschaft; beim Problem der Kindsmißhandlung Leitbilder einer glückenden kindlichen Entwicklung. Bei der Problematisierung von sexuellen Kontakten mit Kindern hieß es: „Auch Kinder haben ein Recht auf sexuelle Selbstbestimmung/sexuelle Integrität"; bei der Konstitution des Problems der Pflegebedürftigkeit: „Alte Menschen dürfen nicht zu Almosenempfängern werden".

Damit stellt sich vor allem die Frage nach den die Skandalisierung begründenden und sie legitimierenden Normalitätsmaßstäben, ihren Ursprüngen und ihren Hintergründen.

(1) Rein verfahrenstechnisch betrachtet, sind unterschiedliche Vorgehensweisen feststellbar beziehungsweise typisierbar, abhängig davon, wieweit sich die beabsichtigte Problematisierung an die Ergebnisse früherer Problematisierungen anlehnen kann oder soll, wieweit sie also auf schon bestehende Problemtypen zurückgreift (dazu vergleiche unten 3.1.2.4.) – diese wirken nämlich nicht nur als theoretische Habits, also als Skripte, sondern auch als praxeologische Habits, hier als Routineformen der Bewertung und, wie später zu zeigen ist, auch als Routineformen der Reaktion.

(a) Bei der Schaffung völlig neuartiger Probleme, bei der auf keinen etablierten Problemtyp zurückgegriffen werden kann, wird auch ein völlig neuer Typ von Normalitätsstandards kreiert und mit dem Anspruch gesellschaftlicher Verbindlichkeit formuliert.

So geschah es bei der Problematisierung bestimmter Aspekte der Umweltsituation, also unter anderem bei der Problematisierung der Existenz und Folgen künstlicher Radioaktivität und anderer Folgen des modernen Lebens in Form von Definitionsvorschlägen für als zulässig geltende „Grenzwerte".

(b) Bei der Schaffung neuer konkreter Probleme innerhalb eines schon gegebenen Problemtyps werden die Standards, die diesem umfassenden

Problemtyp entsprechen, unter Umständen in mehreren Stufen präzisiert beziehungsweise ergänzt.

Bei der Konstitution eines originären Problems krimineller Abweichung wird die geltende soziale Ordnung in spezifischer Weise erweitert – alle neuen Strafgesetze sind Ergänzungen der gesellschaftlichen Verhaltensordnung. So wurden mit der Ausweitung eines neuartigen Umweltbewußtseins seit den 60er Jahren Umweltdelikte neu konstituiert.

Im Zuge der Konstitution des sozialen Problems der psychischen Krankheit wurden im letzten und diesem Jahrhundert Standards psychischer Gesundheit neu formuliert.

Im Zuge der Konstitution des Spezialproblems der psychogenen sexuellen Störungen innerhalb des Problemtyps der psychischen Krankheiten wurden die Standards adäquaten sexuellen Funktionierens als Komplettierung der Standards der psychischen Gesundheit neu formuliert.

(c) Bei der Ausweitung bestehender Problematisierungen und damit bestimmter konkreter Problemtypen auf bisher nicht gegebene oder noch nicht problematisierte Tatbestände werden gegebene Standards unverändert oder leicht modifiziert auf diese neuen Tatbestände angewandt, das heißt in ihrer Geltung ausgeweitet.

Im Zuge der kriminalisierenden Problematisierung ehelicher Beziehungen, in denen es zu sexueller Gewalt kommt, werden die Verhaltensstandards, die bisher sexuelle Beziehungen zwischen nicht miteinander Verheirateten regeln, auch auf Beziehungen zwischen Eheleuten übertragen, das heißt auch für Eheleute (=Ehefrauen) gilt ab jetzt, anders als in der in den späten 70er Jahren zuende gegangenen bürgerlichen Ehe, das Recht auf sexuelle Selbstbestimmung.

(2) Bei solchen Problemtatbeständen, bei denen die problematische Situation in der Gegenwart quantifizierbarer unerwünschter Größen oder dem Fehlen quantifizierbarer erwünschter Größen besteht, zum Beispiel bei Problematisierungen einer sogenannten Überfremdung, der Präsenz radioaktiver oder sonstiger toxischer Stoffe, von Niedrigeinkommen, werden diese Normalitätsmaßstäbe über sogenannte Grenzwerte oder Problemgrenzen formuliert, zum Beispiel als tolerierbar definierte Ausländerquoten; als Grenzwerte der Intoxikation der Luft, des Wassers, von Lebensmitteln; als Armutsgrenzen.

(3) Für die Bewertung der Wirklichkeit braucht es nicht nur Normalitätsmaßstäbe, es braucht auch verbindliche Verfahren ihrer Anwendung, also Angaben dazu, was wie zu erfassen ist, das heißt Meßverfahren; auch sie werden, bisweilen explizit, häufig implizit, mitformuliert.

131

Bei der Problematisierung von Umweltsituationen schlagen die Akteure in der Regel die als richtig geltenden Verfahren für die Messung radioaktiver oder toxischer Belastungen zusammen mit den Grenzwerten vor. – Beim Problem der (materiellen) Armut sind die vorgeschlagenen beziehungsweise vorgeschriebenen Verfahren der Messung der ihm zugrundeliegenden Tatbestände, der Niedrigeinkommen also, sehr komplex und kompliziert, differenziert je nach dem, welchem Armutskonzept gefolgt wird: Bei der sogenannten relativen Armut sind beispielsweisen Ressourcen in Form von Vermögenswerten nicht zu erfassen, wohl aber bei der Erfassung der Sozialhilfebedürftigkeit.

(4) Zur Frage der inhaltlichen Bestimmung solcher Maßstäbe, ihren Ursachen und Hintergründe, gibt es kaum Aussagen in der Literatur.

Das gilt sogar für das präziseste aller diesbezüglichen Regelwerke, das Strafgesetz. Mehr als Ansätze und sehr globale Perspektiven sind hierzu nicht vorhanden (Pieplow 1985: 47). Zu verweisen ist hier etwa auf (marxistische) Theorieansätze über Hintergründe der „bürgerlichen" Gesetze; so nennen Hess und Steinert als ein Thema der „kritischen Kriminologie" „die Genese von Strafrechtsnormen, hinter denen sie die ökonomischen und Machtinteressen der Herrschenden und die Mittelschichtwerte hinterwäldlerischer Moralunternehmer aufspürte" (Hess/ Steinert 1986: 6). Steinert spricht im gleichen Zusammenhang vom „Interesse an der Arbeitskraft, an ihrer Zurichtung, an der Sicherung des Konsum- und Lohnarbeit-Nexus" (Steinert 1985: 34) sowie von der „Arbeitsmoral", auf deren Sicherung insbesonders die strafrechtliche soziale Kontrolle ziele; mit diesem Konzept der „Arbeitsmoral" meint er, die Verbindung zwischen Wirtschaft beziehungsweise „Kapitalstrategien" und Strafrecht gefunden zu haben (vergleiche Cremer-Schäfer/ Steinert 1986: 77f). Konkreter, bezogen auf die Entwicklung des Diebstahlverbots, wird Haferkamp (l982: 225), der einen „engen Zusammenhang von politischer Herrschaft und sozialer Norm" zeigen kann. In seiner knappen Übersicht über jüngere Literatur zur Genese von Strafrechtsnormen stellt Savelsberg (1993: 369) fest, Normsetzung würde „zunehmend als das Ergebnis von Interessenhandlungen angesehen". (Es fällt allerdings schwer, sich soziale Tatbestände anders als Ergebnis von „Interessenhandlungen" vorzustellen.) „Empirische Untersuchungen von Prozessen der Strafrechtssetzung weisen je nach Themenbereich unterschiedliche Interessengruppen nach", Parteien, Wirtschaftsgruppen und sonstige. – Zur Normierung im außerrechtlichen Bereich, etwa im Gesundheitswesen, ist noch weniger bekannt.

Die Dürftigkeit dieser Ergebnisse mag damit zusammenhängen, daß man bisher noch nicht wahrgenommen hat, daß Kriminalisierung und Pathologisierung im allgemeinen und besonderen die Konstitution ganz spezifischer sozialer Probleme bedeutet, und daß man dann natürlich auch nicht entsprechende, sicher erfolgversprechende Untersuchungen durchführen konnte.

3.1.2.3. Formulierung des gesellschaftlichen Handlungsbedarfs – Anmeldung von Forderungen an die Allgemeinheit

Jedes Problem unterscheidet sich von einer simplen mißlichen Lage durch ein interessantes Merkmal: Eine bloß mißliche Lage gilt als unveränderbarer Schicksalsschlag, eine problematisierte Lage gilt als veränderbar und ist nur wegen des prinzipiellen Glaubens an ihre Veränderbarkeit problematisierbar. Das gilt auch für Probleme, für die interessierte Leute den Status eines sozialen Problems fordern.

Daß wir zur Zeit noch alle sterben müssen, wurde bisher von manchen als mißlicher Zustand erlebt, ein Problem war allerdings nur, wie man üblicherweise stirbt. Das könnte sich ändern: Mit der zu erwartenden Weiterentwicklung der Genforschung und Gentechnik gilt manchen Leuten schon jetzt die Lage des Sterben-Müssens als Problem, weil sie jetzt als prinzipiell veränderbar erscheint.

Deswegen ist es bei der Problematisierung möglich, als Frucht des Bisherigen Forderungen zu formulieren, was in der Regel so läuft: Aus dem negativen Ergebnis des Ist-Soll-Vergleichs wird geschlossen, daß der identifizierte Problemtatbestand zu verändern, möglichst zu beseitigen ist, und zwar – und das ist das Besondere der sozialen Problematisierung – im Auftrag von oder garantiert durch Gesellschaft beziehungsweise Staat (1). Was nach Meinung der Definitoren zu geschehen hat, ist, entsprechend der beiden Zeitebenen, auf denen Problemtatbestände gesehen werden, häufig gedoppelt (2). Aus der Interpretation des Problemtatbestands wird geschlossen, was getan werden muß (3), *durch wen* dies zu geschehen hat (4) und gegebenenfalls *gegen wen für wen* (5). Von zentraler Bedeutung sind dabei wiederum die angewandten Problemtypen (6). Und manchmal scheint die Formulierung des Handlungsbedarfs das erste zu sein, was bei einer Problemkonstitution abläuft (7).

(1) Die soziale Problemkonstitution zielt zentral darauf, Allgemeinheit beziehungsweise Staat in die Pflicht zu nehmen für die Veränderung von Situationen, die mehr oder weniger vielen Einzelnen unerwünscht scheinen. Von kardinaler Bedeutung in dieser Strategie sind die eben

besprochenen Maßstäbe der Normalität: Diese Standards werden, und das ist sehr wichtig für das Verständnis des ganzen Prozesses, als Kriterien formuliert, auf deren Erfüllung ein Anspruch bestehe, der eine bemerkenswerte Richtung hat und bemerkenswert begründet wird: (a) Der Anspruch wird an die Allgemeinheit gerichtet, in der Regel konkret an den Staat und seine unterschiedlichen Strukturebenen (Kommune/ Kreis, Land, Bund). (b) Begründet wird der Anspruch in seiner Richtung und seinem Inhalt aus der Ableitung von gesellschaftlich gültigen Werten beziehungsweise Normen und Maßstäben, die die Allgemeinheit beziehungsweise den Staat zum Engagement verpflichten, weil diese Standards nichts anderes sind als Konkretisierungen oder Konsequenzen dieser Werte und Normen. Der Problemtatbestand erhält so eine „Wertladung" (Nedelmann 1986).

So geschehen bei der Problematisierung des Pflegefallrisikos: „Durch die Wertladung des Problems der Pflegebedürftigkeit wurden die politischen Akteure auf Werte verpflichtet, zu deren Schutz und Garantie sie sich früher selbst bekannten (zum Beispiel Sicherheit der Renten, Schutz der Würde im Alter, Schutz des Eigentums, Verteidigung des Leistungsprinzips)" (Stöbener 1996: 58).

(2) Meist gibt es nicht nur *einen* angemeldeten Handlungsbedarf, er ist vielmehr oft gedoppelt, und zwar entsprechend der doppelten Zeitebene der Problemtatbestände, die oben skizziert wurden. Die Forderungen an die Allgemeinheit lauten in der Regel: Gegebene Problemtatbestände beseitigen und das Risiko ihres künftigen Auftretens ausschalten. In der Regel ist den Leuten bewußt, daß Risiken bestenfalls vermindert, kaum je aber völlig ausgeschaltet werden können und für die Zukunft immer mit dem Auftreten weiterer Problemtatbestände zu rechnen ist. Der Handlungsbedarf wird deshalb häufig für drei Problemebenen formuliert, was diese überhaupt erst konstituiert: die Ebene der aktuellen Problemfälle, auf die Reaktion zu erfolgen hat, die Ebene des Risikos für die Zukunft, dem mit Prävention zu begegnen ist, und die Ebene künftiger Problemfälle, auf die dann reagiert werden soll.

Ganz deutlich ist diese Auffächerung der Zeitebene bei allen Versuchen, Abweichungsprobleme zu konstituieren: Aktuelle Fälle sollen bearbeitet werden, künftige sollen durch Prävention verhindert und, wenn sie doch auftreten, ebenfalls bearbeitet werden. Bei Versuchen der Kriminalisierung von Verhaltensweisen stehen sogar die zweite und dritte Ebene absolut im Vordergrund, da Strafgesetze nicht rückwirkend gelten.

(3) Handeln läßt sich als Versuch interpretieren, ein System gezielt in eine bestimmte Richtung zu verändern. Was als relevantes System herausge-

stellt wird und was der Inhalt der Veränderung sein soll, ist abhängig von den bei der ursprünglichen Problematisierung angewandten Interpretationen und damit von den Ansätzen der Tatbestandsdarstellungen und den erklärenden Theorien, insbesondere von den angewandten Rahmungen und Skripten, die mit den zugezogenen Problemtypen gegeben sind.

Wird Verhaltensauffälligkeit als Abweichung gerahmt, folgt daraus für die Ebene der Bearbeitung von Fällen die Notwendigkeit der Modifikation des Verhaltens der identifizierten Täter sowie irgendwelcher symbolischer Akte zur Wiederherstellung der gestörten Ordnung; für die Ebene des Risikos die Notwendigkeit der Modifikation der Handlungsbereitschaft potentieller Täter durch irgendwelche Maßnahmen, insbesondere durch generelle Verbote, also Normierung. Wird sie als (Symptom von) Deprivation gerahmt, ergibt sich für die Fallebene Kompensation als Notwendigkeit, für die Ebene des Risikos Änderungen im System der Chancenzuteilung. Wird bei Rahmung als Abweichung das Skript der kriminellen Devianz angewandt, ergibt sich für die Fallebene Strafe und Resozialisierung als Reaktion der Wahl, für die Risikoebene Abschreckung und Aufbau eines Normbewußtseins. Wird das Skript der (psychischen) Krankheit genommen, ergibt sich für die Fallebene Therapie als Handlungsbedarf, für die Risikoebene Maßnahmen zum Schutz der seelischen Gesundheit der Bevölkerung.

Ebenso determinieren differenzierte Erklärungen (innerhalb der durch die Rahmungen und Skripte gegebenen Erklärungsspielräume) möglichen Handlungsbedarf.

Zum Beispiel beim Thema der Armut: Wird Armut mittels des Lebenslagenkonzepts als multidimensional „erschwerte Lebenslage" interpretiert, so ergibt sich für mögliche sozialarbeiterische Interventionen eine entsprechend multidimensionale Intervention als Programm, wie es zum Beispiel Erath (1996) entwirft. Zur Erklärung materieller Unterversorgung wird andererseits darauf hingewiesen, daß eine Vielzahl von Personen beim gegenwärtigen System der Verteilung von Arbeit und beim gegenwärtigen System sozialer Sicherung keine eigenständigen Möglichkeiten einer erwerbsgestützten materiellen Daseinssicherung hätten; folglich fordern sie eine „bedarfsorientierte Grundsicherung", unabhängig von möglichen Eigenleistungen (Hanesch 1992).

Aber auch das umgekehrte Verhältnis von Interpretationsmustern und damit Problemtypen einerseits und Handlungsbedarf andererseits ist denkbar und wohl bisweilen feststellbar: Bestimmte als möglich oder wünschenswert erachtete Problembearbeitungen determinieren, welcher Problemtyp beziehungsweise Interpretationsansatz gewählt, das heißt, welche Rahmung das Problem erfährt und welches Skript zur Anwendung kommt.

Weil eine Infragestellung oder gar Veränderung unseres Verteilungssystems in der Regel nicht gewünscht oder nicht als möglich angesehen wird, wird Armut in der Regel individuell gerahmt und interpretiert, und die Forderung nach individueller Prävention und Kompensation wird erhoben, scheinbar als Folge dieser Interpretation, in Wirklichkeit als ihre Ursache.

(4) Und auch personell ist der Handlungsbedarf durch diese Rahmungen, Skripte und Theorien bestimmt: die möglicherweise identifizierten Verursacher haben nach Meinung der Beteiligten tätig zu werden, – Eltern müssen ihre Erziehungsaufgabe wieder ernster nehmen"; „Die Politiker haben dafür zu sorgen, daß keine rechtsfreien Räume bestehen", – immer sind auch bestimmte Experten gefragt, – Erziehungsberater; „Wildwasser" und „Wendepunkt"; Sozialpolitiker; Polizei und Staatsanwalt. Letztere werden als – in der Regel beruflich – qualifiziert dargestellt, die das Problem schaffende und erhaltende Ursachen- und Wirkungskette, so wie sie die Theorie sieht, zu verhindern und zu durchbrechen. Sie sollen das im öffentlichen Auftrag mit öffentlichen Mitteln und unter gesellschaftlicher beziehungsweise staatlicher Kontrolle tun. Auch hier läßt sich vermuten, daß zwischen Problematisierungsansatz und personellem Handlungsbedarf keine einseitige Determination vorliegt: Bisweilen scheint für manche an der Problemkonstitution Beteiligte der zuständige Experte schon festzustehen, bevor das Problem ausformuliert ist, wie unten bei der Darstellung des Beitrags der Experten zur ursprünglichen Problematisierung deutlich werden dürfte. Bei der ursprünglichen Formulierung des personellen Bedarfs – und später dann bei der politischen Durchsetzung der entsprechenden Forderungen – laufen wichtige berufspolitische Verteilungskämpfe.

Vertreter der Psychologen und der Ärzte liegen seit Jahrzehnten im Kampf um Zuständigkeiten bei Therapien.

(5) Vielfach stehen hinter Versuchen, ein soziales Problem zu konstituieren, Konflikte zwischen Menschen. In diesen Fällen beinhaltet die Formulierung des Handlungsbedarfs die Forderung, die zu aktivierenden gesellschaftlichen Kräfte sollten sich mit der einen Seite, die selber problematisiert oder in deren Namen problematisiert wird und die häufig als Opfer dargestellt wird, gegen die andere Seite der ausgewiesenen Täter solidarisieren. Die Formulierung des Handlungsbedarfs beinhaltet also die Aufforderung an die Vertreter der Öffentlichkeit, an einer Konfliktlinie Position zu beziehen.

Die kriminalisierende Problematisierung von Gewalthandlungen impliziert die Forderung, gegen die (möglichen) Täter, für die (möglichen) Opfer einzugreifen, also entsprechend präventiv oder repressiv beziehungsweise restitutiv einzugreifen; die Problematisierung materiellen Mangels als ökonomische Armut fordert den Einsatz für die Betroffenen, auf Kosten der Allgemeinheit beziehungsweise der Reiche(re)n.
(6) Weil Problemtypen die Richtung möglicher Erklärungen determinieren und Wertmaßstäbe beinhalten, implizieren sie nicht selten Folgerungen bezüglich dessen, was zu tun zu sein scheint. Sie beschreiben Solidaritäts- und Konfliktlinien und machen ferner Aussagen zu zuständigen Reaktionsagenten, zumeist in der Form von typspezifischen Experten.
Damit ist das, was hier „Problemtyp" heißt, identisch mit dem, was Neidhardt/Rucht (1993: 308) als „frames" bezeichnen:

> „Frames sind kollektive Deutungsmuster, in denen bestimmte Problemdefinitionen, Kausalzuschreibungen, Ansprüche, Begründungen und Wertorientierungen in einen mehr oder weniger konsistenten Zusammenhang gebracht werden, um Sachverhalte zu erklären, Kritik zu fundieren und Forderungen zu legitimieren."

Was ich hier als ursprüngliche Problematisierung bezeichne, ist also, soweit es Verwertung und Produktion von Kulturmustern ist, dasselbe wie das, was sonst häufig als „framing" eines Problems im hier gemeinten Wortsinn bezeichnet wird. Leider werden Begriff und Konzept des „framing" nicht einheitlich gebraucht; auf den anderen Wortgebrauch, unter anderen von Esser vertreten, wurde oben eingegangen. Ich folge dieser zweitgenannten Terminologie, weil die von ihm vorgeschlagene Unterscheidung von „frames" und „habits" beziehungsweise Skripten trennschärfere Analysen zuläßt.
Schetsche (1993; 1996) verwendet in diesem Zusammenhang den Begriff „Problemmuster" im Sinne eines Deutungsmusters besonderer Art im wissenssoziologischen Sinn:

> „Sie bestehen jeweils aus einem Korpus miteinander (nach einer bestimmbaren Eigenlogik) verknüpfter Wissensbestände, normativer Definitionen, Interpretationsschemata, typisierter Problemlösungen und Handlungsanleitungen." Konkret „besteht (ein Problemmuster) aus sieben Elementen: (1) ein 'Name', der das Problem eingängig benennt, (2) ein Identifizierungsschema, (3) eine Problembeschreibung, (4) Bewertungsmaßstab und Bewertung, (5) abstrakte Problemlösungen, (6) konkrete Handlungsanleitungen und (7) affektive Bestandteile" (1996: 17).

Dieser Verweis der Problemsoziologie auf die Wissenssoziologie ist sehr wichtig und verdienstvoll, weil er für die enorme Bedeutung dieser Kulturgehalte im Zuge der sozialen Problematisierung sensibilisiert. Trotzdem bleibe ich beim Terminus „Problemtyp", da die gemeinten Kulturgehalte in quasi-systematischen Verbindungen auftreten, die man als „Typologien" bezeichnen kann; eine vergleichbare Formulierung mit Hilfe des Terminus „Muster" ist mir nicht geläufig. Ich verstehe also unter einem Problemtypen ein spezifisches kulturelles Deutungsmuster. (Zu Deutungsmustern und Rahmen als Strukturelemente sozialer Wirklichkeitskonstruktion vergleiche ferner Meuser/Sackmann 1991/1992: 14-21 und 24-26).

(7) Bisweilen scheint die Formulierung des Handlungsbedarfs der zeitlich erste Schritt einer ursprünglichen Problematisierung zu sein, dann nämlich, wenn Problemlöser ohne vorherige Problematisierung Problemlösungen anbieten. Das scheint mir u. a. bei Importen von Humantechniken der Fall zu sein.

So wurde die Mediation für Konflikte aller Art aus den USA eingeführt, und erst danach wurden die entsprechenden Problemtatbestände identifiziert.

3.1.2.4 *Vorgängige Problemtypen, neue Problemtypen und Problemnamen*

Warum kommen überhaupt Problemtypen zur Anwendung und was bestimmt die Auswahl bestimmter Problemtypen (1)? Wie werden, zusammenfassend gesehen, mit Hilfe der alten Typen die neuen konstruiert (2) und welche Bedeutung haben die vorgeschlagenen Problemnamen (3)? Abschließend ein kurzer Hinweis auf Problematisierungen, die unmittelbar mit der Benennung eines Problemtyps beginnen (4).

(1) *Motive für die Wahl von Problemtypen*: Was veranlaßt die Akteure der Problemkonstitution, überhaupt auf Problemtypen zurückzugreifen (a), und was motiviert sie zur Wahl ganz bestimmter Rahmungen und Skripte (b)?

(a) Mir scheint, daß diese Suche nach vorgefertigten Typen generell nicht deswegen erfolgt, weil man sich konzeptionelle Arbeit sparen will, sondern aus drei anderen Gründen:

(aa) Wie in der jüngeren Diskussion um „Rational-Choice"-Erklärungen sozialen Handelns immer wieder betont wird, ist es in der ständig gegebenen Situation einer nur eingeschränkt möglichen Rationalität rational, Entscheidungssituationen durch die Anwendung von „habits" und „frames" in ihrer Komplexität radikal zu reduzieren. Wie oben zu zeigen versucht wurde, stellt die Anwendung der Problemtypen in ihrer Sachdimension einen habitualisierten Gebrauch von „frames" und einer besonderen Art von „habits", nämlich von theoretischen Skripten, dar. Dasselbe gilt für die Entscheidungen in der Wertdimension: Auch hierfür bieten die Problemtypen entlastende Routinen. Der Rückgriff auf Problemtypen stellt also eine gängige Taktik innerhalb der allgegenwärtigen Strategie rationaler Wahlhandlungen dar.

(bb) Eine Problematisierung setzt sich in der Regel nur durch, wenn eine größere Zahl von Leuten sehr komplexe, sehr unterschiedlich wahrnehmbare beziehungsweise abbildbare Tatbestände gleichartig wahrnehmen, abbilden beziehungsweise beschreiben und bewerten. „Dies setzt kollektiv geteilte Muster der Interpretation voraus, in denen mehrere sozial kommunizierbare Wahrnehmungen in einen Argumentationszusammenhang gebracht werden" (Schetsche 1996: 65). Diese Problemtypen sind solche Muster.

(cc) Es dürfte für die politische Argumentation einen größeren Erfolg versprechen, Problematisierungen durch Ausweitung und sonstige Modifikation von anerkannten Problemtypen zu erreichen als durch die völlige Neukreation von Problemen.

(b) Die Faktoren beziehungsweise Interessen, die die Akteure der ursprünglichen Problematisierung zur Wahl des einen oder anderen Globaltyps als Rahmen und damit der einen oder anderen Problematisierungsstrategie und dann zur Wahl bestimmter konkreterer Problemtypen (und -namen) bewegen, sind unbekannt. Da es dazu keinerlei Untersuchungen gibt, sind nur Vermutungen möglich.

(aa) Zum einen ist mit „Wissen" zu rechnen, also den Versuchen, Sachfaktoren zur Geltung kommen zu lassen. In anderen Worten: es bestehen Interessen aufgrund von Annahmen über die Natur der problematisierten Tatbestände. Eine Rolle spielen hierbei sicher auch Vorstellungen über bestehende Veränderungsmöglichkeiten.

(bb) Dann dürfte entscheidend sein, welche Reaktion und damit Art der Problembearbeitung aus der Sicht der jeweiligen Definitoren prinzipiell wünschenswert scheint. Einerseits ist das bestimmt durch die Interessen daran, was verändert werden soll und was andererseits nicht in die Veränderung beziehungsweise die Diskussion darüber hinein zu nehmen ist. Leute, die sich selber ungern infragestellen lassen und ungern sich selber verändern, werden in Problemsituationen als Betroffene einen

Täter und dessen Abweichung brauchen. Leute, die glauben, bei anderen könne man mit Zwang und Gewalt viel erreichen, werden kriminalisieren. Dasselbe Verfahren bietet sich an, wenn eine Situation starke Aggressionen auslöst, die sich dann als Sühne- und Strafwillen kanalisieren lassen. Andererseits spielt möglicherweise auch das Interesse daran mit, wer als Problembearbeiter zum Zuge kommen soll. Zu denken ist in diesem Zusammenhang an die Neigung aller Experten, ihren spezifischen Berufsbeitrag als Problemlösung möglichst oft ins Gespräch zu bringen (vergleiche unten 3.1.3.3.).

(cc) Weiter ist damit zu rechnen, daß die vermutete Wirkung eines Problemtyps in einer öffentlichen Diskussion der Problematisierung bei der Wahl des Typs Bedeutung haben dürften – Problemtypen, die eine starke emotionalisierende Wirkung haben, wird oft der Vorzug gegeben. Diese Emotionalisierung der Debatte erfolgt wohl immer gerade auch mittels des gewählten Problemnamens, auf den ich weiter unten eingehen werde.

(2) *Wege der Konstruktion neuer Problemtypen*:

(a) Es gibt ursprüngliche Problematisierungen, bei denen völlig neue Problemtypen konstruiert werden, wo also nur die kulturelle Grundfigur des sozialen Problems als eines im gesamtgesellschaftlichen Auftrag zu bekämpfenden Mißstands zur Anwendung kommt und der Rest schöpferisch neu erfunden wird. Das dürfte dann der Fall sein, wenn völlig neue Fakten oder ein radikaler Perspektivenwechsel in der Sicht der Fakten auftreten.

So war es bei der schon mehrfach genannten Problematisierung der in den 50er Jahren aufgetretenen künstlichen radioaktiven Substanzen, wo zum ersten Mal der völlig neuartige Problemtyp „Umweltproblem" kreiert wurde. So war es am Ursprung der Bismarckschen Sozialversicherungen, als die Elendsrisiken Krankheit, Invalidität und Alter nicht mehr als Schicksal, sondern als gesellschaftlich veränderbar angesehen wurden und zum neuen Problemtyp des versicherbaren Risikos wurden.

(b) Teils kommt es zu einer einfachen Ausweitung der Geltung bestimmter Problemtypen. Das dürfte insbesondere dann der Fall sein, wenn altbekannte Tatsachen sich ändern beziehungsweise neu gesehen und entsprechend neu bewertet werden.

Mit dem Wandel der bürgerlichen Ehe und Familie zur modernen Ehe und Familie wurde die institutionelle Regelung der Beziehungen der Familienmitglieder radikal verändert, und entsprechend wurden jetzt die Problemtypen der Vergewaltigung in der Ehe und der Kindesmißhandlung vorgeschlagen als Ausweitungen bereits bestehender Formen krimineller Devianz.

(c) Teils wird zugleich mit letzterem eine Differenzierung der vorhandenen Typologie vorgeschlagen.

Bestimmte Verhaltensweisen wurden neu problematisiert und dabei als süchtig interpretiert, wobei neue Suchttypen und Problemnamen – Kaufsucht, Spielsucht, Arbeitssucht, Beziehungssucht – und damit Subtypen zweiter Ordnung des Devianztyps Krankheit kreiert wurden. – Als für das Pflegefallrisiko eine gesetzliche Versicherung vorgeschlagen wurde, wurde dieser Pflegefall als neue Klasse von Deprivation identifiziert, gegen die eine soziale Absicherung analog der Sicherung gegen die Armutsrisiken aus Krankheit, Alter, Arbeitslosigkeit und Invalidität zu erfolgen habe (vgl Stöbener 1996: 55f). – Eine schier unendliche Vielzahl unerwünschter, subjektiv und intersubjektiv als belastend erlebter Verhaltens- und Erlebensweisen wurde in den letzten Jahren als Manifestation psychischer Krankheit oder, wie man heute bisweilen vorzieht zu sagen, psychischer Störung interpretiert, wobei diese Vielzahl in sehr langen Listen unterschiedlicher psychischer Krankheiten beziehungsweise Störungen klassifiziert wurde; die derzeit bedeutendste dürfte die „Internationale Klassifikation psychischer Störungen" sein, die im Namen der WHO 1991 in ihrer 10. Fassung veröffentlicht wurde (vergleiche Dilling u. a. 1991).

(3) *Problemnamen*: Welche Bedeutung hat im Zuge der Ausbildung dieser neuen Problemtypen das, was Schetsche (1996) „Problemnamen" nennt?

(a) Die ursprüngliche Problematisierung zentriert sich wohl immer in und auf einen sprachlichen Ausdruck. Insofern kann man sagen, daß „Wörter soziale Probleme schaffen" (Sidler 1990). Dieser sprachliche Ausdruck umfaßt die ganze bisherige Problematisierungsleistung und gibt ihn kommunikativ wieder. Deswegen sind in diesen Ausdrücken Darstellung, Bewertung und Appell immer eng verwoben, die Darstellung und begriffliche Fassung der Wirklichkeit erfolgt vielfach in sehr wert- und emotionsgeladenen Begriffen mit starkem Appellcharakter, mit Problemnamen wie „Sexueller Mißbrauch", „Kinderkriminalität", „Kinderarmut", die bereits die Verurteilung der Lage explizit und den Impuls zu Veränderung zumindest implizit enthalten.

(b) Der Problemname hat in diesem Zusammenhang eine sehr einfache Funktion: Er macht den angewandten Problemtyp kommunizierbar. Wird ein bestimmtes Umweltverhalten mit dem Wort „Umweltdelikt" oder „Umweltkriminalität" problematisierend zur Sprache gebracht, so ist klar, welcher Problemtyp dabei angewandt wird.

(c) Bisweilen beschränkt sich die Verwendung vorhandener Problemnamen aber offensichtlich nicht auf diese kommunikative Verwendung. Sie werden dann abgetrennt und eigenständig gegenüber den mit ihnen ursprünglich kommunikativ transportierten Problemtypen eingesetzt. Bestimmte Problemnamen haben eine hohe emotionale Aufladung mit einer entsprechend starken skandalisierenden Wirkung beim Hörer, sofern es gelingt, bei ihm diesen Denk- und Sprachgebrauch durchzusetzen. Solche Wörter können nun, getrennt von ihrem Ursprungsproblem, als sprachpolitische Wunderwaffen eingesetzt werden: Man verwendet sie, um teilweise völlig andere Tatbestände publikumswirksam zu skandalisieren.

Ein bemerkenswertes Beispiel, wie im ursprünglichen und übertragenen Sinn des Wortes Fernliegendes einen hoch emotionalisierten Problemnamen hergeben kann für die dramatische Problematisierung hiesiger Tatbestände, bietet der Versuch, die Lage bestimmter Kinder und Jugendlicher in Deutschland mit dem Wort „Straßenkinder" zu problematisieren. Zwar hat die Lage deutscher Kinder, die den größten Teil des Tages ohne erwachsene Bezugsperson und häufig auf der Straße verbringen sowie die Lage alleinstehender Wohnungsloser im Jugendalter – also keine Kinder – mit der Lage der sogenannten Straßenkinder Lateinamerikas sehr wenig zu tun; trotzdem wird das Wort seiner skandalisierenden Kraft wegen auf diese beiden Kategorien problematisierter Minderjähriger in Deutschland übertragen (u. a. Degen 1995; Holm/Dewes 1996; Milcher 1996).

Das Wort „Armut" ist zur Zeit das wohl beliebteste sprachliche mittel politischer Skandalisierung, und zwar aus folgendem Grund: Der moderne Staat als Sozialstaat bezieht einen Großteil seines Charmes und seiner Legitimation aus dem Versprechen der Wohlfahrt für alle, was heißt, daß es im Sozialstaat eigentlich keine Armut im herkömmlichen Sinn mehr geben kann. Gibt es sie trotzdem, dann liegt ein Bruch des Sozialstaatsversprechens vor, was die jeweiligen sogenannten Verantwortlichen, also die politisch Herrschenden, unter starken Rechtfertigungs- beziehungsweise Legitimationsdruck bringen muß. Das Wort „Armut" (mit welchem Bedeutungsgehalt auch immer gebraucht) ist damit die kräftigste Zauberformel zur Beschwörung der staatlichen Verantwortung bei der Bekämpfung einer als problematisch dargestellten Situation. Als Gegenzauber dient die übliche gebetsmühlenartige Bestreitung der Existenz von Phänomenen, die man vielleicht sinnvoll als Armut bezeichnen könnte. Mit diesem Zauber und Gegenzauber traktieren sich deswegen, wie oben schon dargestellt, die jeweilige parlamentarische und außerparlamentarische – in der jüngeren Vergangenheit Gewerkschaften und Wohlfahrtsverbände – Opposition und die jeweilige Bundesregierung; sehr eindrücklich tobt dieser Kampf zwischen den Deckeln des einen Buches, das der 10. Kinder- und Jugendbericht darstellt (vgl. oben Teil I, Kap. 3, 1.).

„Gewalt" war ursprünglich eine Sache von Muskelkraft und Waffen, was man später „physisch" nannte; es folgte die „psychische", die „verbale" oder „sprachliche", dann die „strukturelle" und schließlich die „symbolische" und die „kulturelle Gewalt" (zur Ausweitung des Gewaltbegriffs vor allem in den 70er und 80er Jahren Menzel 1997: 192f; Neidhardt 1986; zur sprachlichen Gewalt Zimmermann 1996; zur Anwendung in sozialarbeiterischer Argumentation Nickolai 1996: 171); diese Terminologie dient immer dazu, unerwünschtes Verhalten beziehungsweise unerwünschte Zustände – ein bestimmtes Kommunikationsverhalten, bestimmte strukturelle und kulturelle Gegebenheiten –, in denen Teile der Bevölkerung als benachteiligt erlebt werden, emotional hochgeladen und moralisierend zu problematisieren, und zwar in ganz gezielter Weise: Es werden mit dieser Wortwahl nicht nur Ursachen, sondern Verursacher, und zwar letztlich barbarische, das heißt unzivilisierte Täter impliziert. Oder anders gesagt: Politische Gegner werden zu moralisch und zivilisatorisch minderwertigen Tätern gestempelt. „Der Gewaltbegriff fungiert (...) häufig als Kampfbegriff zur negativen Beurteilung eines Gegners" (Walter 1995: 84).

Entsprechend sind Begriffe wie „Armut" und „Gewalt" für eine sozialwissenschaftliche Sprache sehr problematisch wenn nicht gar unbrauchbar. Das Wort „Armut" steht meines Erachtens aufgrund seiner politischen Verwendung für die Soziologie wenn überhaupt dann nur noch in „konstruktionistischer" Verwendung zur Verfügung; der Begriff „Gewalt" scheint mir für die „realistische" Sprache nur dann möglich, wenn er im engsten, ursprünglichen Sinn verwandt wird, wie ihn Popitz (1992: 48) definiert: „Gewalt meint eine Machtaktion, die zur absichtlichen körperlichen Verletzung anderer führt (...)." Dieser Linie folge ich hier, ebenso beispielsweise auch von Trotha (1997).

Allerdings wird dabei anscheinend manchmal übersehen, daß diese Problemnamen nicht einfach Sprachhülsen sind, die beliebig füllbar sind; sie bringen Problemtypen und damit ganze Problematisierungsprogramme implizit zur Sprache. Und dabei kann es geschehen, daß diese mit dem griffigen Problemnamen transportierten Programme gar nicht in die Richtung laufen, die die Problematisierer anzielen; sie werden zu „Skandalisierungsfallen", wie Cremer-Schäfer dieses Phänomen nennt.

Sie macht das deutlich anhand des Problemnamens „Gewalt":

> „Wer das Gewalt-Vokabular benutzt, um gesellschaftliche Konflikte und Probleme zu skandalisieren, der wird gehört, besonders gerne von den Mas-

senmedien. Aber soziale Bewegungen, Professionen und Advokaten, die sich auf das Vokabular einlassen, um ihre moralische Empörung auszudrükken und Abhilfe einzuklagen, tappen auch in Skandalisierungsfallen." Am Beispiel der sogenannten Gewalt in den Schulen versucht sie zu zeigen, „wie die öffentliche Debatte Anlässe erhält, Ordnungsdiskurse zu führen. Konflikte und Probleme werden individualisiert. Im besten Fall erfolgt die moralische Selbstverpflichtung der Skandalisierer, die Welt durch eigene Anstrengung, durch 'Moral' der Einzelnen, in Ordnung zu bringen. All das begünstigt Kontrolle (mit allen paradoxen Folgen) und verhindert Politik" (Cremer-Schäfer 1992: 23).

(3) Zunehmend scheint es eine Tendenz zu geben, aus anderen Gesellschaften Problematisierungen mittels bestimmter Problemtypen und Problemnamen zu importieren, ohne daß das aufwendige Geschäft einer mehr oder weniger differenzierenden Tatsachenkonstruktion, der Proklamation gesellschaftlich relevanter Standards und Werte und der Entwicklung des Handlungsbedarfs erfolgt. Man sagt ganz einfach: Dieses Problem haben wir auch.

Für die deutschen Problemimporte stehen an erster Stelle die USA. Neben der erneuten Problematisierung unterschiedlicher Tatbestände als Armut seit den 70er Jahren haben wir von dort auch das mißhandelte und das sexuell mißbrauchte Kind importiert (Schetsche 1996, 33f) und in deren Folge auch die multiple Persönlichkeit.

3.1.3. Akteure der ursprünglichen Problematisierung: Ursprüngliche Problematisierer – Fordernde Definitoren

Die Akteure dieser ersten Ebene der Problemkonstitution lassen sich sinnvoll in vier Unterklassen aufteilen, nämlich in Betroffene (3.1.3.1.), moralische Unternehmer (3.1.3.2.) Leistungsanbieter oder lösungsanbietende Experten (3.1.3.3.) und Instrumentalisten (3.1.3.4.).

Es handelt sich hierbei um eine idealtypische Konstruktion. Die Idealtypen der Akteure sind nach den vermutbaren Interessen gebildet, die in der ursprünglichen Problematisierung zum Tragen kommen und deren jeweils reine Verkörperung diese Idealtypen sind. Vorfindbare Realtypen dürften diesen Idealtypen mehr oder weniger nahe kommen. Die empirische Identifikation entsprechender Interessen steht indes vor praktisch unüberwindlichen Schwierigkeiten, solange man den Leuten nicht in die Seele blicken kann. Innerhalb und zwischen diesen Typen fordernder Definitoren sind häufig Konkurrenzen und Konflikte festzustellen, aus denen die o.g. unterschiedlichen oder gar gegensätzlichen Problematisierungen gleicher Situationen erwachsen.

3.1.3.1. Betroffene

Als Betroffene bezeichne ich Menschen, die ein persönliches Problem haben, das sie von der Allgemeinheit gelöst sehen wollen.

(1) Es sind zunächst die direkt Betroffenen zu nennen, also Leute, die sehr wenig oder nichts verdienen, die in ihren körperlichen Funktionen eingeschränkt sind, die sexuelle Gewalt erleiden oder erlitten haben, die an einer Straße mit sehr viel Lastwagenverkehr wohnen und sich folglich als arm, behindert, sexuell mißbraucht, lärmgeschädigt erleben.

Sie alle haben unmittelbar ein persönliches Problem, für dessen Lösung sie, sofern sie ein soziales Problem anbahnen wollen, die Allgemeinheit hinzuziehen.

Betroffene besonderer Art, die man trotzdem nicht vergessen sollte, sind die Verwalter öffentlicher Gelder, beispielsweise Stadtkämmerer, die mit den Kosten des Sozialstaats ihre Schwierigkeiten haben. Sie problematisieren dann zum Beispiel die Höhe der Sozialhilfe. So wurde zu Beginn der 70er Jahre die „Hilfe zur Pflege" problematisiert – der erste Anstoß zur Konstitution des sozialen Problems des Pflegefallrisikos (Stöbener 1996: 44). Auch die Höhe der „Hilfe zum Lebensunterhalt" wird immer wieder von dieser Seite thematisiert, und damit werden alternative Definitionen des Armutsproblems vorgeschlagen und z.T. auch durchgesetzt.

(2) Ferner kann man hierzu „selbstlose Anwälte" direkt Betroffener zählen, zum Beispiel Eltern und sonstige Angehörige Betroffener, vielleicht auch sogenannte ehrenamtliche Helfer sowie engagierte Journalisten, aber auch Angehörige sozialer Berufe, sofern sie Motive jenseits des psychischen und sozialen, insbesondere materiellen Gewinnstrebens erkennen lassen. Sie agieren aus einer altruistischen Interessiertheit für die direkt Betroffenen und haben insofern mittelbar ein persönliches Problem.

3.1.3.2. Moralische Unternehmer

Eine zweite Klasse dieser fordernden Definitoren bilden die seit Becker als „moralische Unternehmer" gekennzeichneten Gruppierungen, Menschen beziehungsweise Gruppen, die versuchen, eigenen Moralvorstellungen gesellschaftliche beziehungsweise staatliche Verbindlichkeit zu verleihen.

> „Der Versuch, aus den vorliegenden Studien (...) so etwas wie den 'reinen' oder 'Idealtypus' des Moralunternehmers zu destillieren, führt uns zunächst auf die fruchtbaren Ebenen des nordamerikanischen Mittleren Westens und in der Zeit zurück bis zur vergangenen Jahrhundertwende, als es dort zahllose Kampagnen nicht nur gegen den Alkoholkonsum (obwohl dies der

bekannteste Fall ist), sondern auch gegen das Laster des Tabakrauchens, des Mädchenhandels, Glücksspiels, des Tanzens und der Jazzmusik gab. Insgesamt wird man sagen können, daß die Aktivisten dieser Moralkreuzzüge generell Vertreter Kleinstadt-Amerikas waren, die – aufgeschreckt durch Urbanisierung, Einwanderungswellen aus katholischen (also nicht-puritanischen, alkoholtrinkenden!) Ländern Süd(ost)europas und die fragwürdigen Sitten der Industriearbeiterschaft – mit der Forderung nach einer verbindlichen, in Gesetzesform gegossenen Generalisierung ihrer ländlichen Moralvorstellungen gewissermassen eine restitutio ad integrum anstrebten, die sich dann aber gegen die Kraft des sozialen Wandels nicht auf Dauer behaupten konnte" (Scheerer 1986: 145).

Allen moralischen Unternehmern ist gemeinsam, daß sie bestimmte Moral- beziehungsweise Wertvorstellungen absolut hochhalten und versuchen, ihre gesamtgesellschaftliche Durchsetzung, auch und gerade mittels staatlicher Gewalt, zu erzwingen. Wie alle Betroffenen wollen auch sie bestimmte Leistungen von der Gesellschaft beziehungsweise vom Staat, um damit bestimmte persönliche Probleme zu lösen und bestimmte eigene Interessen zu realisieren. Interessant ist die Behauptung von Scheerer, solche moralischen Unternehmer fänden sich nicht nur in den fernen Zeiten und Zonen Vor-Kriegs-Amerikas, für die sie erstmals beschrieben wurden, sondern auch in überraschender Weise in unserer Gesellschaft in Form der sogenannten „neuen sozialen Bewegungen" und ihrer entsprechenden Parteien („GRÜNE", „Alternative Liste") mit ihren Versuchen der Kriminalisierung bestimmter Verhaltensweisen, insbesondere von Umweltschädigung, aber auch sexueller Gewalt gegen Ehefrauen u.ä. Es liessen sich auch die Leute, die für „saubere" Fernsehbildschirme und auch sonst gegen Pornographie kämpfen, aber auch die Protagonisten einer restriktiven Abtreibungsregelung, also beispielsweise Vertreter der christlichen Kirchen, nennen.

Hier drängen sich allerdings Bedenken auf: Analytisch-theoretisch und auf der Ebene der abstrakten Modellkonstruktion ist die Unterscheidung zwischen Betroffenen und moralischen Unternehmern einleuchtend. Die konkrete Zuordnung von Personengruppen zu diesen Kategorien birgt aber enorme Schwierigkeiten.

Wenn beispielsweise feministische Gruppen gegen Pornographie kämpften und sie deswegen öffentlich problematisierten, ging es da wirklich und nur um das Hochhalten bestimmter moralischer Standards an sich, oder nicht doch um das Bemühen von Frauen, die sich von einer frauenverachtenden Atmosphäre unmittelbar betroffen fühlten, diese als Betroffene zu verändern? Ähnlich dürfte es mit der Umwelt- und Abtreibungsproblematik sein.

Eine Rekonstruktion der tatsächlichen Interessen, die Akteure umtreiben und die sie dann als Betroffene oder moralische Unternehmer identifizierbar machten, ist wohl in der Regel sehr schwierig, wenn nicht gar unmöglich, wie das Beispiel von Schetsche zeigt: Er versucht, den Interessenhintergrund der Problematisierungen von sexuellen Interaktionen zwischen Erwachsenen und Kindern auszuleuchten und kommt dabei zu plausiblen, aber doch sehr hypothetisch bleibenden Vermutungen (Schetsche 1996: 60f).

3.1.3.3. *Leistungsanbieter/Lösungen anbietende Experten*
Darunter sind Organisationen und Gruppierungen mit Expertenstatus für die Interpretation und Lösung sozialer Probleme zu subsumieren. H.P. Peters stellt als zentrales Kennzeichen des Experten „die Verfügung über eine spezielle Kompetenz (Wissen und Problemlösungsstrategien)" heraus; „Gegensatz zum Experten ist der Laie, der über diese Kompetenzen nicht verfügt. 'Experte' und 'Laie'... markieren als Idealtypen die Enden einer Skala, auf die konkrete Personen jeweils eingestuft werden können." Ferner handelt „es sich bei 'Experten' und 'Laien' um komplementäre Rollen" (H.P. Peters 1994: 166). Es ist zu ergänzen, daß der Expertenstatus etwas ist, was einer Kategorie beziehungsweise bestimmten Personen in einem sozialen Definitionsprozeß zugesprochen wird: Experte ist man, weil und indem man als solcher gilt. Ferner sei angemerkt, daß Experten nicht unbedingt Berufsträger oder gar Professionisten sein müssen; auch „Ehrenamtliche" oder „freiwillig Tätige" können als Inhaber spezifischer Kompetenzen und damit als Spezialisten Expertenstatus zugesprochen bekommen.
Teilweise unterstützen – und modifizieren – sie Problematisierungen Betroffener; dann und wann unterstützten Sozialarbeiter die Proteste von Bewohnern benachteiligter Wohngebiete; teilweise, wenn Betroffene ihre Lage nicht selber problematisieren können oder wollen beziehungsweise wenn diese Experten ihnen derartige Möglichkeiten absprechen, zum Beispiel geistig Behinderte" oder Drogenabhängige; „der Bevölkerung angesichts von Problemen beziehungsweise Risiken, die so gut wie jeden treffen können; wirken sie stellvertretend für diese als 'sozialpolitische Advokaten'" (Giesen 1983, 232). Ich unterscheide zwei Klassen: (1) Zum einen gibt es die reinen Definitionsexperten, die behaupten, die objektive, richtige Sicht der Dinge anzubieten, insbesondere (Human- beziehungsweise Sozial-)Wissenschaftler. Ihre Interessen an der Mitwirkung bei der ursprünglichen Problematisierung sind instrumenteller

Art: Sie wollen ihr Expertenwissen verkaufen gegen Geld, Prestige, Einfluß.

Das ist der Idealtyp des Experten. Als Realtyp finden wir nicht selten Spezialisten, die zugleich in irgendeiner Form Betroffene sind. Ein derartiger betroffener Experte war beispielsweise Karl Marx; warum er das war, ist wohl ein interessantes psychologisches Problem; daß er es war, geht zweifelsfrei aus seinem leidenschaftlichen Engagement für das Proletariat hervor.

Wissenschaftler haben natürlich nur soweit mitzureden, wie sie glaubhaft machen können, ihr Fachbeitrag sei relevant für das Problem, was natürlich gerade davon abhängt, wie sie selbst die Sachlage, das heißt den von ihnen konstruierten Problemtatbestand interpretieren.

Ein schönes Beispiel einer derartigen Argumentation bietet Witterstätter in seinem Buch „Grundwissen Soziologie für die Pflege" (1995). Witterstätter ist Diplom-Sozialwirt und arbeitet als Professor für u. a. Soziologie an einer Fachhochschule für Sozialwesen.

Die den Tatbeständen, die als Krankheiten problematisiert werden, zugrundeliegenden Phänomene sind bekanntlich sehr unterschiedlich interpretierbar und werden sehr unterschiedlich, ja gegensätzlich interpretiert. Witterstätter nennt selber den Gegensatz zwischen dem „klassisch-naturwissenschaftlichen Medizinmodell" und dem „ganzheitlich-psychosozialen Modell" (26f). Er entscheidet sich nun vorbehaltlos für die Annahme, das zweitgenannte Modell sei das einzig realistische; diese Entscheidung ist allerdings durch bloß soziologischen Sachverstand nicht begründbar. Wohl aber hat sie Folgen für diesen Sachverstand: Wird diese Entscheidung von anderen akzeptiert, so wird es möglich, die Produkte dieses Sachverstands, soziologische Theorien also, als Antworten auf Fragen zu den Problemtatbeständen der sogenannten Krankheiten anzubieten und abzusetzen.

Es ist eine interessante Frage, mit welchem Gewicht unterschiedliche Wissenschaften, u. a. Sozialwissenschaften, sich im Definitionsprozeß sozialer Probleme zur Geltung bringen. Nach einer Zunahme der Relevanz der Sozialwissenschaften, besonders der Soziologie, anfangs der 70er Jahre ist das in den letzten 20 Jahren sicher anders geworden. Nowotny (1981; 1982) weist für zwei konkrete Definitionsprozesse nach, daß die Wirksamkeit wissenschaftlicher Argumentation nur in bestimmten Phasen der Problemkonstitution bedeutsam ist, nämlich solange die „soziale Bewegung" andauert. Interessante Einzelergebnisse bezüglich des Beitrags von Sozialwissenschaftlern bei der Konstitution des Pflegerisikos als soziales Problem bringt Stöbener: Einerseits stellt er fest, daß

> „in der langen Zeit der Diskussion um eine Pflegeabsicherung das sozialwissenschaftliche Expertenwissen in der Wahrnehmung und Rezeption des gesellschaftlichen und politischen Systems eine wichtige Rolle (spielte). Sozialwissenschaftliches Wissen wurde demnach als allgemein verfügbares Kollektivgut betrachtet, das daher schließlich ohne expliziten Verweis auf seine Quelle und Charakter Eingang in die öffentliche Diskussion fand" (Stöbener 1996: 111). „Die Pflegediskussion war durch eine hohe Handlungs- und Entscheidungsrelevanz sozialwissenschaftlicher Erkenntnisse geprägt" (114).

Aber dann schränkt er ein:

> „Insgesamt wurde dabei das sozialwissenschaftliche Expertenwissen von den staatlichen sozialpolitischen Akteuren ihren eigenen Interessen entsprechend nur selektiv und einseitig rezipiert. Die Sozialwissenschaften konnten folglich die Wissensverwendung durch die 'Praktiker' nur bedingt steuern und ihre inhaltlichen Vorstellungen zu einer Ausgestaltung der Pflegeversicherung nur zum Teil verwirklichen" (115).

Man darf daraus folgern: Interessenten argumentieren dann mit wissenschaftlichen Ergebnissen, wenn diese ihre eigene politische Position zu stützen scheinen, wenn sie ihnen für die Durchsetzung ihrer je eigenen Interessen zweckdienlich scheinen. – Die von Soziologen mehrfach geäußerte Meinung, „die (Sozial-)wissenschaften" seien eine sehr wichtige Instanz der Konstitution sozialer Probleme (jüngste Beispiele: Leisering 1993 und Schetsche 1996) scheint mir zum einen darin begründet, daß diese Autoren den Begriff des sozialen Problems in einem sehr weiten Sinn verwenden und entsprechend schon jeden problematisierten Tatbestand als solches bezeichnen; es dürfte aber auch mitspielen, daß sie die sicher sehr bunte und interessante Welt soziologischer Fachdiskussionen beziehungsweise Fachzeitschriften mit der großen weiten Welt verwechseln. Ferner ist zu unterscheiden zwischen reinen Theoretikern, wie es Soziologen häufig sind, und wissenschaftlich, das heißt an Hochschulen ausgebildeten Praktikern; letztere haben sicher ein erheblich größeres Gewicht als erstere; es scheint mir aber nicht plausibel, sie den „Wissenschaften" zuzuordnen. Sie werden im folgenden als „sozialpolitische Akteure" behandelt.

(2) Zum andern haben wir die Definitions- und Lösungsexperten, problemkundige Praktiker, insbesondere die „sozialpolitischen Akteure", wie sie Giesen nennt, „die verschiedenen Organisationen und Berufs-

gruppen, denen die Durchführung sozialpolitischer Programme übertragen wird" (Giesen 1983: 234). Die Bedeutung dieser Experten bei der Problematisierung ist enorm.

Zunächst ein Beispiel von außerhalb des Feldes sozialer Arbeit: Laut Meldung des ADAC (Motorwelt 4/1995: 40) sah eine Gruppe von Verkehrspsychologen das Problem, daß viel zu viel Leute mit psychischen Defekten auf Deutschlands Straßen sich am Verkehr beteiligen. Sie boten, vielleicht nicht ganz selbstlos, ihre Dienste für die Lösung dieses Problems an, und zwar in einer Broschüre „Psychologisches Gutachten Kraftfahreignung", die anscheinend auch dem Bundesverkehrsministerium zugeleitet wurde. Ihre Vorschlag war, die Verpflichtung, an der sogenannten MPU (Medizinisch-Psychologische Untersuchung, im Volksmund „Idiotentest" genannt), teilzunehmen, auf eine Vielzahl weiterer Personen mit vermutbaren psychischen Problemen oder Defekten auszudehnen. Kommentar von Seiten des ADAC: „Mit diesem Konzept – viel mehr Gutachten, Therapie und Nachschulung weiterhin in einer Hand – zimmert die Zunft der MPU-Gutachter sich und ihren Instituten auf Jahre hinaus ein gesichertes Einkommen."

Gerade das Feld sozialarbeitsrelevanter sozialer Probleme scheint weithin durch Expertenproblematisierungen zumindest mitbestimmt zu sein. Überschuldung als Problem vieler Leute wurde von Mitarbeitern, also Experten, in Behörden und vor allem in freien Verbänden „entdeckt", bearbeitet und dann von kommunaler Seite als soziales Problem akzeptiert. „Die Schuldnerberatung in der Sozialarbeit ist von Praktikern aus der Arbeit heraus entwickelt worden" (Groth 1992: 111).

Ihre Mitwirkung an der Problematisierung dürfte häufig nicht nur, aber auch durch ihre spezifischen Eigeninteressen geprägt sein: Sie müssen schon bei der Konstitution der Probleme möglichst von Anfang an mitwirken, häufig schon, um überhaupt erst ein „Problembewußtsein" zu schaffen, und dann, um die „richtige" Sicht des Problems zu vermitteln, damit ihr spezifischer Experten-Beitrag für die Bearbeitung des Problems in Frage kommt, mithin ihr Anspruch, Reaktionsexperte zu sein, politisch durchsetzbar wird. Und diesen Beitrag wollen sie einbringen, weil sie daraus ihren materiellen und sozialen Lebensunterhalt gewinnen.

Folglich haben sie ein Interesse, daß solche Rahmungen, Skripte und Theorien sich als plausibel erweisen, aus deren praxeologischer Ausformulierung Rezepte erwachsen, die ihren Expertenbeitrag als Lösung erscheinen lassen. Für entsprechende Interpretationsbemühungen tut sich für die sozialpolitischen Akteure in der Regel ein breites Feld auf: Lücken im Wissen können durch Vermutungen geschlossen werden, interpretationsfähige Tatbestände können entsprechend interpretiert werden, so daß die Wirklichkeit derart ist, daß für das Problem einzig die eigene Organisation, die eigene Berufsgruppe in Frage kommt.

Auch hierfür stellt Witterstätter mit seinem Buch (1995) ein schönes Beispiel dar. An seiner Fachhochschule gibt es einen Fachbereich „Pflegeleitung und Pflegelehre" (Witterstätter 1995: 6). Witterstätter ist in der Ausbildung von (fach-)hochschulqualifizierten Pflegekräften, die zur Zeit auf den Arbeitsmarkt drängen, beschäftigt. In dieser Eigenschaft kann man ihn zu den sozialpolitischen Akteuren rechnen. Er argumentiert folgendermaßen: Aus der Annahme des „ganzheitlichen-psychosozialen Modells" folgert er, daß Veränderungen am gegenwärtigen System nötig sind:

„Die Gesetzlichkeiten des Gesundheitswesens müssen gewährleisten, daß die sozialen und psychodynamischen Komponenten der Patienten und die Bedingungen für deren Compliance in das Behandlungsfeld mit eingebaut werden und hier stets berücksichtigt werden" (44).

Wie sollen diese Veränderungen aussehen?

„Hier kommt einer patientenorientiert-ganzheitlich vorgehenden Pflege eine besondere Aufgabe zu" (25), und: „Hier hat Pflege eine eminent wichtige Funktion. Sie hat selektive Defizite auszugleichen, indem sie die psychosozialen Hemmnisse einer adäquaten Krankheitsverarbeitung und einer Patientenmitwirkung an der Behandlungstherapie abbaut" (44). Ferner folgert er: „Eine Hierarchie des ärztlichen Sektors über den Pflegesektor verbietet sich..." (28).

Diese Argumentation ist für die von Witterstätter vertretene Berufsgruppe und ihre Marktchancen zweckdienlich, aber sie ist nicht geschlossen und damit nicht schlüssig: Auf die Problematik der Annahme des Grundmodells aufgrund soziologischen Sachverstands wurde schon hingewiesen. Ferner ist es nicht zwingend, daß die neuartige, direkt und indirekt hochschulqualifizierte Pflege als Korrektur der gegenwärtigen Arbeit der Ärzte die einzig denkbare Konsequenz dieser Annahme ist. Andere Lösungen, etwa eine Veränderung der Qualifikation und Rolle der Ärzte, werden nicht erwogen. Und die Frage, ob eine gegebene Hierarchie zurecht besteht oder nicht, liegt weit jenseits dessen, was mit soziologischen Mitteln zu beantworten ist. (Soziologisch läßt sich zeigen (a) mit welchen Potentialen Hierarchien aufgebaut und erhalten werden, (b) wie Hierarchien legitimiert werden und (c) welche Folgen die Existenz dieser Hierarchien hat; ob gegebene Hierarchien legitim sind, ist keine soziologische Frage.)

Ein weiteres anschauliches Beispiel beschreibt Stöbener (1996: 50 und 73) Im Jahr 1976 schaltete sich der Bundesverband der AWO in die

Diskussion um das Pflegefallrisiko ein und betonte die „Bedürfnisse der Betroffenen". Damit

„zeigte (er) einerseits selbst seine Funktion der advokatorischen Interessenvertretung und -formulierung, was zu seiner 'Selbstlegitimation' als Öffentlichkeitsakteur (...) gehört (...). Andererseits verfolgte er als Träger von Einrichtungen der Altenhilfe und als Anbieter von Pflegedienstleistungen indirekte, aber ebenso offenkundige erwerbswirtschaftliche Interessen. Eine im Sinne der AWO veränderte rechtliche und finanzielle Behandlung von Pflegebedürftigkeit würde zu einem mehr an Pflegeeinrichtungen und damit zu einem erhöhten Bedarf an qualitativ hochstehenden Pflegeleistungen führen, was die eigene Organisation als Dienstleistungserbringerin in den Vordergrund rücken würde."

In einer späteren Phase folgten entsprechende Stellungnahmen anderer Wohlfahrtsverbände.

Ein weiteres Beispiel für den problemkonstituierenden Fleiß von Experten findet sich in dem Aufsatz von Beck-Gernsheim zur sozialen Konstruktion des „genetischen Risikos" (Beck-Gernsheim 1996). Sie zeigt, wie interessierte Forscher beziehungsweise Praktiker angesichts immer noch weit verbreiteter Skepsis gegenüber den Möglichkeiten der Gentechnologie und hier insbesondere gegenüber der Pränataldiagnostik und der ihr folgenden Abtreibung gengeschädigter Föten eine „Akzeptanzrhetorik" in Gang setzen, die in zwei Schritten verläuft, in „Bedrohungsrhetorik" und „Rettungsrhetorik". Im ersten Schritt wird das Problem genetischer Risiken sozial konstruiert, „das heißt mittels verschiedener Formen der Dramatisierung dem Publikum eindringlich nahegebracht. Dazu dienen suggestive Bilder und (...) selektive Darstellungsarten" (285f). Im zweiten Schritt wird gezeigt, daß die Gentechnologen über die Möglichkeiten verfügen, dieses Problem zu lösen, das heißt dieses Risiko auszuschalten über „prophylaktische Maßnahmen", die aber nicht dazu führen können (nach gegenwärtigem Stand der Medizintechnolgie), erbgeschädigte Föten sozusagen zu reparieren, sondern nur, sie zu finden und dann zu töten. Der Umstand, daß die „Prävention" schließlich auf Tötung herausläuft, wird mit beträchtlichem verbalem Aufwand weitgehend kaschiert, und dabei kommt es zu einer bemerkenswerten Umwertung bisheriger gesellschaftlicher Werte – bisher war der „eugenisch" indizierte Abort strafrechtlich nur toleriert, jetzt wird er zum Ausdruck ärztlicher beziehungsweise elterlicher Verantwortlichkeit, ja Fürsorge hochstilisiert (287-290).

In Bereichen, in denen Waren und Dienstleistungen an offenen Märkten angeboten werden, ist ein derartiges Vorgehen von Leistungsanbietern allseits geübte Praxis, insbesondere in Form von Werbung. Daß solches auch im Bereich von Sozialer Arbeit, Gesundheitswesen und ähnlichen Sektoren vorkommt, ist nur solange überraschend, wie man nicht sieht, daß auch hier das Geschehen weithin an Märkten, die allerdings eher verdeckt sind, abläuft – und vor allem ist es so lange überraschend, wie man sich den Blick auf die Soziale Arbeit durch den Interpretationsansatz verstellen läßt, Kern des Geschehens sei „Helfen".

Alle geben sich die größte Mühe, ihre Sicht der Dinge zur gesellschaftlich akzeptierten, ja möglichst verbindlichen Sicht zu machen; denn das ist die Voraussetzung dafür, daß sie die Lösungen, die sie zur Verfügung haben, an den Mann bringen können. Sie setzen sich ein, um ihren Beitrag an einem meist durch Konkurrenz bestimmten Markt der Problem-Experten anzubieten, also gegen Geld, Prestige, Legitimation, Macht zu verkaufen. Sie haben eben Lösungen, für die sie Probleme suchen und definierend zu schaffen versuchen.

In den Augen und nach Darstellung der Polizei ist folglich sehr vieles ein „Sicherheitsproblem", Geistliche und Psychologen sehen und zeigen in gleichen Situationen „seelische" beziehungsweise „psychische Probleme", Sozialarbeiter und Sozialpädagogen nehmen „sozialpädagogische Probleme" wahr.

Von zentraler strategischer Bedeutung ist hier die Durchsetzung des jeweils passenden Problemtyps als Problematisierungsmuster: Experten sind jeweils Experten für die Diagnose und Bearbeitung bestimmter Problemtypen, sind sozusagen ihre Verwalter. Die Typen werden im wesentlichen von Experten in Fachmedien und anderen Formen der Fachöffentlichkeit, zum Beispiel auf Kongressen, produziert und dann über populärwissenschaftliche Darstellungen in Massenmedien und über Betroffenenerfahrung mit Experten popularisiert.

Diesen Prozeß zeichnet Schetsche (1993) bezüglich des Typs des sexuell mißbrauchten Kindes anschaulich nach.

Insbesondere über diesen Versuch der Subsumption bestimmter Situationen beziehungsweise Verhaltensweisen unter bestimmte Problemtypen und damit über den Versuch, bestimmte Problemtypen, beispielsweise Devianztypen auszuweiten, lassen sich Verteilungskämpfe austragen.

Das läßt sich besonders schön an den gegenwärtigen Konflikten und Rivalitäten in der Drogenpolitik zeigen: Die einen Experten thematisieren das Drogenproblem als Ordnungsproblem und etikettieren die Besitzer, Beschaffer und Konsumenten als Kriminelle, die die Kontrollmacht des Staates herausfordern, die anderen Experten sehen psychisch Kranke vor sich, die die Zuwendung des Psychiaters verdienen, wieder andere Experten sehen verwahrloste Entwicklungs- und Beziehungsgestörte, die Soziotherapie brauchen (siehe hierzu auch Brückner 1992).

Hier scheint sich jetzt endlich der Charakter dieser Problemtypen zu offenbaren. Ich will zwar nicht bestreiten, daß sie etwas mit der Realität unterschiedlicher problematisierter Verhaltensweisen und Verhaltensvoraussetzungen zu tun haben und daß sie insofern partiell realistisch sind und daß es deswegen in ihrer Entwicklung auch einen wirklichen Fortschritt in der Realitätsnähe geben kann. Trotzdem stelle ich die Behauptung auf, daß ihr Grundcharakter und ihr eigentlicher Sinn nicht theoretisch-analytischer Art ist, sondern praktisch, nämlich berufspolitisch: Die Typen stecken die Kompetenzfelder und damit Territorien unterschiedlicher rivalisierender Expertengruppen ab.

Das läßt sich an den einzelnen von mir genannten Devianztypen zeigen, ich greife drei heraus:

(1) Die Begriffe „krank" beziehungsweise „psychisch krank" sind m. W. nirgends wirklich analytisch brauchbar definiert. Betrachtet man „krank" als Gegensatz von „gesund" und orientiert sich am Gesundheitsbegriff der WHO („Zustand vollkommenen körperlichen, geistigen und sozialen Wohlbefindens"), so muß man auch den ganz normalen Liebeskummer oder den Zustand nach einer durchsoffenen Nacht als Krankheiten ansehen, was offenkundig Unsinn wäre. Alkoholismus gilt hier in Deutschland als Krankheit, jenseits der Schweizer Grenze nicht. Sucht man hingegen nicht nach einem theoretisch-analytischen Sinn des Begriffs, sondern läßt sich auf einen möglichen politischen Sinn ein, dann wird die Sache schnell klarer: Als Krankheiten werden Problemzustände bezeichnet, für deren Bearbeitung die Berufsgruppe der Mediziner zuständig ist, wofür sie auch im gesellschaftlichen Auftrag von den Krankenkassen bezahlt wird. Was für Zustände das sind, für deren Bearbeitung die Berufsgruppe der Mediziner zuständig ist, das war und ist eine politische Frage, wie sich etwa an dem berühmten Urteil des Bundessozialgerichts von 1968 zum Alkoholismus als Krankheit ablesen läßt. Deswegen sollte man auch nicht den Arzt mittels der Krankheit definieren und sagen: Ein Arzt ist jemand, der für Krankheiten zuständig ist, sondern umgekehrt, man sollte die Krankheit mittels des Arztes definieren und sagen: Eine Krankheit ist ein Zustand, für den ein Arzt zuständig ist. (Die Standesvertreter der Psychologen versuchten immer wieder, diese Koppelung des Begriffspaares Arzt-Krankheit zu durchbrechen, wegen einer anderen Koppelung: Krank-Krankenkasse.)

Der Problemtyp „Krankheit" mit seinen zahlreichen Untertypen steht in unserer Gesellschaft möglicherweise nicht nur zur Interpretation bestimmter Zustände als *soziale* Probleme zu Verfügung, sondern auch zur Formulierung *persönlicher* Probleme, das heißt diese Typen sind möglicherweise für den einzelnen dienlich und in unserer Kultur vorhanden bei seinem Versuch, persönliches Unbehagen „auf den Begriff" zu bringen, und zwar in einer Weise, daß er selber sich besser versteht und in seiner Lage auch akzeptieren kann. Ich vermute, daß das die Strategie vieler Frauen im Hintergrund der Hysterie-Epidemie vor etwa 100 Jahren war. – Über ihre soziale Akzeptanz sind diese Typen dann natürlich auch zweckdienlich für die soziale Problematisierung persönlicher Zustände. Hierfür gibt es nicht nur die von den Fachleuten verwalteten Deutungsmuster und Typologien, sondern auch die Alltagskultur, unterschiedlich nach Lebenslagen und Milieus, hält alternative Modelle für die problematisierende Thematisierung subjektiver Leidenszustände parat (Jacob 1995).

(2) „Behinderte" sind nicht exakt abgrenzbar gegenüber Kranken und Verwahrlosten (vergleiche zum Beispiel „sozial Behinderte"), deswegen ist auch dieser Begriff theoretisch verschwommen, aber praktisch brauchbar zu Kennzeichnung der Klientel von Heil- beziehungsweise Sonderpädagogen. Die Behinderung der Behinderten soll den Pädagogen bleiben, auch wenn „die Psychiatrie" diese Menschengruppe verstärkt entdeckt: Diejenigen Aspekte dieser Menschen, um die sich dann die Ärzte kümmern, werden damit ja per se zu Krankheiten.

(3) „Kriminell" ist ebensowenig eine analytische Kategorie, die vor der Tätigkeit entsprechender Experten trennscharf auszumachen wäre; im Gegenteil, hier wird der Berufsgruppenbezug all dieser Kategorien besonders schön deutlich: Kriminell ist der, um den sich Polizisten, Staatsanwälte, Richter und Strafvollzugspersonal kümmern wollen und kümmern, niemand sonst.

Das Bild, das hier gezeichnet werden soll, ist nicht das einer bösartigen Mafia von Profiteuren, die beispielsweise genau wissen, daß Wadenwickel das einzige ist, was hilft, trotzdem aber, zur Verteidigung ihrer Pfründen, nur Psychoanalyse propagieren und zulassen. Die Welt ist nicht ganz so schlecht, und die Verhältnisse sind komplizierter. Die Lage ist sogar ziemlich vertrackt: Um mitreden zu können bei Themen wie Abweichung und Armut, muß man etwas davon verstehen, muß man Experte sein. Um objektiv über Abweichung und Armut reden zu können, muß man unbefangen sein. Also müßte man unbefangener Experte sein. Und den gibt es nicht. Der Experte ist immer doppelt befangen, frei nach Marx: Sein Sein bestimmt sein Bewußtsein in doppelter Weise: (a) Er lebt in seiner Expertenwelt und findet sie bestätigt in der Kommunikation mit seinen Berufskollegen und nimmt die übrigen Welten nur selektiv und eher von ferne wahr. Denkmuster seiner Welt – beispielsweise Devianztypen – sind ihm vertraut und plausibel, die der anderen Welten fremd bis unbekannt. (b) Er lebt von der Vermarktung seiner Denkmuster und seiner Problemlösungen an einem engen und zur Zeit enger werdenden Markt – die Zahl der problematisierbaren Zustände, der Bedürfnisse, ist unendlich, die Zahl der Probleme, für deren Bearbeitung Geld ausgegeben wird, der Bedarf, ist dahingegen endlich. Er lebt von dieser Vermarktung materiell über seinen Arbeitsplatz und sozial, indem sie ihm soziales Gewicht, Einfluß und Ansehen vermittelt. Ich glaube nicht, daß sich Experten von diesem ökonomischen und sozialen Nutzen ihrer Denkmodelle intellektuell völlig freimachen können, am wenigsten jetzt in Zeiten von Akademikerarbeitslosigkeit und leeren öffentlichen Kassen.

Es geht halt nicht allen potentiellen Helfern mit ihren Hilfeangeboten so gut, wie es, wenn Fischer (1988: 49) recht hat, den Hugenotten in Berlin ging: „Zu den hervorragenden Tugenden der Hugenotten gehörte die Wohltätigkeit (...) An Bedarf dafür fehlte es nicht (...)". Leisering sieht die Lage ähnlich und beruft sich dabei

„z.T. auf eigene(n) Erfahrungen als Armutsforscher im Kontakt mit Sozialpraktikern": „Im Bereich der sozialpolitischen Praxis liegt eine Dramatisierung sozialer Problemlagen besonders nahe. Es liegt im Eigeninteresse sozialer Professionen, die Hilfebedürftigkeit ihrer Klientel zu betonen, um Stellen zu sichern und womöglich auszubauen. Auf einer psychologischen Ebene trägt das Ethos oder auch Pathos des Helfens dazu bei, viele Menschen als auf externe Hilfe angewiesen darzustellen. Wessen Beruf es ist, soziale Probleme zu bearbeiten, wird ihre Bearbeitungsbedürftigkeit besonders herausstellen. Hinzu kommt die Gefahr falscher Generalisierung aus selektiver Erfahrung. Die Blickrichtung berufsmäßiger Problembearbeiter ist auf Problemlagen fokussiert, die i.d.R. nur minoritäre Teile der Bevölkerung betreffen" (Leisering 1993: 497).

Und so wird der Expertendisput häufig zum interessierten Kampf um die je nützliche Wahrheit.

Giesen sieht im Blick auf den nächsten Schritt der Problematisierung, wohl zurecht, diese Experten als die potenteste Definitorengruppe:

„Die öffentliche Inszenierung sozialer Probleme in der öffentlichen Diskussion hat dann zwar viele Regisseure, aber eine einfache Dramaturgie: Sie geht aus von der Trennung zwischen Experten und Laien und schließt die Betroffenen als Laien von der Mitwirkung aus" (Giesen 1983: 2).

3.1.3.4. Instrumentalisten

Nicht sehr häufig, aber doch nennenswert ist eine vierte Gruppe ursprünglicher Problematisierer, die ich Instrumentalisten nennen möchte, weil für sie das Problematisieren beziehungsweise das Problem nur Instrument, Mittel zum Zweck ist. Es sind Leute, die weder (wie die Experten) von der Problembearbeitung als Prozeß noch (wie die Betroffenen und die moralischen Unternehmer) von deren Ergebnis Nutzen haben, wohl aber vom öffentlichen Problematisieren an sich, weil dadurch, wie sie hoffen, Aktivitäten ausgelöst werden, die als scheinbare Nebenwirkung den von ihnen beabsichtigten Nutzen erzielen.

Schetsche nennt diese Gruppe „Problemnutzer" und weist auf nur zwei Kategorien hin: wahltaktisch und -strategisch denkende „politische Problemnutzer" und „religiöse Gruppen", die

> „bereits vorhandene Problemwahrnehmungen als Bestätigung ihrer Glaubenssätze und ihres gottgegebenen Moralsystems (benutzen). Sie versprechen sich davon öffentliches Gehör für ihre Gemeinschaft und einen Zulauf von Gläubigen" (Schetsche 1996, 47).

Weitere Spielarten dieses Akteurtyps finden sich aber leicht: Als Vorform – weil noch nicht im Rahmen des modernen Nationalstaats – einer derartigen Problematisierung kann man die Verketzerung des Templerordens durch den französischen König Philipp den Schönen am Beginn des 14. Jahrhunderts nennen, die als einzigen Zweck die Beschlagnahmung des beträchtlichen Vermögens dieser militärisch-religiösen Gemeinschaft und seine Umleitung in die königlichen Kassen verfolgte (Franzen/Bäumer 1988: 221). Die Problematisierung des „Wirtschaftsstandorts Deutschland" hatte als Nebenwirkung die Legitimation der gegenwärtigen Umverteilung des Sozialprodukts, die auch als Sozialabbau bezeichnet wird. Vielleicht war das aber auch der eigentliche Zweck dieser Kampagne. Problematisierende Aktivitäten in unterschiedlichen Massenmedien, vor allem im privaten Fernsehen, sind sicher mindestens zum Teil instrumenteller Art. Sie zielen auf den Erhalt und die Erhöhung der Einschaltquoten. Das vielleicht weiträumigst, nämlich fast weltweit konstituierte Drogenproblem verdanken wir den Akteuren des internationalen Imperialismus des 19. und frühen 20. Jahrhunderts bei ihren Versuchen, bei der Aufteilung der Welt für ihre je eigene Nation mit allen denkbaren Mitteln ein möglichst großes

Stück zu ergattern. Eines dieser Mittel war die wechselseitige Kriminalisierung des Umgangs mit Drogen, die für die jeweils andere Seite interessant waren (Scheerer 1993).

3.1.4. Orte der ursprünglichen Problematisierung – Die Ausformulierung der ursprünglichen Problematisierung in Binnenöffentlichkeiten

(1) Ursprüngliche Problematisierer treten, falls sie durchsetzungsfähig sind, typischerweise in organisierter Form auf, einerseits in altvertrauter Weise etwa als Kirchen beziehungsweise Wohlfahrtsverbände, Berufsverbände, sogenannte Standesorganisationen oder mehr oder weniger informelle Zusammenschlüsse, Zitierkartelle und Fachwelten von Experten, die sich in sogenannten Fachzeitschriften und auf Kongressen äußern. Andererseits treten sie, verstärkt seit den 70er Jahren, in eher neuartigen Formen auf als sogenannte Initiativen, Selbsthilfegruppen, soziale Bewegungen; der Zusammenschluß ursprünglicher Problematisierer ist die Urform der sozialen Bewegung.

„Von ihrer Zusammensetzung her können soziale Bewegungen verstanden werden als Meta-Akteur, unter dessen Dach Advokaten, Experten und Betroffene gemeinsam aktiv sind. Dazu kommen noch die 'Bewegungsprofessionellen'. Dies sind Personen, die als Betroffene oder Laien-Advokaten begonnen haben und nach jahrelangem Engagement zu Vollzeit-Aktivisten geworden sind, die von der Bewegung oder ihr nahestehenden Organisationen bezahlt werden (...) Besonders engagiert sind sie nicht zuletzt deshalb, weil ihre berufliche Existenz vom Weiterbestehen der Bewegung abhängt" (Schetsche 1996: 49).

(2) Diese organisierte Form ist wichtig im Hinblick auf den zweiten Schritt der Problematisierung, der auf die öffentliche beziehungsweise politische Tagesordnung führt: (a) Zum einen haben fast ausnahmslos nur organisierte Interessenten das Gewicht, das nötig ist, um als Öffentlichkeitsakteure von den Medienmachern wahrgenommen zu werden beziehungsweise in Politik und Verwaltung Gewicht zu haben. (b) Zum zweiten dienen diese organisierten Kooperationsformen als Binnenöffentlichkeiten, in denen die Problematisierung ausformuliert wird und so eine öffentlichkeitsgängige und öffentlichkeitswirksame Gestalt erhält. Wohl alle Frauenprobleme der letzten Jahre wie Pornographie, sexueller Mißbrauch, sexuelle Belästigung am Arbeitsplatz und Gewalt gegen Frauen wurden in feministischen Teilöffentlichkeiten ausformuliert.

(3) Schetsche zeigt anhand der Problematisierung sexueller Erwachsenen-Kind-Kontakte, wie schon in diesen Teilöffentlichkeiten, sofern sie medienvermittelt, also über sogenannte Fachzeitschriften, gebildet werden, die später dann in der allgemeinen Öffentlichkeit in extenso stattfindenden Kommunikationsstrategien eine Rolle spielen: Förderlich und feststellbar, so meint er, sei die Verfolgung bestimmter „Diskursstrategien" zur „Durchsetzung und Absicherung von Problemdeutungen". Sein Fazit lautet: „Moralisieren, Dramatisieren und Mythenreproduktion sind (im Sinne der Häufigkeit ihres Auftretens) normale Durchsetzung- und Absicherungsstrategien gesellschaftlicher Thematisierungen" (1996,103; Hervorhebung im Original). Bemerkenswert ist, daß das auch für Publikationen gilt, in denen der Anspruch erhoben wird, daß „wissenschaftlich" argumentiert wird.

(4) Schetsche (1996: 22) nennt als wichtigste Teilöffentlichkeit die Fachöffentlichkeit wissenschaftlicher Experten, die in den Fachpublikationen der unterschiedlichen wissenschaftlichen Disziplinen gegeben ist. Ob diese Einschätzung des Gewichts wissenschaftlicher Experten realistisch ist, ist eine empirisch zu klärende Frage, die bisher offen steht. Zum einen gibt es viele Experten, die sich nicht als Wissenschaftler, sondern als Praktiker verstehen und die in entsprechenden Fachzeitschriften publizieren. Zum andern ist der Gedanke, in einer Zeitschriften- und Bücherfachöffentlichkeit üblicherweise die Wiege sozialer Probleme zu finden, für einen Soziologen viel zu verlockend, als daß er unbedingt realistisch sein müßte. Entsprechend ist der Rat Schetsches, die „Suche nach der ersten Formulierung eines Problems sollte deshalb regelmäßig in der Fachöffentlichkeit beginnen" (Schetsche 1996: 22), die in den Publikationen der für das Problem relevanten wissenschaftlichen Disziplinen gegeben ist, skeptisch aufzunehmen – man könnte leicht in die Situation des Mannes kommen, der seinen Hausschlüssel zwar auf der dunklen Straße verloren hat, ihn aber unter der Straßenlaterne sucht, weil dort eben Licht ist.

(5) Nicht selten sind die Fälle, wo ursprüngliche Problematisierer nicht nur Forderungen an die Allgemeinheit erheben, sondern gemeinsam selber etwas tun, als Selbsthilfegruppe oder in bürgerschaftlichem Engagement. Solange die Problembearbeitung sich allerdings im Tun dieser Gruppen erschöpft, ist kein soziales Problem konstituiert, die Leute bearbeiten dann gemeinsam persönliche Probleme. Das Selber-Tun kann allerdings in der politischen Argumentation große Bedeutung gewinnen: Es belegt sozusagen „empirisch" die Richtigkeit der ursprünglichen Problematisierung der Gruppen.

3.2. Das Werben um politische Entscheidungsträger –
Mögliche Wege auf die politische Tagesordnung

In der ursprünglichen Problematisierung haben Menschen sich darauf
verständigt, daß es so nicht weitergehen darf und daß die Allgemeinheit
sich in ihrem Sinne engagieren sollte. Folglich stehen diese Leute vor
der Aufgabe, diese Allgemeinheit zu mobilisieren. Wie geht das beziehungsweise wie wird das typischerweise versucht? Unsere Gesellschaft
ist staatlich verfaßt, und zwar als sozialer Rechtsstaat. Typische Adressaten solcher Mobilisierungsversuche einer allgemeinen beziehungsweise öffentlichen Verantwortlichkeit sind folglich staatliche Instanzen, also Parlamente, Regierungen, Verwaltungen und Gerichte unterschiedlicher staatlicher Ebenen, repräsentiert durch Politiker, Richter
und Verwaltungsleute. Wie bringt man Politiker oder Verwaltungsleute
in Gang? Wie schafft man es, daß ein bestimmtes Thema, in unserem
Fall also eine Problematisierung, auf die politische Tagesordnung
kommt? (Zu dem hiermit herangezogenen Konzept des „Agenda-Set-
ting": Schenk/Rössler 1994.)

3.2.1. Die zwei möglichen Wege

(1) Gerhards (1994: 95) geht bei seinem Bestimmungsversuch von „politischer Öffentlichkeit" unter anderem von folgender Annahme aus:

„Das oberste Ziel der Akteure des politischen Systems ist die Besetzung
von Regierungspositionen, um kollektiv verbindliche Entscheidungen
durchzusetzen (...) Sie wollen die Regierung erringen, die Opposition vermeiden. Dazu bedürfen sie in einer Demokratie der Stimmen des Publikums, der Stimmen der Wähler. Die Maximierung beziehungsweise Optimierung von Wählerstimmen ist also das abgeleitete Ziel der Akteure,
wenn sie die Regierungspositionen erringen beziehungsweise erhalten wollen. Eine Maximierung beziehungsweise Optimierung von Wählerstimmen
können Akteure wiederum nur erreichen, wenn sie mit ihren Entscheidungen (Regierung) und Programmen (Parteien) die Erwartungen und Interessen der Bürger befriedigen."

Ähnlich argumentierten schon Bergmann u. a. (1969) bei der Formulierung des sog. Disparitätenansatzes: An der Macht befindliche Politiker
wollen nichts sehnlicher als ihre Wiederwahl, und um sie zu sichern,
müssen sie Massenloyalität sichern beziehungsweise Krisen vermeiden. Übernimmt man diese ziemlich realistisch klingenden Voraussetzungen der Argumentation, so gilt: Will man Politiker für eine Proble-

matisierung gewinnen, so muß man ihnen klar machen, daß durch deren Übernahme und politische Durchsetzung, in Verbindung mit der dann folgenden staatlich garantierten Problembearbeitung, Krisen vermieden beziehungsweise (Wieder-)Wahlchancen steigen werden. Wenn Politiker zu der Auffassung kommen, die Verfolgung einer bestimmten Problematisierung wäre nützlich bei der Realisierung ihrer je eigenen Interessen, werden sie sie verfolgen. Verwaltungshandeln ist von analogen Interessen bestimmt.

(2) Beide politischen Gruppierungen, Politiker und Verwaltungsleute, sind, folgt man diesen Annahmen, damit auf zwei unterschiedlichen Wegen zu mobilisieren:

(a) Man spricht sie direkt an und versucht sie für die Beschäftigung mit dem Thema zu gewinnen, indem man ihnen verdeutlicht, daß eine Übernahme der ursprünglichen Problematisierung und ihre politische Durchsetzung ihrer politischen oder Verwaltungsexistenz förderlich wäre.

(b) Man trägt sein Anliegen in die Öffentlichkeit und versucht, eine möglichst große „Generalisierung der Betroffenheit" (Albrecht/Brusten 1982: VIII) zu erreichen, also möglichst viele Mitbürger zu gewinnen, die als Wähler für die Politiker und indirekt für die Verwaltungsleute überlebensnotwendig sind beziehungsweise Krisen provozieren können. Damit will man die politischen Instanzen zwingen, das Thema auf ihre Tagesordnungen zu setzen.

(3) Damit ergeben sich zwei denkbare Wege der Aktivierung politischer Entscheidungsträger für bestimmte Problematisierungen: Der *kurze Weg der unmittelbaren Adressierung politischer Entscheidungsträger und der lange Weg, die Ochsentour sozusagen, über die Aktivierung von Öffentlichkeit.*

(4) Diese beiden Wege schließen sich nicht aus, sie werden sogar oft kombiniert: (a) Die direkte Adressierung wird durch Öffentlichkeitsarbeit flankiert. (b) Falls ersteres mißlingt, wird der lange Weg beschritten. Schetsche (1996: 144 f) erwähnt den Versuch von in der Partei der GRÜNEN organisierten Feministinnen, an der allgemeinen Öffentlichkeit vorbei, also ohne breitere Medienarbeit, ihre Problematisierung sexueller Kontakte zwischen Erwachsenen und Kindern aus ihrer Binnenöffentlichkeit heraus direkt im Deutschen Bundestag politisch durchzusetzen. Allerdings scheiterte ihre Initiative, ihre Große Anfrage von 1984 und ein Entschließungsentwurf von 1985 hatten nicht den gewünschten Erfolg. Sie sahen sich somit gezwungen, den Weg über die Mobilisierung der Öffentlichkeit zu gehen.

(c) Es sind auch Fälle feststellbar, wo die eine Definitorengruppe lauthals öffentlich problematisiert, während eine andere, konkurrierende, leise unter Ausschluß der Öffentlichkeit politische Erfolge hat. So scheint es in der letzten Zeit mit konkurrierenden Armutsdefinitionen zu geschehen: Wohlfahrtsverbände und Gewerkschaften einerseits und Sozialwissenschaftler andererseits problematisieren zur Zeit mit großem Medienaufwand immer wieder die Einkommenslage der einkommensschwächsten Gruppen der Bevölkerung – mit sonderbarem Ergebnis: Die „wissenschaftliche" Armutsdiskussion bleibt weithin ein Problematisierungsversuch im virtuellen Raum ohne politischen Effekt, scheint den sich darin Bewegenden aber Lust- und Erfolgserlebnisse zu ermöglichen, weswegen sie sie unbeirrt fortsetzen; Wohlfahrtsverbände und Gewerkschaften setzen sich politisch nicht durch; politischen Erfolg haben diejenigen, die ohne Öffentlichkeitsaktivitäten für ihre Problematisierungen politisches Gehör finden, was sich in entsprechenden Entscheidungen des Deutschen Bundestags zur Sozialhilfe zeigt (Wenzel 1996: 301f.).

3.2.2. Der kurze Weg auf die politische Tagesordnung

Entsprechend der öffentlichkeitssoziologischen Ausrichtung der deutschen Problemsoziologie gibt es nur wenig Material zu der Frage, wie (3.2.2.1.) und durch wen (3.2.2.2) auf dem kurzen Weg politische Entscheidungsträger (erfolgreich oder erfolglos) umworben werden oder durch wen und wie Problematisierungen derart auf die politische Tagesordnung kommen.

3.2.2.1. Das Verfahren

Generelle Aussagen zum Verfahren der direkten Adressierung gibt es meines Wissens in der Problemsoziologie überhaupt nicht. Beispiele für solches Vorgehen lassen sich finden.

In der breit geführten öffentlichen Problemdiskussion um die vielen Facetten, die gegeben sind mit dem Zustrom und Aufenthalt sogenannter Asylanten in Deutschland, ging es um vieles, aber kaum bis gar nicht um die möglichen psychosozialen Schwierigkeiten dieser Personen, wenn sie hier leben. Trotzdem wurden überall Sozialdienste für Asylbewerber eingerichtet – in Baden-Württemberg beispielsweise auf der Grundlage einer Entschließung des baden-württembergischen Städte- und Landkreistages (Städtetag Baden-Württemberg: 23. 12. 1988) – politische Entscheidungsträger waren offensichtlich für eine derartige Problematisierung gewonnen worden ohne Aktivierung der Öffentlichkeit.

In Baden-Württemberg bietet die „Arbeitsgemeinschaft Jugendhilfe" in mehreren Städten Suizidberatungsstellen an, die jeweils vom Land und den betreffenden Städten bezuschußt werden, was entsprechende Haushalts- beziehungsweise Verwaltungsbeschlüsse voraussetzt. Meines Wissens erfolgte darüber – wie wohl häufiger, ja wahrscheinlich als Regelfall bei Entscheidungen über Zuschüsse an Freie Träger der Sozialen Arbeit – keine Debatte in den Medien. Auch hier werden die politischen und administrativen Entscheidungsträger ohne Einschaltung der Medien gewonnen.

Wie von Beyme (1994: 333) sagt, kann es „,'Jahrhundertentscheidungen' geben, die vergleichsweise mit geringen Konflikten über die parlamentarische Bühne gehen und daher auch nicht die Medien in Aufregung versetzen. Ein Beispiel ist das Bundesimmissionsschutzgesetz (1974)".

Zwei weitere Beispiele, die den Bereich Sozialer Arbeit zentral berühren, sind das BSHG und das SGB VIII, deren Entstehung und Erlaß zwar die Fachöffentlichkeit über Jahre weg beschäftigte, was aber von der allgemeinen Öffentlichkeit praktisch nicht registriert wurde.

3.2.2.2. *Die Akteure*

(1) Die Akteure dieses Schritts sind die ursprünglichen Problematisierer und ihre Repräsentanten, die als Sprecher fungieren. Hypothesen über notwendige Eigenschaften und zweckdienliche Verhaltensweisen dieser Akteure für das erfolgreiche direkte Adressieren politischer Entscheidungsträger gibt es im Bereich der Problemsoziologie meines Wissens nicht; sie lassen sich möglicherweise aus Aussagen über erfolgreiche Akteure im öffentlichen Raum gewinnen (vergleiche unten 3.2.3.2.1.). So steht zu vermuten, daß beispielsweise Prominenz und Prestige als Sprechereigenschaften auch im Feld der unmittelbaren Ansprache von politischen Instanzen erfolgsfördernd sein dürften.

(2) Ursprüngliche Problematisierungen kommen übrigens nicht nur durch Initiatoren aus der Bevölkerung auf die politische Tagesordnung. Es sind auch Initiativen „von oben" feststellbar. So scheint es noch einen ultra-kurzen Weg der Problemkonstitution durch Politiker oder Verwaltung zu geben, ohne eine vorgängige ursprüngliche Problematisierung „von unten". Sie dürfte drei mögliche Hintergründe haben: (a) Es wirken Experten in der Verwaltung, die ein Problem ohne Zutun von außen konstituieren und bearbeiten, teils aus Sachinteresse, teils aus berufs- und karrierebezogenen Interessen, beispielsweise, um so ihre Existenzberechtigung nachzuweisen. (b) Die Problembearbeitung kann ein taktischer Zug bei der Lösung ganz anders gelagerter Probleme sein.

Hier gibt es sicher fließende Übergänge, da es sich auch um das Wirken von „Instrumentalisten" handeln kann. (c) Für Politiker und Verwaltungen aller politischen Ebenen sind ursprüngliche Problematisierer und Problematisierungen nicht unproblematisch, bisweilen sogar gefährlich. Einen Versuch, solchen Problematisierungen zuvorzukommen beziehungsweise sie möglichst früh einzubinden, stellt die behördliche Sozialplanung dar; im Bereich der Jugendhilfe ist sie sogar gesetzlich vorgeschrieben und geregelt (SGB VIII, § 80). Bei solchen Planungsabläufen werden mögliche ursprüngliche Problematisierer in der Bevölkerung, solche, die in anerkannten Organisationen organisiert sind, und andere über die Erfassung des sogenannten Bedarfs angefragt, mit ihren latenten oder manifesten Forderungen erfaßt, und ihre Problematisierungen werden mit den Expertenproblematisierungen innerhalb der Verwaltung verbunden und in dieser Form der kommunalen/Kreis-Legislative zur politischen Problemdurchsetzung zugeleitet.

3.2.3. Die Ochsentour – der lange Weg durch die Öffentlichkeit auf die politische Tagesordnung

Es scheint mir an dieser Stelle nicht ökonomisch, mit dem Anspruch auf möglichste Vollständigkeit die entsprechende sozialwissenschaftliche Literatur zu durchforsten, weswegen ich mich im wesentlichen auf die Erträge von Neidhardt (1994) und dabei insbesondere auf dessen einführenden Aufsatz beschränke.

(1) Wenn die Träger der ursprünglichen Problematisierung keinen Erfolg haben oder sich keinen Erfolg versprechen mit dem Versuch, ihr Thema unmittelbar auf die politische Tagesordnung zu setzen, bleibt ihnen im Rahmen unseres parlamentarisch-demokratischen Systems die Möglichkeit, Verbündete in einem möglichst großen Publikum zu suchen, das heißt in der Bevölkerung des jeweiligen politischen Raums (Gemeinde/Kreis, Land, Bund, EU), die die Wählerschaft der entsprechenden Parlamente beziehungsweise Regierungen bildet.Die Beeinflußbarkeit dieses Elektorats macht die Träger politischer beziehungsweise administrativer Entscheidungen beeinflußbar. Die fordernden Definitoren versuchen, ihr Anliegen auf die Tagesordnung der Bevölkerung zu bringen, die so zur Öffentlichkeit wird: „Öffentlichkeit entsteht dort, wo ein Sprecher vor einem Publikum kommuniziert, dessen Grenzen er nicht bestimmen kann" (Neidhardt 1994: 10). Zwei Dinge sollen erreicht werden:

- die Diffusion der Problematisierung in der Bevölkerung auf der Ebene der Vermittlung von Nachrichten, also der Information über Skandalisierungen. Damit wird versucht, „Aufmerksamkeit" zu wecken.
- Meinungsbildung und Interessenformierung in ihrem Sinn bei möglichst vielen Wählern, also die Prägung von erwünschten wertenden und fordernden Einstellungen zum Problemtatbestand, wodurch „Zustimmung" erhalten werden soll (Neidhardt 1994: 10).

Die Diffusion und Meinungsbildung macht die Problematisierung dann zum Politikum, um das sich, so ist die Rechnung der Problematisierer, die Politiker kümmern müssen.

(2) Prinzipiell scheint es hierfür zwei Wege zu geben, die sich keineswegs ausschließen, vielmehr scheint der erste über kurz oder lang (auch) in den zweiten zu münden:

- Man ruft Leute zusammen und schafft so „Versammlungsöffentlichkeit", auf deren Tagesordnung die Problematisierung steht (3.2.3.1.);
- man schaltet die Massenmedien ein, auf deren Tagesordnung man die Problematisierung zu setzen sucht, um so möglichst große Teile der Bevölkerung zu gewinnen (3.2.3.2.).

3.2.3.1. *Problematisierungen in der Versammlungsöffentlichkeit*

Neidhardt (1994: 10) meint, die erstgenannte Form von Öffentlichkeit werde in der öffentlichkeitssoziologischen Forschung in der Regel „systematisch vernachlässigt"; entsprechend wenig Gesichertes wissen wir über Bedingungen und Wirkungen solcher Öffentlichkeitsformen im allgemeinen und bei der Konstitution sozialer Probleme. Soviel scheint jedoch sicher zu sein:

(1) Auf lokaler politischer Ebene hat die Versammlungsöffentlichkeit besondere Bedeutung: „Ihre Bedeutung darf vor allem bei der Formierung lokaler Öffentlichkeiten nicht übersehen werden..." (H.P. Peters 1994: 168). Bei der Problemkonstitution auf lokaler, also insbesonders kommunaler Ebene ist diese Form der Herstellung von Öffentlichkeit das Mittel der Wahl.

(2) Diese Öffentlichkeitsformen besitzen „für nichtetablierte Öffentlichkeitsakteure, denen der Zugang zu den Massenmedien nicht oder noch nicht gelungen ist, eine erhebliche Bedeutung – zum Beispiel für Protestbewegungen, die mit solchen Veranstaltungen die Resonanz und eine Mobilisierung von Publikum anstreben; nicht nur die Nazibewegung hat sich auf diese Weise am Anfang ihre Anhänger erzeugt" (Neidhardt 1994: 10).

Vor allem soziale Bewegungen werden folglich (auch) diese Form der Öffentlichkeit suchen. – Es gibt keine verläßlichen Gesichtspunkte für die Feststellung, wann eine soziale Bewegung ihre Binnenöffentlichkeit verläßt und in die allgemeine Versammlungsöffentlichkeit tritt; es gehört zum Wesen der sozialen Bewegungen als prinzipiell offene Gruppierungen, daß hier fließende Übergänge bestehen.

(3) Die Schaffung von Versammlungsöffentlichkeit ist keine exklusive Alternative zur Medienöffentlichkeit, das Gegenteil ist der Fall, wie sich leicht in jeder beliebigen Tageszeitung überprüfen läßt: Über solche Versammlungen wird häufig in den Medien berichtet, da „öffentliche Veranstaltungen regelmäßig die Eckpfeiler der Berichterstattung in den lokalen Medien darstellen" (H.P. Peters 1994: 168). Sie werden zu Medienereignissen und wirken so als Vehikel eines Themas in die mediale Berichterstattung.

3.2.3.2. Problematisierungen in der medienvermittelten Öffentlichkeit

„Für den Normalverkehr politischer Kommunikation ist in modernen Demokratien... die massenmedial gesteuerte Öffentlichkeit bestimmend" (Neidhardt 1994: 10). Zu Akteuren (3.2.3.2.1.) und Verlauf (3.2.3.2.2.) des Einschaltens der Massenmedien als Versuch, Öffentlichkeit zu gewinnen, gibt es in der Medien- und Öffentlichkeitsforschung einiges, was auf unsere spezielle Fragestellung übertragbar ist und zum Teil auf die öffentlichkeitssoziologisch orientierte Problemsoziologie schon übertragen wurde.

3.2.3.2.1. Akteure – Generalisierer

Grundlegend für das folgende ist die Annahme, daß in der Öffentlichkeit drei „Akteursgruppen" aufeinander treffen: „Sprecher, Medien, Publikum" (Neidhardt 1994: 32).

(1) „Sprecher" sind „diejenigen Akteure, die mit ihren Themen und Meinungen über die Massenmedien das Publikum erreichen" (Neidhardt 1994: 36), in unserem Fall diejenigen Personen, die mit einer ursprünglichen Problematisierung erfolgreich an die Medienöffentlichkeit treten. Wer sind die Personen und Gruppen, die versuchen, ihre Problematisierung als Nachricht an die Medien heranzutragen, wer hat daran Interesse? Zunächst ist hier im wesentlichen wiederum mit den ursprünglichen Definitoren zu rechnen, also den oben schon genannten Kategorien beziehungsweise Gruppen, die typischerweise organisiert auftreten: (a) Betroffene und ihre Zusammenschlüsse, etwa Initiativen und Selbsthilfegruppen; (b) Moralische Unternehmer; (c) Lösungen anbietende Ex-

perten, also Wissenschaftler und Praktiker und ihre Organisationen, also etwa Berufsverbände einerseits, Wohlfahrtsverbände andererseits; (d) Instrumentalisten, also Nutznießer einer öffentlichen Problematisierung, die Nachrichten weitergeben, um die Flamme des Problems zu schüren, auf dem sie ihr eigenes Süppchen kochen wollen.

Die Mitglieder dieser Gruppierungen agieren allerdings nicht alle gleichartig gegenüber den Massenmedien, sie haben in der Regel eben ihre „Sprecher" beziehungsweise sie agieren als „Sprecher" für andere. Neidhardt (1994: 14) unterscheidet, B. Peters (1994: 57) folgend und ergänzend, 5 Typen von Sprechern gegenüber den Massenmedien, nämlich:

(a) „Repräsentanten", also Vertreter bestimmter Gruppierungen und Organisationen;

(b) „Advokaten", sie leisten eine „virtuelle Repräsentation von sozialen Gruppen beziehungsweise Kategorien, die nach herrschendem Verständnis nicht in der Lage sind, ihre eigenen Interessen adäquat zu erkennen und zu artikulieren – Kinder, intellektuell Behinderte oder marginalisierte Gruppen, denen Kompetenzdefizite zugeschrieben werden" (B. Peters);

(c) „Experten", das sind „Sprecher mit wissenschaftlich-technischen Sonderkompetenzen" (Neidhardt);

(d) „Intellektuelle", deren Sache es ist, „am kritischen Maßstab kultureller Werte sozial-moralische Sinnfragen aufzunehmen und allgemeine Zeitdeutungen öffentlich zu machen" (Neidhardt);

(e) „Kommentatoren", das sind Journalisten, wenn sie sich „nicht nur berichterstattend, sondern mit eigenen Meinungen zu Wort melden" (Neidhardt).

Hypothetisch lassen sich diese 5 Sprechertypen den 4 Kategorien ursprünglicher Problematisierer in folgender Weise zuordnen:
• Betroffene finden ihre Sprecher in Form von Repräsentanten, Advokaten und Kommentatoren;
•Moralische Unternehmer, Experten und Instrumentalisten finden ihre Sprecher teils in Repräsentanten, teils werden sie, als Experten und Intellektuelle, selber als Sprecher aktiv.

(2) (Massen-)Medien sind

„redaktionell gestaltete, allgemein-informierende und aktuelle Medien (...), die sich an ein allgemeines und nicht an ein Fachpublikum richten und deren Inhalt einen Bezug zu zeitlich aktuellen Vorgängen aufweist. Unter diese Definition von Massenmedien fallen vor allem Tageszeitungen,

Wochenzeitungen und -zeitschriften sowie die Nachrichten- und Magazin-
sendungen von Rundfunk und Fernsehen" (H.P. Peters 1994: 168).

In ihnen und durch sie aktiv sind die „Kommunikateure", die Nachrichten weitergeben und verbreiten, die Medienmacher also. Ihrer Interessenlage nach sind sehr unterschiedliche Typen von Medienmachern
denk- und feststellbar. Folgende Typologie dürfte vertretbar sein:

(a) *Engagierte*: Solche Personen sind Medienmacher, die zugleich in irgendeiner Weise fordernde Definitoren sind, wohl selten als unmittelbar Betroffene, häufiger als Anwälte oder moralische Unternehmer, bisweilen auch als Experten. In den Medien präsent sind sie in der janus-
köpfigen Doppelrolle des Kommentators. Ihr Interesse ist die Problematisierung mit dem Ziel der Veränderung der Lage. Es ist sinnvoll,
sie auch als Generalisierer zu betrachten, auch wenn sie zugleich in die
ursprüngliche Problematisierung involviert sind.

(b) *Chronisten*: Diesem Typ entsprechen Medienmacher, die es als ihre
Aufgabe betrachten, die Bevölkerung möglichst objektiv mit allen ihnen relevant scheinenden Nachrichten zu versorgen, u. a. über soziale
Probleme beziehungsweise Problematisierungen. Ihr Interesse ist die
ausgewogene Information der Bevölkerung, das heißt der Abnehmer ihres Mediums. Sie betätigen sich als Generalisierer, wenn sie die Problematisierung als öffentlichkeitsrelevantes Ereignis einstufen.

(c) *Nachrichtenhändler*: Diesem Typ entsprechen Medienmacher, die
aus dem Vertrieb von Nachrichten ökonomischen Nutzen ziehen. Bekanntlich gibt es hiervon zwei Spielarten; zum einen die Nachrichten-
verkäufer, die an neugieriges Publikum Informationen gegen Geld ab-
geben; zum anderen die *Publikumsverkäufer*, die mittels Informationen
neugieriges Publikum anlocken, das sie als solches dann an die Werbe-
wirtschaft verkaufen. In beiden Fällen ist das Interesse der Nachrichtenhändler die Gewinnmaximierung, die sie über das Angebot möglichst
attraktiver Nachrichten zu realisieren versuchen. Sie betätigen sich als
Generalisierer, wenn sie annehmen, daß die Nachricht vom Problematisieren Publikum anziehen wird.

Beispiele zu nennen, ist etwas schwierig, da es sich bei Engagierten,
Chronisten und Nachrichtenverkäufern eher um Idealtypen handelt,
wobei es schwierig ist, zu entscheiden, welchem Typ welcher Medienmacher am ehesten zuzurechnen ist – auch der engagierteste Journalist
muß vom Vertrieb seiner Nachrichten leben, auch der kühlste Rechner
ist vielleicht zugleich engagiert. Am ehesten dürfte der Publikumsverkäufer auch einen Realtyp darstellen und in beträchtlicher Zahl bei den
privaten Fernsehanstalten zu finden sein, aber sicher nicht nur dort.

(3) Das Publikum ist der Teil der Bevölkerung, der sich über die Nutzung der Medien am öffentlichen Kommunikationsprozeß beteiligt (Neidhardt 1994: 12).

(4) Zwischen diesen drei Akteursgruppen bestehen nun typische, und zwar „ökonomische, politische und soziale Austauschbeziehungen" (Neidhardt 1994: 15) und Interessen.

> „Die politischen Interessen ergeben sich für die Sprecher aus dem strategischen Stellenwert des Publikums als Elektorat, die ökonomischen Interessen für die Medien aus dem Umstand, daß das Publikum sowohl die eigene Kundschaft darstellt als auch die Kundschaft jener Interessenten enthält, für die die Medien als Werbeträger dienen (...) Insoweit stellt sich Öffentlichkeit für Sprecher und Medien als ein Markt dar, und dieser Markt wird bestimmt durch Konkurrenzen" (Neidhardt 1994: 36).

Dabei geht es nicht nur um Geld, sondern es besteht eine ebenso harte Konkurrenz um das „seltene Gut" der Aufmerksamkeit der Bevölkerung beziehungsweise des Publikums (Schetsche 1996: 110f).

3.2.3.2.2. Der Verlauf der öffentlichen Problematisierung mittels der Medien

Das Verständnis dieser Beziehungen ermöglicht es, zwei Fragen, die für die Interpretation dieses zweiten Schritts der Konstitution eines sozialen Problems von entscheidender Bedeutung sind, zumindest hypothetisch zu beantworten:

(a) Wie gelingt es Sprechern – in der Regel in Konkurrenz mit anderen Sprechern –, mit einer Problematisierung die Medien zu gewinnen, also ihre Problematisierung auf deren Tagesordnung, auf die „öffentliche Agenda" oder „Medienagenda" zu setzen, derart, daß diese einerseits ihr Problematisieren als Nachricht verbreiten und zugleich im Sinne dieser Problematisierung Meinungsbildung betreiben und so im für die Sprecher optimalen Fall sogar eine bestimmte „öffentliche Meinung" herstellen?

(b) Wie gelingt es mittels der Medien – in der Regel wiederum in harter Konkurrenz mit anderen Sprechern und Medien –, die Bevölkerung zu erreichen und so ein möglichst großes Publikum zu schaffen, damit die Problematisierung auf deren Tagesordnung, die „Publikumsagenda", zu setzen und dabei sowohl deren „Aufmerksamkeit", also ihre Interessiertheit an der Problematisierung, wie auch ihre „Zustimmung", also die persönliche Übernahme der Problematisierung, zu bewerkstelligen und so „Meinung der Bevölkerung" herzustellen?

„'Öffentliche Meinung' ist nicht die Summe aller öffentlich geäußerten Meinungen von Öffentlichkeitsakteuren, sondern ein kollektives Produkt von Kommunikationen, das sich zwischen den Sprechern als 'herrschende' Meinung darstellt. Erst die Unterstellung einer normativen Kraft macht öffentliche Meinung zu einer Wirkungsgröße, die soziologische Beachtung verdient. 'Herrschend' ist eine öffentlich geäußerte Meinung dann, wenn eine Abweichung von den mit ihr ausgedrückten Feststellungen, Begründungen, Bewertungen und Folgerungen bei einer Mehrzahl anderer Sprecher (und bei den Medien) einen Widerstand auslöst, der eine Marginalisierung der Abweichung zur Folge hat und für den abweichenden Sprecher Prestigeverlust mit sich bringt" (Neidhardt 1994: 26). Da dieser Begriff aber praktisch kaum operationalisierbar ist, wird dann folgende sehr vereinfachte Fassung vorgeschlagen: „Öffentliche Meinung als 'Konsonanz öffentlicher Meinungsäußerungen'". Öffentliche Meinung wird nicht nur, aber vor allem in den Massenmedien formuliert. „Die von der Politik wahrgenommene herrschende öffentliche Meinung wird heute im wesentlichen durch die Massenmedien konstituiert" (Bergmann 1994: 297).

Die „Meinung der Bevölkerung", politisch bedeutsam als „Einstellungen des Elektorats" (Neidhardt 1994: 30), ist das Ergebnis der individuellen Meinungsbildung aller Bürger und ist wissenschaftlich und politisch präsent über Bevölkerungsumfragen (Demoskopie). Die Meinung der Bevölkerung ist dabei keineswegs determiniert durch die öffentliche Meinung, das heißt auch ein sehr hoher Konsens der Medien zu einem Thema garantiert keineswegs eine entsprechende Bevölkerungsmeinung; insbesondere persönliche Netzwerke der Rezipienten kommen hier in konkurrierender und modifizierender Weise meinungsbildend zum Tragen (Neidhardt 1994: 28f).

Sprecher, die mit den und über die Medien erfolgreich kommunizieren, weisen, wie empirische Befunde der Öffentlichkeitssoziologie zeigen, bestimmte Merkmale auf. Sie gehen mit den Medien in planvoller Weise um (1), sie verfolgen bestimmte Vorgehensweisen (2), und sie weisen bestimmte Eigenschaften auf (3).

(1) Sprecher, die Erfolg haben bei den Medien, leisten in der Regel eine gute „Öffentlichkeitsarbeit". Sie geschieht zum einen dadurch, daß diese Sprecher die Informationen, die sie anbieten, schon so zubereiten, daß die Kommunikateure damit wenig Arbeit haben; das heißt sie „bereiten die werbende Botschaft ihrer Organisationen zu medienförmigen Nachrichten auf" (Neidhardt 1994: 15). Zum andern bieten sie nicht nur Nachrichten, sondern auch Ereignisse, genauer gesagt „Pseudoereignisse", „die nicht stattfinden würden, wenn es Medien nicht gäbe" (Neidhardt 1996: 15). Die Phantasie der Öffentlichkeitsakteure scheint bunt

zu sein, was Ideen angeht, wie man die Aufmerksamkeit der Medienmacher durch Pseudoereignisse und Inszenierungen erreichen könnte:
Stellungnahmen, Pressekonferenzen, Pressemeldungen über nur der
Meldung wegen veranstaltete Ereignisse wie beispielsweise Kundge-
bungen einerseits, spektakuläre Demonstrationen und Aktionen, „de-
struktive Ereignisse" andererseits. Unübertroffen auf diesem Gebiet ist
sicherlich „Greenpeace".

Ferner nennt Neidhardt (1996: 15) als Bedingung des Erfolgs von Spre-
cherkandidaten ihren „Wert als dauerhafte Nachrichtenquelle". Dabei
ergibt sich,

> „daß die etablierten Repräsentanten und Advokaten (vor allem Regierun-
> gen und die herrschenden Parteien) in der medienvermittelten Arena der
> Öffentlichkeitsakteure überrepräsentiert sind – dies zu Lasten der 'nicht-
> etablierten Herausforderer'" (Neidhardt 1994: 16).

> „Ihre Chancen auf Beteiligung am öffentlichen Diskurs sind vergleichs-
> weise gering (...) In welchem Umfang und unter welchen Bedingungen das
> Arsenal disruptiver Ereignisstrategien, auf das solche Akteure vorwiegend
> zurückgreifen müssen, um sich Medienaufmerksamkeit zu verschaffen, im
> publizistischen Konflikt mit etablierten Akteuren ein funktionales Gegen-
> gewicht zu deren 'Routine-Zugangskanälen' in das Mediensystem darstel-
> len kann, ist eine bislang noch offene empirische Frage" (Schmitt-Beck/
> Pfetsch 1994: 133).

(2) Sprecher, die bei Medien und Publikum Erfolg haben, verfolgen typischerweise bestimmte Kommunikationsstrategien:
(a) „Thematisierungsstrategien": Sie zielen auf die Aufmerksamkeit
des potentiellen Publikums, darauf also, daß Kommunikateure und Publikum die entsprechenden Themen auf ihre jeweiligen Tagesordnungen setzen.

> „Themen müssen dem Publikum einerseits als interessant, andererseits als
> wichtig erscheinen. In einer Kommunikationssituation aber, in der um die
> Aufmerksamkeit des Publikums konkurriert wird, weil diese gleichzeitig
> knapp und wertvoll ist, in einer Situation, in der dem Publikum ständig eine
> gar nicht faßbare Zahl von Reizen kommuniziert wird, bedarf es der Ver-
> mittlung starker Betroffenheitssuggestionen und drastischer Differenzbe-
> hauptungen, um vom Publikum überhaupt wahrgenommen zu werden"
> (Neidhardt 1994: 18).

Konkret läuft das durch Übertreibungen sowie Themenauswahl:

> „(...) die Bevorzugung des Neuen und Überraschenden, die Überbetonung
> von Konflikten und spektakulär abweichenden Fällen (...), die Dramatisie-

rung von Folgen vor allem dann, wenn sie für das Publikum Schaden bedeuten könnten und deshalb Angst machen" (Neidhardt 1994: 18).

(b) „Überzeugungsstrategien": Sie

> „werden entworfen und praktiziert, um Meinungen zu den Themen durchzusetzen, die auf der Agenda der Öffentlichkeit verhandelt werden. Feststellungen müssen als richtig, Erklärungen als plausibel, Bewertungen als legitim, Folgerungen als notwendig und nützlich erscheinen" (Neidhardt 1994: 18).

Bezogen auf das Thema der sozialen Probleme heißt das, daß der gesamte Gehalt der ursprünglichen Problematisierung in all seinen semantischen Dimensionen medial vermittelt wird in der Absicht, ihre Akzeptanz beim Publikum durchzusetzen.

Neidhardt nennt aufgrund von Beispielen aus der Medienforschung die gängigen Strategien:

(aa) Die „Tatsächlichkeit der Tatsachen" wird vor allem durch Präsentation konkreter Einzelfälle als eindeutige Beispiele, Erlebnisberichte, Augenzeugen, beeindruckende Zahlenangaben untermauert.

(bb) Die „Plausibilität der Erklärungen" wird fundiert durch den Rückgriff auf eigene Erfahrungen des Publikums oder auf „die Bestätigung durch reputierliche Experten."

> „Es entspricht im übrigen der sozialpsychologischen Forschung über Muster der Kausalattribution bei Laienerklärungen (...), daß im Publikum eine Vorliebe für deterministische Kausalmodelle vorhanden ist (...). Sie liefern eindeutige Ursachen für eindeutige Effekte."

(cc) Die „Legitimierung der Urteile" gründet sich in der Regel

> „auf allgemein geltende Werte, zum Beispiel auf generalisierte Präferenzen für Freiheit, Gleichheit und Gerechtigkeit, die ein außerordentliches Maß an Anerkennung in der Bevölkerung besitzen." Das „begünstigt die in öffentlicher Kommunikation häufig angelegte Moralisierung von Kausalität." Das spielt vor allem in unserem Zusammenhang eine beträchtliche Rolle: „Es besteht, wenn Tatsachen als Probleme gedeutet werden, die Tendenz, das kognitive Begründungsschema Ursache/Wirkung mit dem Gegensatz von gut/böse moralisch aufzuladen und Kausalfragen als Schuldfragen zu verhandeln. Die dramatischste Form der Moralinszenierung vollzieht sich mit der Skandalisierung von Personen und Institutionen (...) Eine erfolgreiche Skandalisierung markiert einen eindeutigen Ursache/Wirkungs-Zusammenhang und übersetzt diesen in ein soziales Verhältnis von schuldigem Täter und unschuldigem Opfer (...)" (Neidhardt verwendet den Begriff der Skandalisierung in einem engeren Sinn als ich ihn gebrauche.)

(dd) Die „Notwendigkeit der Konsequenzen" sei, meint Neidhardt, in der Regel mit den bisherigen Punkten präjudiziert; es bleibe dann lediglich offen, wer als Adressat der Forderungen zu gelten habe (Neidhardt 1994: 19). – Es liegt auf der Hand, daß diese Überzeugungsstrategien, die in der medialen Kommunikation durch Erfolg belohnt werden, nachhaltige Wirkungen auf die Gehalte der Problematisierung haben können: Nicht subtile Differenzierung ist gefragt, eher grobe Vereinfachung. Ferner favorisieren diese Strategien eindeutig die Problematisierung im Devianzschema, die bisweilen von der Problematisierung im Deprivationsschema begleitet wird.

(3) Sprecher, die bei Medien und Publikum Erfolg haben, weisen typischerweise bestimmte Eigenschaften auf, nämlich „Prominenz" und „Prestige":

(a) „(Es) läßt sich Prominenz als die generalisierte Fähigkeit verstehen, Aufmerksamkeit zu erregen; der Prominente kann mit einem öffentlichen Interesse an sich selber und dann auch für seine Angelegenheiten rechnen" (Neidhardt 1994: 16).

(b) „Prestige ist (...) die mit Prominenz nicht unbedingt einhergehende generalisierte Fähigkeit, nicht nur Aufmerksamkeit, sondern auch Zustimmung zu erzeugen (...). Der Besitz von Prestige sichert situationsübergreifend (und deshalb generalisiert) überdurchschnittliche Überzeugungschancen" (Neidhardt 1994: 16). Wie Neidhardt bemerkt, sind die Bedingungen und Wirkung von Prominenz und Prestige noch Gegenstand „wichtige(r) empirische(r) Fragen", das heißt „unzulänglich recherchiert" (1994: 37) und noch nicht hinreichend bekannt.

Man kann nun schlußfolgernd feststellen, daß Sprecher, die solche Eigenschaften nicht aufweisen und solche Strategien aus unterschiedlichen Gründen nicht verfolgen können, im öffentlichen Konzert mit ihren Problematisierungsforderungen nicht gehört werden. Wollen sie nicht verstummen, bleibt ihnen nur eine Möglichkeit: die direkte Mobilisierung von Publikum über Versammlungsöffentlichkeiten beziehungsweise soziale Bewegungen – ein sicherlich sehr aufwendiges Unterfangen. Doch nur so, wenn überhaupt, erreichen sie das Ziel dieses zweiten Schritts der Problematisierung, daß sie nämlich ein Politikum ist, das die Politiker nur unter Gefährdung ihres eigenen politischen Wohlergehens vernachlässigen können.

3.3.   Die politische Problemdurchsetzung

Falls fordernde Definitoren und ihre Sprecher mit ihren Adressierungsversuchen politischer Instanzen – direkt oder vermittelt über die Öffentlichkeit – Erfolg haben, befindet sich ihr Thema jetzt auf der politischen Tagesordnung. Hier muß es nun vollends durchgesetzt werden; denn zu den Grundannahmen des hier entwickelten Modells gehört, daß ein soziales Problem dann vollends und wirklich konstituiert ist, wenn politische Entscheidungsträger einer gesellschaftlichen Ebene beschließen, daß einem formulierten Handlungsbedarf entsprechend im gesellschaftlich-öffentlichen Auftrag zu agieren sei. Das impliziert im Regelfall die Zuweisung öffentlicher oder öffentlicher Kontrolle unterworfener Mittel beziehungsweise die verbindliche Festlegung von Handlungen Verantwortlicher, zumeist in Form von Gesetzen und Verordnungen.

Wie kommen derartige politische Entscheidungen zustande (3.3.1.); wer ist daran in welcher Form beteiligt (3.3.2.)?

Der Prozeß der politischen Durchsetzung eines sozialen Problems ist lediglich ein Sonderfall eines allgemeinen, alltäglichen Geschehens, der Fällung politisch bindender Entscheidungen. Folglich ist zu erwarten, daß er die Merkmale solcher Prozesse aufweist. Diese sind Thema spezialisierter sozialwissenschaftlicher Arbeit, der Politikwissenschaft und der politischen Soziologie. Deren Ergebnisse ausführlich darzustellen, würde den Rahmen des hier Möglichen und Sinnvollen sprengen. Mögliche Besonderheiten der politischen Problementscheidungen sind meines Wissens bisher noch nicht herausgearbeitet, was im Zusammenhang der vorliegenden Arbeit auch nicht geleistet werden kann. Deswegen wird dieser Schritt der Problemkonstitution hier nur in groben Zügen skizziert. Ich orientiere mich dabei an der Bestimmung der „Funktion" des politischen Systems, wie Gerhards (1994: 93) sie vorschlägt:

> „In Übereinstimmung mit vielen Definitionen des politischen Systems besteht diese in a) der Formulierung und Aggregation, b) der Herstellung und c) der Durchsetzung kollektiv bindender Entscheidungen. Interessengruppen und Parteien sind die Akteure, die kollektive Ziele formulieren beziehungsweise aggregieren, Regierungen und Parlamente sind die Akteure, die in demokratischen Gesellschaften kollektiv verbindliche Entscheidungen herstellen, die politische Administration der Akteur, der die beschlossenen Entscheidungen durchsetzen soll."

3.3.1. Der Verlauf der politischen Problemdurchsetzung

Wenn ein originäres soziales Problem konstituiert wird, heißt das immer, daß „es nicht so weitergehen kann wie bisher", das heißt, Spielräume, die bestimmte Leute bisher hatten, in denen sie ihre Interessen realisierten, werden ihnen genommen, gewaltanwendenden Ehemännern, Pornographie verkaufenden Internet-Anbietern; beziehungsweise Mittel, die bisher für andere Zwecke verfügbar waren, also anderen Interessen dienten, werden nun umgeleitet, zum Beispiel in die Pflegeversicherung.

Es handelt sich also bei der Konstitution originärer sozialer Probleme um einen Spezialfall von etwas sehr Alltäglichem in der Gesellschaft, der Durchsetzung bestimmter Interessen gegenüber anderen, konkurrierenden Interessen über politische Entscheidungen. Einzelne Aspekte dieser Entscheidungen sind entsprechend identifizierbar (vergleiche Gerhards 1994: 93), nämlich Aushandlung (3.3.1.1.), Entscheidung (3.3.1.2.) und Vollzug (3.3.1.3.). – Ähnlich kennzeichnet Stöbener als Zentralpunkt der Konstitution sozialer Probleme die „Aushandlungs- und Entscheidungsprozesse" (1994: 1). Diese zwei beziehungsweise drei Aspekte sind theoretisch-analytisch unterscheidbar, praktisch sind sie in den westlichen Demokratien eng verbunden in hochkomplexen politischen Prozessen, die nur näherungsweise abbildbar sind in ebenfalls hochkomplexen Modellen der politikwissenschaftlichen Forschung, beispielsweise dem Policy-Netzwerk-Modell, dem Verhandlungssystem-Modell oder dem Mülleimermodell politischer Entscheidungen (Heritier 1993: 16ff), auf die einzugehen den Rahmen des hier Sinnvollen und Möglichen bei weitem sprengen würde.

3.3.1.1. Problemaushandlung

Hierbei handelt es sich um die Aggregation von Problematisierungen und Gegenproblematisierungen und die Kontroverse zwischen den Interessentengruppen. In diesem Prozeß positionieren die beteiligten Akteure ihre unter Umständen unterschiedlichen oder gar gegensätzlichen Standpunkte, die innerhalb ihrer Gruppenöffentlichkeiten ausformuliert wurden, in der politischen Arena und suchen nach Koalitionären. (Zum Konzept der Arena als Ort politischer Prozesse: H.P. Peters 1994: 167.) Es läuft einerseits Überzeugungsarbeit, andererseits Kuhhandel – Hilfst du mir hier, helfe ich dir dort –, schließlich wohl Erpressung und sonstige Machtspiele. Am Ende dieses Prozesses haben sich üblicherweise die Interessenlinien geklärt; es stehen sich in der Regel relativ wenige Interessenblöcke mit unterschiedlichen oder gar gegensätzlichen Darstellungen und Deutungen der Lage gegenüber, so daß Mehrheiten und Minderheiten, mächtigere und weniger mächtige Gruppierungen erkennbar werden. Dabei hat sich die Problematisierung unter Umständen beträchtlich verändert. In dieser Phase sind häufig wiederum die sogenannten Medien wichtige Mittel der Kommunikation innerhalb und zwischen

den Kampfarenen der beteiligten Gruppen. Dieser Schritt der Problemkonstitution ist eben, wie alle anderen Schritte, nur theoretisch-analytisch zu unterscheiden, nicht aber real von den übrigen zu scheiden.
Als Beispiel mag die politische Auseinandersetzung bei der Konstitution des Problems des Pflegefallrisikos dienen (Stöbener 1996: 88ff.).

3.3.1.2. Problementscheidung

Es geht hier um die Herstellung kollektiv bindender Entscheidungen in
Gestalt formaler Beschlüsse, wobei die dominierenden Interessen sich
durchsetzen. In diesem abschließenden Schritt der Problemkonstitution
legen die Inhaber der formalen politischen Entscheidungsmacht eine
Mehrzahl von Punkten fest (1); sie greifen dabei in der Regel auf Alt-
bekanntes zurück (2) und entsprechen den Interessen der ursprünglichen Problematisierung häufig nur in begrenztem Maß (3).

(1) *Die politischen Entscheidungsträger legen folgendes fest:*
(a) Sie entscheiden, davon auszugehen, daß ein bestimmter Problemtatbestand existiert, daß also ein bestimmtes Bild von der Problemwirklichkeit realistisch sei, was eine Entscheidung für eine bestimmte Rahmung, für bestimmte Skripten und Theorien impliziert,
daß es Fälle von sexueller Gewalt in dem und dem Ausmaß gibt und mit
weiteren in der Zukunft zu rechnen ist, die so und so zu interpretieren
sind; daß es Fälle von Niedrigeinkommen gibt und geben wird, die die
und die Ursache haben.
Die Bilder, die am Ende der Problematisierung stehen, sind öfters ganz
anders als die vom Anfang.
So hat der Problemtatbestand, der über die Pflegeversicherung bearbeitet wird, sich im Laufe der Konstitution des Problems des Pflegefallrisikos sehr stark verändert (Stöbener 1996: 116).
Weiterhin entscheiden die politischen Entscheidungsträger in der Regel, daß bestimmte Situationen unter bestimmten definierten Umständen diesen Problemtatbestand jetzt und in Zukunft darstellen. Sie definieren also Tatbestandsmerkmale für aktuelle und künftige Fälle,
etwa in neuen Paragraphen des StGB.
(b) Sie entscheiden, daß der Problemtatbestand einen Skandal darstellt.
Dafür ist die Existenz gesellschaftlich beziehungsweise politisch verbindlicher, „appellationsfähiger" Normalitätsmaßstäbe nötig, die im für
die Problematisierer optimalen Fall einklagbar sind. Solche Standards
werden entweder durch die anstehende politische Entscheidung neu geschaffen oder es werden bestehende in ihrem Geltungsbereich politisch
verbindlich ausgeweitet.

Bei konstituierter Abweichung impliziert das die verbindliche Festlegung von Verhaltensnormen, zum Beispiel von neuen Strafgesetzen, die als dem Schutz bestimmter verbindlicher Werte, sogenannter Rechtsgüter, dienlich gelten. Bei konstituierter Deprivation/Armut bedeutet das die Festlegung von Standards der Mindestausstattung, zum Beispiel in Form von neuen Regelsätzen der HLU.

Die politische Festsetzung dieser Problemgrenzen ist von derart zentraler Bedeutung, daß jede politische Änderung solcher Grenzen faktisch eine Neukonstitution des betreffenden Problems darstellt. Ferner gibt es soziale Probleme, die einfach dadurch verschwinden – man könnte auch sagen: einfach dadurch gelöst werden – oder gar neuen, konträr definierten Platz machen, daß die zugrundeliegenden Normalitätsmaßstäbe verändert werden.

Rotgang und Haug zeigen, wie in den 70er Jahren aus dem Problem des „Nachholbedarfs" an Krankenhausbetten das Problem des „Bettenbergs" wurde – ohne daß sich in den entscheidenden Jahren dieses Kippens des Problems an der Zahl der Krankenhausbetten Dramatisches verändert hatte. Der Grund war der, daß angesichts einer veränderten beziehungsweise verändert wahrgenommenen Wirtschaftslage die angesetzten Standards einer zufriedenstellenden Versorgungslage der Bevölkerung abgesenkt wurden und, damit zusammenhängend, die gesamte Rahmung des Problems verändert wurde: Die Bettenzahl steht seitdem nicht mehr im Horizont eines möglichen Versorgungsproblems, sondern nur noch im Rahmen eines Kostenproblems (vergleiche Rothgang/Haug 1993: 39f). – Das Problem der kriminellen männlichen Homosexualität verschwand weithin durch die Reform des Sexualstrafrechts 1968 und wird zunehmend ersetzt durch die Problematisierung einer Ungleichbehandlung von Hetero- und Homosexualität, beispielsweise und insbesondere im Familienrecht.

(c) Die politischen Entscheidungsträger beschließen ferner, daß der betreffende Problemtatbestand unter staatlicher (Mit-)Verantwortung zu bearbeiten sei. Das beinhaltet folgende Teilentscheidungen:

(aa) Es wird beschlossen, daß ein bestimmter Handlungsbedarf besteht, daß also bestimmte Maßnahmen zu ergreifen sind; impliziert ist damit die Entscheidung, bestimmte Skripte beziehungsweise erklärende Theorien seien als richtig anzusehen. Dieser Teil des Beschlusses ist zentral für die politische Problemkonstitution und legt fest, was präventiv und reaktiv zu geschehen hat angesichts von Problemfällen und Risiken.

Bei kriminalisierender Problemkonstitution wird durch die Formulierung des neuen Paragraphen des StGB vordergründig festgelegt, wie (künftige) Fälle zu behandeln sind, es hat „Bestrafung" und „Resozialisierung" der Täter zu erfolgen; die Strafe soll die gestörte Ordnung reparieren, die Resozialisierung soll der (Spezial-)Prävention dienen. Hintergründig und hauptsächlich wird (General-)Prävention, insbesondere durch Abschreckung ins Auge gefaßt und schon unmittelbar mit der Problemkonstitution initiiert; die mit dem Erlaß des Gesetzes erfolgte Problemkonstitution ist hier schon der erste wichtige Schritt der Problembearbeitung auf der Problemebene des Risikos. Daß bestimmte Situationen durch Kriminalisierung einer bestimmten Bearbeitung zugeführt werden sollen, impliziert, daß die staatlichen Beschlußorgane, wie unter (a) angesprochen, die oben skizzierte Rahmung als Abweichung und das Skript der kriminellen Abweichung übernommen haben.

(bb) Es wird beschlossen, daß staatliche Instanzen die Realisierung dieses Handlungsbedarfs zu fördern, zu ermöglichen beziehungsweise zu garantieren haben, weil eine staatliche (Mit-)Zuständigkeit für diesen Problembereich besteht; durch Haushaltsmittel, deren Vergabe für bestimmte Problembearbeitungen nach Kann- oder auch Sollbestimmungen erfolgen kann, beziehungsweise durch Gesetze.

(cc) Es wird beschlossen, wer mit welchen Mitteln diesem Handlungsbedarf zu entsprechen hat, welche Problembearbeitungsinstanz neu geschaffen beziehungsweise mit neuen Aufgaben betraut wird, zum Beispiel Schaffung der Pflegeversicherungskassen.

Ein soziales Problem ist dann voll konstituiert, wenn öffentlich beauftragten Zuständigen entweder eindeutig gesagt wird, was sie zu tun haben, oder gesagt wird, sie sollten tun, was sie aufgrund ihrer Fachkompetenz zu tun verstehen. Wenn hier ein Bedarf an Sozialer Arbeit beschlossen wird, dann ist ein sozialarbeitsrelevantes soziales Problem konstituiert, wodurch dann Soziale Arbeit möglich wird.

(2) *Diese Entscheidungen sind inhaltlich und der Form nach häufig routinisiert:*

(a) Am einfachsten läuft dieser abschließende Schritt der Problemkonstitution, wenn die Problemdurchsetzung in Form der Subsumption des Problemtatbestands unter einen bereits vorhandenen Problemtyp erfolgt; Standards und Bearbeitungsinstanzen sind dann vorhanden und müssen nur leicht modifiziert werden.

Bei der Kriminalisierung einer Verhaltensweise bedarf es beispielsweise nur neuer Strafgesetze, für deren Exekution per se die Justizbehörden zuständig sind; bei einer Pathologisierung muß lediglich das Verzeichnis anerkannter Krankheiten beziehungsweise der Leistungskatalog der gesetzlichen Krankenkassen ausgeweitet werden.

(b) Diese Entscheidungen gewinnen ihre politisch verbindliche Gestalt in Gesetzen einschließlich Haushaltsbeschlüssen und Planungsentscheidungen.

(3) *Diese Entscheidungen bergen oft Überraschungen:* Wie bereits angedeutet, ist es eine am Beginn der Problemkonstitution nicht absehbare Frage, wieweit die staatliche Problematisierung – falls sie überhaupt erfolgt – auf der Linie der ursprünglichen Problematisierung verläuft oder von ihr abweicht.

3.3.1.3. Durchsetzung der Problementscheidung durch ihren Vollzug
Tatsächlich real werden die Problementscheidungen durch ihre Implementation, also ihren Vollzug im staatlichen Handeln durch die staatliche Leistungsverwaltung, durch die Zuteilung von Geldern an bestimmte Arbeitsfelder und durch staatliche Verhaltenskontrolle. Das sind allerdings schon Schritte der Problembearbeitung, auf die gesondert einzugehen ist.

3.3.2. Akteure der Problemdurchsetzung:
    Politiker – Entscheidende Definitoren

Bei den Entscheidungen, durch die originäre soziale Probleme abschließend konstituiert werden, sind, so ist anzunehmen, die auch sonst politisch aktiven Gruppierungen in ihrer ganzen Vielfalt vertreten.

(1) *Interessengruppen und Parteien:* Einerseits sind in dieser Gruppierung die altbekannten Interessengruppen, Pressure groups und Lobbyisten, (Richtungen und Flügel in den) politische(n) Parteien sowie die multifunktionalen gesellschaftlichen Gebilde wie Kirchen, andere Freizeitorganisationen und Wohlfahrtsverbände, daneben die erst in den letzten 3 Jahrzehnten breiteren Raum einnehmenden Initiativen, Bewegungen und Gruppen, die zur Zeit mit den letztgenannten unter dem Zauberwort NGOs (Non-Governmental Organizations) zusammengefaßt und bereits als „Fünfte Gewalt" bezeichnet werden. Vor allem unter den letzteren befinden sich auch die fordernden Definitoren, sofern sie organisiert sind. Eine große Rolle spielen sogenannte Sachverständige. Sie werden von den verschiedenen Parteien als objektive, unbefangene Zeugen der Richtigkeit ihrer jeweiligen Annahmen und Problematisierungen aufgeboten; das ist deswegen nicht unbedingt realistisch, weil sie vielfach identisch sind mit den Experten, die schon in der ursprünglichen Problematisierung als Leistungsanbieter, besonders in Gestalt sozialpolitischer Ak-

teure, aufgetreten sind. Häufig treffen sie sich in den spezifischen Arenen der Sachverständigenkommissionen und Hearings. Das bedeutet, daß sich diese ursprünglichen Problematisierer, ihre Sprecher und Advokaten in einer buntbevölkerten politischen Arena mit vielen anderen Matadoren treffen. Das ist zumindest dann der Fall, wenn die Adressierung der politischen Instanzen über den Weg der Öffentlichkeit erfolgt. Erfolgt die Adressierung allerdings über den kurzen, direkten Weg, dann ist es denkbar, daß sich das Feld der beteiligten Interessentengruppen beträchtlich verkleinert. Durch diese Gruppierungen wird der oben genannte erste Aspekt der politischen Durchsetzung der Problematisierung geleistet, die Aggregation von Problematisierungen und Gegenproblematisierungen mit daran anknüpfender Kontroverse.

(2) *Regierungen, Parlamente und Gerichte:* Zum andern sind dann die Entscheidungsinstanzen der formalen politischen Struktur zu nennen, die Parlamente und Regierungen der jeweiligen politischen Ebenen. Sie treffen die formalen Beschlüsse, durch die die Problemkonstitutionen im gelingenden Fall gesellschaftlich verbindlich werden, sie stellen also die kollektiv bindenden Entscheidungen, etwa Gesetze, her. Bisweilen sind an solchen Beschlüssen auch Gerichte beteiligt, die durch die Subsumption bestimmter Phänomene unter bestimmte Rechtstatbestände faktisch bestimmte Probleme politisch verbindlich konstituieren. Eine solche Konstitutionsleistung stellte das Urteil des Bundessozialgerichts von 1968 dar, demzufolge Alkoholismus als Krankheit zu gelten hat. – Einen mißglückten Versuch einer Problematisierung mittels der Gerichte nennt Stöbener (1996: 49): Das „Kuratorium Deutsche Altershilfe" scheiterte in den 70-er Jahren mit seinen Musterprozessen, in denen eine „extensive Auslegung des Krankheitsbegriffs zugunsten der Pflegebedürftigkeit" durchgesetzt und so das bisher sozial nicht in spezifischer Weise problematisierte Pflegerisiko (es galt sehr unspezifisch als eines von vielen Armutsrisiken) unter das soziale Problem der Krankheit subsumiert werden sollte.

Ferner ist hier an die Entscheidungsorgane der großen Wohlfahrtsverbände zu denken, insofern sie staatlich subventioniert sind oder aufgrund von Verträgen Leistungsentgelte für Klienten von staatlicher oder staatlich kontrollierter Seite erhalten, aber doch über eigenen Gestaltungsspielraum verfügen.

(3) *Staatliche Verwaltung:* Die staatlichen Verwaltungen der unterschiedlichen politischen Ebenen stellen die dritte Kategorie dieser politisch entscheidenden Definitoren dar. Sie sind in dreifacher Weise am politischen Entscheidungsprozeß über Problematisierungen beteiligt:

(a) Zum einen bereiten sie solche Beschlüsse der Regierungen und Parlamente vor; sie aggregieren unter anderem Problematisierungen und Gegenproblematisierungen und stellen damit die Kontroverse zwischen den Positionen heraus, sie schaffen aber häufig auch schon eine Vorentscheidung in der Sache, die formal nur ein Vorschlag ist, aber häufig großes Gewicht für die Entscheidung von Regierung oder Parlament hat. Vielfach bereiten die kommunalen Verwaltungen die Beschlüsse der entsprechenden Räte durch Beschlußvorlagen vor. Große Bedeutung haben in der Sozial- und insbesondere Jugendhilfeplanung nach §§ 75 und 80 des SGB VIII die Verwaltungen der Städte und Landkreise durch ihre ausgedehnten Vorarbeiten für die Beschlüsse der entsprechenden Räte.

(b) Zum andern gehört vielfach die Konkretisierung politischer Entscheidungen zu ihren Kompetenzen. Sie geschieht über Ausführungsbestimmungen zu Gesetzen und Aufteilung global zugewiesener finanzieller Mittel auf einzelne Aufgabenfelder, Träger, Projekte. Letzteres erfolgt im Zusammenhang mit der behördlichen Feststellung, daß ein bestimmter „Bedarf" bestehe.

(c) Zum dritten ist der Vollzug, das heißt die Realisierung der politisch gefällten Beschlüsse in Form der realen Problembearbeitung, unter Umständen unter Einsatz staatlich legitimierter Gewalt, ihre Sache.

(4) Bisweilen ist ein *Trichtermodell politischer Entscheidungen realistisch*: Auf Bundesebene werden Rahmengesetze beschlossen, die auf Länderebene konkretisiert werden durch Ländergesetze beziehungsweise Ausführungsbestimmungen. Auf kommunaler/Kreisebene werden diese dann im Rahmen von Ratsbeschlüssen und Verwaltungsverordnungen verdichtet.

So verhält es sich beispielsweise mit Problemen im Kontext der Sozial- und Jugendhilfe. BSHG und SGB VIII gelten bundesweit, Länderbestimmungen spezifizieren sie. Konkret werden Problemkonstitutionen über Festlegungen im Rahmen der kommunalen Jugendhilfeplanung (SGB VIII, §§ 75, 80) und der kommunalen Planung der Sozialen Arbeit (BSHG § 22, Abs. 2).

4.   DER ERTRAG DER ORIGINÄREN PROBLEMATISIERUNG

Nicht alle gesellschaftlichen Problematisierungen sind von Erfolg gekrönt (4.1.). Wenn sich jedoch eine soziale Problematisierung politisch durchgesetzt hat, dann ist die Situation signifikant verändert, und zwar auf der Ebene der Interaktionen (4.2.) und auf der Ebene der kulturellen Muster (4.3.).

4.1. Scheiternde Problematisierungen

Problematisierungen können entweder voll durchgesetzt werden, vielleicht in der gesamten Öffentlichkeit akzeptiert werden, jedenfalls einen starken politischen Veränderungswillen auslösen. Problematisierungen können aber auch abgebogen werden oder gesellschaftlich und politisch wirkungslos bleiben. Dann bleiben die Problemsituationen Privatsache der Betroffenen und Beteiligten, ihr persönliches Problem; sie müssen dann sehen, wie sie ihre Konflikte ohne öffentliche Bundesgenossen durch- und überstehen.

Pflegebedürftige alte (und junge) Menschen, die anscheinend häufiger als man vermutet bewußt physischen und psychischen Leiden ausgesetzt werden, das heißt, in problematisierende Sprache übersetzt, Opfer von Gewalt werden, haben, weil derartige Problematisierungen noch nicht politisch verbindlich geworden sind, keine öffentlich bestellten Bundesgenossen; das Strafrecht greift ja in diesen abgeschirmten Lebenswelten von Familien und Heimen nicht.

Dann liegt im soziologischen Sinn nach der hier vorgeschlagenen Definition kein soziales Problem vor, so schrecklich sich ein entsprechender Tatbestand für einen human denkenden Menschen auch darstellen mag.

4.2. Veränderungen auf der Interaktionsebene – Aktionsbereitschaft im Namen der Allgemeinheit

Sobald ein originäres Problem einmal konstituiert ist, existiert es prinzipiell auf drei Ebenen:
(a) als originärer Fall, an dessen Wirklichkeit sich die Problematisierung entzündet hat;
(b) als prinzipiell gegebenes Risiko, daß vergleichbare Fälle jederzeit wieder auftreten können; und
(c) als solche befürchteten Fälle in Gestalt von Routinefällen, wenn das Risiko eingetreten ist.

Für alle drei Ebenen hat die Problemkonstitution vorgesorgt in Gestalt prinzipieller Handlungsbereitschaft, zunächst für Aktionen der Bearbeitung originärer Problemsituationen, das heißt also originärer Problemfälle (1), dann für mögliche Maßnahmen der Problemvermeidung, der Prävention (2) und schließlich für die Bearbeitung von Routinefällen (3).

(1) *Bearbeitung originärer Problemfälle*: Falls die originäre Konstitution eines sozialen Problems völlig im Sinn der ursprünglichen Problematisierer verläuft, hat sie für die Menschen in der Ausgangssituation, also für diejenigen, die sich mit einem persönlichen Problem herumschlagen, das sie jetzt vergesellschaftet haben, gravierende Konsequenzen: Ihre Ausgangssituation stellt nicht mehr nur ihnen Aufgaben, mit denen nur sie schwer zurecht kommen; nicht mehr nur sie müssen für die Veränderung der Lage Mittel und Energien binden; nicht mehr nur sie stehen in Konflikten mit solchen, die vom Status quo profitieren. Mit der Konstitution dieser Ausgangssituation als soziales Problem gilt das alles für die Allgemeinheit der jeweiligen gesellschaftlichen Ebene und deren politische Repräsentanten. Damit wird das Problem einzelner zum Problem für die Allgemeinheit, die und deren Repräsentanten jetzt also den von der Situation negativ Berührten die Kastanien aus dem Feuer holen, das heißt verändernd aktiv werden müssen. Da die Bearbeitung originärer Problemfälle prinzipiell die gleiche Sache ist wie die Bearbeitung von Routinefällen und auch die gleichen Fragen aufwirft, werden Aspekte der Fallbearbeitung gemeinsam in einem eigenen Kapitel behandelt (vergleiche unten Kap. 2, 2.).

(2) *Prävention*: Es gibt problematische Situationen, die den Beteiligten als einmalig erscheinen, weswegen die Vorstellung, sie könnten sich so oder ähnlich wiederholen, außerhalb ihres Denkhorizonts bleibt.

Das ist vor allem im Lokalbereich der Fall, etwa bei Problematisierungen von konkreter Lärmbelästigung, Belastung durch Straßenverkehr, durch Geruchsemissionen aus Müllkippen oder Viehhaltung.

Hier endet die Handlungsbereitschaft mit der erfolgreichen Realisierung von Maßnahmen, die den Problemzustand zum Verschwinden bringen sollen. Bei der großen Zahl von Problematisierungen wird hingegen prinzipiell mit einer möglichen Wiederkehr der problematisierten Situation gerechnet; sie bleiben als mehr oder weniger großes Risiko ständig problematisch. Diese Perspektive führt zur Suche nach Möglichkeiten, solche Situationen zu verhindern, das heißt also zu Prophylaxe oder, was dasselbe meint, zur Prävention (vergleiche Kap. 2, 1.).

(3) *Bearbeitung von Routinefällen*: Auch die beste Prävention ist häufig nur begrenzt effektiv, es treten immer wieder Situationen auf, die gleich scheinen wie die in der originären Konstitution problematisierten Gege-

benheiten. Für ihre Problematisierung scheint jetzt eine gesteigerte gesellschaftliche Aktionsbereitschaft zu bestehen, aber nicht nur das: es sind auch ziemlich klare Aktionsprogramme vorhanden als Folge der originären Problematisierung, die auf der kulturellen Ebene der Gesellschaft zur Verfügung stehen.

4.3.   Veränderungen auf der kulturellen Ebene: Die Verfügbarkeit neuer Problemtypen

Wenn solche originären Konstitutionsprozesse sozialer Probleme geglückt sind, hat das kulturelle Folgen auf zwei Ebenen, der Ebene der unmittelbaren Problematisierung von Situationen zu Routinefällen und auf der Ebene künftiger originärer Problemkonstitutionen. Diese Folgen bestehen im Vorhandensein einer sozusagen unsystematischen Systematik verfügbarer Problemtypen (4.3.1.). Diese sind allerdings nicht unabänderlich und ewig, im Gegenteil, die Typen sind dem sozialen Wandel unterworfen (4.3.2.).

4.3.1. Der Problemtyp als Problematisierungsprogramm

Für alle künftigen vergleichbar scheinenden unerwünschten Situationen einzelner beziehungsweise der Gesellschaft gibt es nun ein gesellschaftlich verbindliches Programm ihrer Problematisierung. In der originären Problematisierung setzte sich folgende Abfolge von Sätzen politisch durch: (a) Das und das ist der Fall und hat diese Gründe; (b) es ist negativ zu bewerten; (c) das und das muß geschehen; (d) und das Ganze geht alle an. Daraus ergibt sich für die Zukunft eine verbindliche Wenn-dann-Abfolge: Immer, wenn das und das der Fall ist und diese Gründe hat, dann ist das negativ zu bewerten, muß das und das geschehen und geht alle an. Sozusagen als Nebenprodukt, häufig allerdings als beabsichtigtes Nebenprodukt, bei der Kriminalisierung sogar als einziges Produkt – Strafgesetze gelten nicht rückwirkend –, erhalten wir mit der originären Problematisierung diese Programme für künftige Problematisierungen konkreter Situationen zu Routinefällen.
Was ist das nun genauer, was da fast nebenbei geschaffen wird bei der originären Problemkonstitution? Es sind konkrete Problemtypen, und diese wirken als Programme, die anweisen, wie man aus unerwünschten, störenden oder auffälligen Situationen Tatbestände macht, um die sich die Öffentlichkeit und öffentlich bestellte Agenten kümmern müssen; es sind also Programme, wie ich aus einem zunächst mich und mei-

nesgleichen, also Leute mit gleichen Interessen wie ich, störenden Vorfall, also aus einem persönlichen Problem, einen Fall machen kann, der alle angeht und für den klar ist, was zu geschehen hat, ohne daß ich das aufwendige Geschäft einer originären Problematisierung versuchen muß. Das originäre Problem wird zum Prototyp oder Präzedenzfall, nach dessen Muster alle künftigen vergleichbaren Situationen in verkürzter Manier zum Problem-Fall gemacht und so routinisiert bearbeitet werden können; es wird zum Problemtypen im oben gebrauchten Sinn des Wortes, eben zum konkreten Problemtyp zur Problematisierung konkreter Situationen.

Seit gesellschaftlich durchgesetzt wurde, daß der Umstand, daß X dem Y etwas wegnimmt, was als dessen Eigentum gilt, nicht nur das individuelle Problem von Y ist, sondern alle angeht, also ein soziales Problem ist, und seit für den Umgang mit diesem Problem ein für allemal Regeln aufgestellt sind, haben wir – durchaus gewandelt im Laufe der Zeit, aber dem aktuellen Fall jeweils vorausgehend – Justizorgane, § 242 Strafgesetzbuch, Verfahrensregeln der polizeilichen und gerichtlichen Ermittlung, Strafvollzugsorgane, Strafvollzugsmaßnahmen und flankierende soziale Maßnahmen sowie Kriminologien, also die Möglichkeit, aus einem solchen Geschehen einen Fall von Diebstahl zu machen. Nach derselben Logik gibt es nicht mehr nur sexuelle Interaktion in Verbindung mit physischem Zwang gegen Ehefrauen, sondern die Möglichkeit, den kriminellen Fall der Straftat der Vergewaltigung in der Ehe daraus zu machen; nicht mehr einfach Pflegebedürftigkeit, sondern den möglichen Fall für die Pflegeversicherung.

Das Programm weist nicht nur an, wie aus Situationen Tatbestände zu machen sind; es weist auch an, wie Personen problemspezifisch zu transformieren sind; bei Problemen Sozialer Arbeit heißt das, wie aus Menschen oder Bürgern Täter und Opfer einer bestimmten Sorte oder Randständige zu machen sind.

4.3.2. Das verfügbare System von Problemtypen – Typologien möglicher Skandalfälle im sozialen Wandel

Es gibt nun offenkundig als Ergebnis vielfältiger originärer Problematisierungen eine Vielzahl solcher Problematisierungsprogramme. Diese stehen nicht unverbunden nebeneinander, sondern in einer Art unsystematischer Systematik verschiedener Typologien. Diese Typologien sind ein wichtiger Bestandteil unserer heutigen Alltagskultur, wichtige Formen, denen folgend wir alle tagtäglich soziale Wirklichkeit konstruieren. Diese Systematik entstand in der Entwicklung zur modernen Gesellschaft. Dabei wurden ältere Typen oder Kategorien abgelöst – genannt seien exemplarisch Devianztypen: Hexen, Ketzer, Besessene, Lasterhafte, Säufer, Sünder, Irre und gefallene Mädchen gibt es nicht mehr, der geborene Verbrecher hatte eine bisher nur kurze Lebensdauer. (Zum Aufstieg und Fall des im späten Mittelalter und der frühen Neuzeit konstruierten Problemtyps der Hexe legt Honegger (1985) einen interessanten Rekonstruktionsversuch vor.) Statt dessen gab es Neuzugänge, neue Problematisierungsprogramme, die oben schon erwähnt wurden, zum Beispiel psychisch Kranke, Verwahrloste. Durch solche Neuzugänge wurde und wird die Systematik immer wieder merklich modifiziert, wie sie insgesamt auch ständig in Bewegung und Veränderung ist. Die aktuellen Typen sind auch nicht fix und fertig, sind vielmehr einem Wandel unterworfen. Folgende gesellschaftliche Faktoren dürften dabei vor allem eine Rolle spielen:

(1) *Die Dynamik des Wandels der Realität:*
Es gibt Asylanten als Sonder- und Mischtyp deprivierter möglicher Devianter als Folge der Fluchtbewegungen seit Mitte der 80er Jahre.

(2) *Die Dynamik des Wandels gesellschaftlicher (Definitions-)Macht:*
Der Typ des Armen, der sich im Zuge der Etablierung der freien, immer weniger sozialen Marktwirtschaft leise vom Deprivierten zum Devianten (Drückeberger, Faulpelz) wandelt, die zickige Ehefrau, die im Zuge des Wandels der Geschlechtsrollen zum Opfer einer Vergewaltigung wurde, der dazugehörige Ehemann, der dabei zum Sexualstraftäter eines bestimmten Typs – ehelicher Vergewaltiger – wurde, können hier genannt werden.

(3) *Die Dynamik des Wertewandels:*
So läßt sich der Problemtyp des situativ Desorientierten aus der Zunahme individualistischer, persönliche Selbstverwirklichung favorisierender Werte hypothetisch herleiten.

(4) *Die Dynamik des Wandels der Wissenschaften, der gemeinhin als Fortschritt interpretiert wird:*
Mit der Etablierung neuer Humanwissenschaften bekommen wir wohl bald neue Devianztypen: Die erstarkende Humanbiologie bringt uns vielleicht bald den geborenen Verbrecher zurück. – Sehr interessant ist in diesem Zusammenhang die Untersuchung, die Schetsche vorlegte zum Wandel der Thematisierung von Sexualkontakten zwischen Erwachsenen und Kindern in der Fachliteratur. Die Problemtypen oder, wie er sagt, die Deutungsmuster solcher Handlungen und Beziehungen haben Mitte der 80er Jahre einen bemerkenswerten Wandel erlebt. Bis

dahin bestimmte das „Konzept Triebverbrecher" die pädagogische Fachdiskussion, danach das „Konzept Mißbrauch", mit beiden werden sehr unterschiedliche Wirklichkeiten konstruiert, insbesondere sehr unterschiedliche Szenarien der Beteiligten, und sie entsprechen sehr unterschiedlichen Interessen bei Definitoren und rezipierender Öffentlichkeit (Schetsche 1993: 67-70). Seit 1996 haben wir aufgrund mehrerer spektakulärer Sexualmorde beide Konzepte nebeneinander in Geltung. – In ständiger Bewegung ist auch die Typologie, die den Devianztyp der psychischen Krankheit ausdifferenziert, wie sie unter Experten angeboten wird. Es gibt seit Jahrzehnten den erfolgreichen Versuch seitens der WHO, eine international akzeptierte Klassifikation solcher unerwünschter Verhaltensformen zu verbreiten, und zwar in Form des psychiatrischen Teils der ICD (= International Classification of Diseases). Diese Klassifikation ist in ständigem Wandel begriffen: 1980 erschien die 9. Fassung in deutscher Übersetzung, bereits 1991 die 10., beträchtlich überarbeitete Version (vergleiche Dilling u. a. 1991). Sehr bemerkenswert scheint mir, daß hier sogar der Name des gesamten Problemtyps verändert wird: Sowohl die amerikanische Originalfassung wie die deutsche Übersetzung der 10. Fassung meiden den Ausdruck „psychische Krankheiten" („mental deseases") und ersetzen ihn durch den Begriff der „psychischen Störungen" („mental and behavioural disorders"). Das geschieht, „um den problematischen Gebrauch von Ausdrücken wie 'Krankheit' oder 'Erkrankung' weitgehend zu vermeiden" (Dilling u. a. 1991: 19). Der Begriff der „Störung" wird dann folgendermaßen bestimmt:

„'Störung' ist kein exakter Begriff; seine Verwendung in dieser Klassifikation soll einen klinisch erkennbaren Komplex von Symptomen oder Verhaltensauffälligkeiten anzeigen, der immer auf der individuellen und oft auch auf der Gruppen- oder sozialen Ebene mit Belastung und mit Beeinträchtigung von Funktionen verbunden ist, sich aber nicht auf der sozialen Ebene allein darstellt" (Dilling u. a. 1991: 19).

Die kulturell verfügbare Systematik von Problematisierungsprogrammen, das heißt von Problemtypen, ist ziemlich unsystematisch; zugleich ist sie ziemlich komplex und kompliziert mit einer Vielzahl von Ober- und Untertypen, wobei die Gesichtspunkte der Typenbildung nicht eindeutig klar sind und vielfältige Überschneidungen vorkommen. Unter anderem haben wir so Sicherheitsprobleme, Ordnungsprobleme, Gesundheitsprobleme, Umweltprobleme mit jeweils vielen Detailproblemen höherer und niedriger Ordnung, und irgendwo haben wir auch die

Problemtypen und Untertypen, mit denen man sich in der Sozialen Arbeit üblicherweise herumschlägt.

Exkurs: Prozesse der Entproblematisierung

Allenthalben laufen Problematisierungen und werden auch soziale Probleme konstituiert. B. Peters bemerkt: „Mehr und mehr soziale Sachverhalte sind problematisierbar geworden..." (1994: 61). Trotzdem läuft die Zahl sozialer Probleme nicht unaufhaltsam in Richtung Unendlich, denn wir haben auch Prozesse der Entproblematisierung, die nur kurz und stichwortartig angesprochen seien. Meines Erachtens lassen sich zwei Spielarten unterscheiden:

(1) *Entskandalisierung:* Bei derartigen Prozessen werden die Normalitätsmaßstäbe derart verändert, daß bisher negativ bewertete Zustände beziehungsweise Handlungen nunmehr als normal qualifiziert werden, weswegen kein gesellschaftlicher Handlungsbedarf mehr besteht.
Mit dem Wandel der Sexualnormen wurde Ende der 60er Jahre (männliche) Homosexualität nicht mehr als kriminell abweichend qualifiziert und ist nicht mehr öffentlicher sozialer Kontrolle durch die Strafrechtspflege ausgesetzt.
(2) *Entsolidarisierung:* Bei derartigen Prozessen werden bisher vergesellschaftete Risiken und Probleme einzelner wieder zur Privatsache der Betroffenen erklärt.
Hier können sämtliche Beispiele für den gegenwärtigen sogenannten Abbau des Sozialstaats angeführt werden.

Kapitel 2:
Die Problembearbeitung

Wie oben wiederholt dargestellt wurde, existieren soziale Probleme auf drei Ebenen: als originäre Fälle, als Risiko und als Routinefälle, wenn das Risiko eingetreten ist. Entsprechend kann die Problembearbeitung prinzipiell in zwei Grundformen erfolgen, nämlich als Problemvermeidung, das heißt praktisch meist Risikoverminderung, in Form von Prävention (1.) und als Fallbearbeitung (2).

1. PROBLEMVERMEIDUNG UND RISIKOVERMINDERUNG – PRÄVENTION

Martin Heidegger bringt in „Sein und Zeit" (1993: 198) eine Geschichte in Erinnerung, einen philosophischen Mythos, den der altrömische Schriftsteller Hyginus überliefert hat:

> Die eigentliche Erschafferin des Menschen ist die „Sorge"; sie macht ihn aus Erde und bittet den Gott Jupiter, ihm Geist zu verleihen, was der auch tut. Dann streiten sich die Beteiligten, die „Sorge", die Erde und der Gott Jupiter, wer dem Wesen seinen Namen geben dürfe. Sie rufen Saturn als Schiedsrichter, und seine Lösung ist perfide: Das Wesen ist aus „humus" gemacht, also soll es „homo" (Mensch) heißen, sein Leib soll nach dem Tod zur Erde, sein Geist zu Jupiter zurückkehren. „Weil aber die 'Sorge' dieses Wesen zuerst gebildet hat, so möge, solange es lebt, die 'Sorge' es besitzen."

Hyginus erzählt es nicht mehr, aber es ist allgemein bekannt, daß die Menschen mit einer Gegenstrategie antworten, der Vorsorge. Sie bewerkstelligen sie, soweit es geht (und soweit sie denken) individuell bei ihren persönlichen Problemen, und sie bewerkstelligen sie auch kollektiv bei sozialen Problemen. Bekanntermaßen stören sie damit die Strategie der Götter ein bißchen, durchkreuzen sie aber nicht, denn immer wieder durchbricht die Dämonin „Sorge" den Bannkreis, den wir mit unserer Vorsorge zu ziehen versuchen.

Diese Vorsorge, die der Problemvermeidung, zumindest aber der Risikoreduktion dient, ist allgegenwärtig im modernen Leben. Problemsoziologen haben sich bisher, soweit ich sehe, nicht mit ihr beschäftigt, und auch sonst sehe ich keinen Ort, an dem möglicherweise vorliegende

Ergebnisse der Forschung zur Prävention, die in unterschiedlichsten Bereichen stattfindet, gesammelt wären. Solche Ergebnisse aus Medizin, Rechtswissenschaft und Rechtspolitik, Katastrophenschutz und anderen Bereichen zusammenzutragen, kann in einem Einführungstext, wie es der hier vorliegende ist, nicht geleistet werden. Deswegen im folgenden nur sehr knappe und sehr spekulative Hinweise auf Formen und Akteure der Prävention. Näherungsweise lassen sich zwei Grundformen unterscheiden, Versuche der Problemvermeidung (1) und Versuche der Vorkehrung für Schadensbegrenzung beim Eintreten des befürchteten Risikos (2).

(1) *Versuche der Problemvermeidung* sind Maßnahmen, die das Auftreten von problematisierbaren Situationen und damit von Problemfällen verhindern sollen.

Es gibt dazu bezüglich sozialarbeitsrelevanter Probleme in allen westlichen Industrienationen umfangreiche Maßnahmen gigantischer institutioneller Apparate zur Verhinderung ökonomischer Mangellagen durch die viele Risiken abdeckenden Versicherungssysteme ebenso wie zur Verhinderung unerwünschten Verhaltens, insbesondere durch das Strafrechtssystem mit seiner Abschreckungsfunktion, aber auch durch (sozial-)pädagogische und sozialarbeiterische Maßnahmen.

Inhaltlich bestimmt sind diese Maßnahmen durch die Rahmung und die Skripte, also die Problemtypen, die bei der Gestaltung problematisierbarer Situationen zu Problemtatbeständen zur Anwendung kommen, dabei ist allerdings auch der umgekehrte Weg denkbar, daß zur Legitimation gewünschter Strategien bestimmte Problemtypen angewandt werden.

Verwendet man zur Rahmung solcher Situationen das Abweichungsmodell, ergeben sich als Folge „personenbezogene" Präventionsstrategien, verwendet man mehr oder weniger explizierte Desintegrationsmodelle, ergeben sich „strukturbezogene" Präventionsstrategien (Faltermeier 1997: 730). Wünscht man personenbezogene Maßnahmen, weil einem die Verhältnisse im großen und ganzen passen, wird man mit dem Abweichungsmodell rahmen, im gegenteiligen Fall mit dem Desintegrationsmodell.

Die Prophylaxe im Drogenbereich, wie sie jahrelang von den Innenministerien und der Polizei betrieben wurde und die vor allem auf Information und Abschreckung setzte, geht beim Drogengebrauch von einem ganz anderen Verhaltens- und damit Devianztyp aus als die Deutsche Hauptstelle gegen die Suchtgefahren mit ihren Präventionsprogrammen, die auf Verbesserung der psycho-sozialen Lebensbedingungen potentieller Gebraucher setzt. Im ersten Fall ist Drogengebrauch Folge von Uninformiertheit, Leichtsinn oder bewußter und freier Entscheidung, was die Kriminalisierung des ganzen Drogenfeldes sinnvoll erscheinen läßt; im zweiten Fall ist er Manifestation psychosozialer Verwirrung, was seine Pathologisierung stimmig scheinen läßt (Büchner 1992).

Als Akteure der Problemvermeidung finden wir zwei Typen:

(a) Die Mitarbeiter von Institutionen, die nur der Problemvermeidung dienen – unter anderem und insbesondere ist hier das Versicherungswesen zu nennen.

(b) Experten, die zugleich für die Prävention und die Fallbearbeitung zuständig sind,

(aa) wenn Reaktion und Prävention zugleich ablaufen, zum Beispiel soll der Strafvollzug zugleich der Aufarbeitung der Straftat wie der Prävention dienen;

(bb) wenn die Prävention ausdrücklich auch als Aufgabe der Reaktionsexperten definiert ist, zum Beispiel im Drogenbereich sind sowohl Kripobeamte wie Berater präventiv tätig.

Darüberhinaus gibt es einen diffusen Hof von zumeist Experten, aber auch Laien, die zur Prävention beauftragt sind.

(2) *Versuche der Vorkehrung für Schadensbegrenzung* sind Maßnahmen, die vor dem Auftreten entsprechender Situationen, also schon im vorhinein für den „Fall der Fälle", getroffen werden, um in diesen Fällen den eintretenden Schaden möglichst zu begrenzen, indem sie möglichst schnell und effektiv bearbeitet werden.

Das real und sprichwörtlich allgegenwärtige Beispiel für diese Form der Prävention ist die Feuerwehr. Daneben sind neben vielem anderem die auf Täter und Klienten wartenden Institutionen, Akteure und Maßnahmen der Strafrechtspflege, des Gesundheits- und Sozialwesens zu nennen.

2.   ARBEIT MIT FÄLLEN

So banal es auch klingt, es ist doch erwähnenswert: Voraussetzung dafür, daß ein Problemfall bearbeitet werden kann, ist, daß er gegeben ist. Aber kein Fall ist sozusagen von Natur aus und objektiv gegeben, jeder muß als solcher konstituiert werden. Die originären Fälle erfahren diese ihre Konstitution im Zuge der originären Konstitution des jeweiligen Problems; das wurde oben schon erläutert. Die Routinefälle brauchen diese ihre je aktuelle Konstitution je neu als ersten Schritt der gesellschaftlichen Reaktion auf die ihnen zugrundeliegenden Situationen. Für beide Formen von Problemfällen schließt sich daran die Problembearbeitung. Im folgenden wird zunächst die nur für Routinefälle relevante Metamorphose von der prinzipiell problematisierbar scheinenden Situation zum gesellschaftlich relevanten Problemfall beschrieben (2.1.), anschließend werden einige Bemerkungen zum Prozeß der Problembearbeitung für beide Arten von Fällen gemacht (2.2.)

Schematische Darstellung des Verlaufs der Fall-Konstitution

I. Aspekte der Fall-Konstitution	II. Beteiligte / Akteure der Fall-Konstitution

1. Problemanmeldung
• Auslösende Situation – Formulierung eines persönlichen Problems
• tentative Schaffung des Fall-Tatbestands
  • Eingrenzung des Problemfelds / Rahmung
  • Interpretation mittels bestimmter Skripte
• tentative Problematisierung des Fall-Tatbestands mittels bestimmter Standards
• Subsumption des tatbestands unter einen bestimmten Problemtyp
• Adressierung bestimmter typspezifischer Experten
• Forderung bestimmter typspezifischer Reaktionen
	1. Problemanmelder
	• Laien
	• Fremd-Experten
	• Experten

2. Problementscheidung
• Bindender Beschluß über das Vorliegen des Fall-Tatbestands
  • Eingrenzung des Problemfelds / Rahmung
  • Interpretation mittels bestimmter Skripte
• Bindende Problematisierung des Fall-Tatbestands mittels bestimmter Standards
• Verbindliche Subsumption des Tatbestands unter einen bestimmten Problemtyp – „Diagnose"
• Verbindlicher Beschluß zur Reaktion
  • Übernahme zur Eigenbearbeitung oder
  • Überweisung an weitere Experten
• Festsetzung bestimmter typspezifischer Reaktionen
	2. Problementscheider
	• Diagnose-Experten

2.1.   Die Konstitution von Routine-Fällen – Der Gestaltwandel
individueller Probleme zu sozialen Routine-Problemen

Oben wurde betont, daß die Konstitution von originären Fällen, also die
originäre Problemkonstitution, und die Konstitution von Routine-Fällen, die routinisierte Problemkonstitution, prinzipiell dasselbe bezwekken: die Aktivierung einer tatkräftigen Allgemeinheit zur Lösung beziehungsweise Bearbeitung von zunächst persönlichen Problemen. Bei der
originären Problemkonstitution muß, wie oben gezeigt, für neu ins öffentliche Licht gebrachte Phänomene erst einmal dieser gesellschaftliche Aktionswille grundsätzlich geschaffen werden – wie, das sollte im
letzten Kapitel deutlich geworden sein. Bei routinemäßiger Problemkonstitution geht es darum, den prinzipiell vorhandenen gesellschaftlichen Aktionswillen für Situationen einer bestimmten, mehr oder weniger klar definierten Art in konkreten Situationen dieser Art zu aktivieren. Wie das geschieht, soll in diesem Abschnitt rekonstruiert werden.
Abgesehen von diesem Unterschied ist das Verfahren prinzipiell, nämlich von seinem Sinn her, dasselbe. Das wird in der bisherigen deutschen Problemsoziologie nicht gesehen, und deswegen wird dort nur
das behandelt, was ich hier als originäre Problemkonstitution bezeichne; die Konstitution von Routine-Fällen als Problemkonstitution ist bisher nicht im Blick. Deshalb kann ich im folgenden nicht auf bereits entwickelte oder gar schon empirisch bewährte Modelle zur Darstellung
dieses Prozesses zurückgreifen.
Im folgenden werde ich zunächst einmal zeigen, wie meines Erachtens
die Fallkonstitution überhaupt verläuft und inwiefern sich das Verfahren von der originären Problemkonstitution unterscheidet (2.1.1.). Dann
werden die beiden typischerweise beteiligten Akteursgruppen, Experten und Laien, mit ihren je spezifischen Leistungen vorgestellt (2.1.2.).
Abschließend wird die in der Fallkonstitution erfolgende Anwendung
von Problemtypen näher beleuchtet, wodurch ihre Auswahl determiniert ist (2.1.3.) und was sie für spezifische Wirkungen haben (2.1.4.).

2.1.1.   Sinn und Verfahren der Konstitution von Routine-Fällen – Die
soziale Problematisierung konkreter Situationen als Anwendung
von Problemtypen

(1) Es ist häufig gegeben, daß bestimmte Situationen für bestimmte
Menschen unangenehm und damit unerwünscht sind: Sie haben mit diesen Situationen, wie man sagt, ihr Problem.

Manche Leute kommen mit dem Geld nicht aus; manche (Ehe-)Frauen erleben physischen Zwang durch ihren Partner.

Solche persönlichen Probleme kann man aushalten oder allein beziehungsweise mit Hilfe von Personen des privaten Raumes zu lösen versuchen.

Man schränkt sich gezielt ein oder sucht einen Zusatzerwerb; man versucht, mit dem Partner zu reden, oder bringt sich in Sicherheit; man kann Verwandte und Freunde um Hilfe bitten.

Man kann aber auch versuchen, jenseits des unmittelbaren Privatraums Unterstützung zu bekommen, die Allgemeinheit einzuschalten, die Sache sozusagen offiziell zu machen: Sie soll zum Fall für die Allgemeinheit und so zum allgemeinen, also sozialen Problem werden.

Man geht zum Sozialamt und beantragt HLU; man geht zur Polizei und zeigt den Zwang anwendenden Partner an.

Wenn jemand nun sein persönliches Problem offiziell macht, dann versucht er in der Regel, das unter Rückgriff auf bestimmte konkrete Problemtypen und das heißt auf bestimmte Problematisierungsprogramme zu tun, wobei er sich zugleich an bestimmte Experten wendet.

Wer zum Sozialamt geht, problematisiert seine Lage mit dem Problemtyp der Armut; wer zur Polizei geht, problematisiert das Handeln des Partners mit dem Problemtyp der kriminellen Devianz.

Zum Fall werden diese Situationen aber nur, wenn die Betroffenen bei Vertretern der Öffentlichkeit auf Zustimmung stoßen, das heißt, wenn diese Vertreter entscheiden, daß hier eine öffentlich relevante Situation und zwar eines bestimmten Typs vorliegt.

Sachbearbeiter im Sozialamt entscheiden: Hier liegt Sozialhilfebedürftigkeit vor; Vertreter der Justiz urteilen: Hier liegt Vergewaltigung vor.

Wie für die originäre Problemkonstitution gilt auch für die Fallkonstitution: Sobald unmittelbar Betroffene eine Situation zum sozialen Problem(fall) machen, schalten sie eine letztlich unberechenbare, von einer Menge von Eigeninteressen geleitete Größe ein, die Allgemeinheit, verkörpert durch den Staat und seine Repräsentanten; sie sind zumeist als sogenannte Experten präsent. Bei der Fallkonstitution wie bei der anschließenden Problembearbeitung verfolgen diese Repräsentanten und Experten Interessen, die, wiederum wie bei der originären Konstitution, zu den Ursprungsinteressen derer, die an die Allgemeinheit appellieren, komplementär, aber auch konträr sein können.

Wie oben dargestellt, ist die originäre Problematisierung ein politischer Prozeß: Der Problematisierer versucht, praktisch immer in einem Feld gegensätzlicher Interessen, mit Hilfe des starken Arms der Allgemeinheit seine höchst eigenen Interessen durchzusetzen. Das gilt nun nicht nur für die originäre Problematisierung, sondern immer, wenn Leute versuchen, konkrete unerwünschte Situationen zum öffentlich relevanten Fall zu machen; also auch dann, wenn sie unter Anwendung gegebener Problemtypen versuchen, altvertraute Situationen in ihrer unmittelbaren Lebenswelt, im Raum ihrer Mikropolitik, gesellschaftswirksam zu problematisieren.

(2) Nicht nur Betroffene versuchen, aus Situationen Fälle zu machen, auch Experten als Vertreter der Allgemeinheit treten auf und problematisieren konkrete Situationen mittels bestimmter konkreter Problemtypen.

Das ist besonders da der Fall, wo derartige Experten glauben, eine Situation stelle eine Störung der öffentlichen Ordnung dar, vor allem also bei potentiellen Fällen von Abweichung, insbesondere in Form vermuteter Kriminalität.

In der Regel haben wir hierbei das Zusammenspiel mehrerer Experten, die arbeitsteilig vorgehen.

Bei der Konstitution krimineller Fälle finden sich einerseits Polizei und Staatsanwaltschaft, andererseits die Gerichtsexperten einschließlich der Gerichts- und Bewährungshelfer.

(3) Verglichen mit dem aufwendigen Geschäft der originären Problematisierung ist die Konstitution der Routine-Probleme, wie die eben genannten Beispiele zeigen, radikal vereinfacht:

(a) Die ursprüngliche Problematisierung schrumpft zusammen auf die *Anmeldung* einer konkreten Situation als möglicher Routinefall eines bestimmten Typs, mit den Teilprozessen

(aa) des Versuchs der gesellschaftlich relevanten Problematisierung der Situation,

(bb) ihrer tentativen Zuordnung zu einem gängigen Problemtyp,

(cc) verbunden mit der Anfrage bezüglich des möglichen Falls bei Experten als Vertretern der Allgemeinheit.

(b) Das Werben um politische Entscheidungsträger, beispielsweise über eine Generalisierung der Betroffenheit, erübrigt sich, da, sobald ein etablierter konkreter Problemtyp als anwendbar gilt, die Zuständigkeit der Allgemeinheit impliziert ist.

(c) Die Problemdurchsetzung beschränkt sich auf den mikropolitischen Bereich der unmittelbar involvierten Situation und ihrer Akteure und besteht in *Entscheidungen*, nämlich

(aa) in der konkreten Durchsetzung der Anwendung eines Problemtyps auf den Einzelfall nach Art einer Diagnose, also in der Entscheidung, eine bestimmte Situation stelle einen Routinefall eines bestimmten Typs dar, verbunden mit

(bb) der Entscheidung, er sei typenspezifisch zu bearbeiten.

(d) Am Konstitutionsprozeß als Definitoren beteiligt sind nur noch Personengruppen, die bei der originären Problemkonstitution unter den fordernden Definitoren zu finden waren, nunmehr mit veränderten Rollen, nämlich als anmeldende Laien und entscheidende Experten, oder es sind gar nur noch Experten tätig.

(4) Was bedeutet es, wenn es gelingt, aus der unerwünschten Situation einen Fall zu machen? Jetzt wird das, was bei der originären Problemkonstitution generell vorgesehen wurde, konkret und im Einzelfall in Gang gesetzt:

(a) Öffentlich bestellte und kontrollierte Bearbeitungs- und Reaktionsagenten sollen angesichts des Einzelfalls im Interesse bestimmter einzelner aktiv werden; Strafverfolgungsbehörden, Ärzte und andere öffentlich anerkannte Therapeuten, Sozialbehörden und Verbände.

(b) Öffentliche beziehungsweise öffentlich kontrollierte Gelder sollen für den Einzelfall und im Interesse bestimmter einzelner eingesetzt werden,

Steuergelder, Gelder aus gesetzlich geregelten Abgaben, zum Beispiel aus Pflichtversicherungen, Spenden für gemeinnützige Organisationen. Somit soll das ursprünglich einmal individuelle Problem jetzt im Namen der Gesellschaft bearbeitet werden. Damit so etwas gelingt, müssen die Betroffenen und die möglichen weiteren Agenten der Problematisierung gegenüber den Personen, deren Interessen die Erhaltung des Status quo entspricht, durchsetzungsfähig sein mit der Problematisierung überhaupt und mit der Anwendung eines bestimmten Problemtyps. Und nicht immer haben beziehungsweise sehen Betroffene die Möglichkeit, über eine derartige Vergesellschaftung ihrer Interessen diese zu realisieren.

(5) Der zentrale Prozeß der routinisierten Problematisierung von Situationen ist also die Anwendung bestimmter konkreter Problemtypen; wir könnten auch sagen: eine bestimmte Rahmung der zu problematisierenden Situation beziehungsweise die Anwendung eines bestimmten Skripts in kognitiver und evaluativer Hinsicht. Wie das abläuft, soll im folgenden, wieder anhand von Problemen, die für Sozialarbeit relevant sind, und anhand der bunten Vielfalt entsprechender Problemtypen näher betrachtet werden. Fragen, die sich angesichts dieses Themas stellen, sind: Wer sind im einzelnen die Akteure der Problematisierung und damit der Typenzuweisung und was bestimmt sie in ihrem Verhalten?

Wovon hängt es ab, unter welchen Global-, Spezial- und konkreten Problemtyp eine Situation subsumiert wird? Lediglich von objektivierbaren Situationsmerkmalen oder von mehr? Und welche Wirkung haben die unterschiedlichen Typen für den Prozeß der Problematisierung altbekannter Situationen?

(6) Vor der Bearbeitung dieser Fragen möchte ich auf folgendes hinweisen: Die Unterscheidung zwischen originärer Problematisierung und Fallkonstitution ist in der Praxis keineswegs immer trennscharf möglich. Das zeigen beispielhaft Entscheidungen von (höchsten) Gerichten, die in neuartiger Weise bestimmte Phänomene unter einen bestimmten Problemtyp subsumieren, so diesen Problemtyp modifizieren und damit de facto einen neuen Problemtyp (mit altem Namen) schaffen, was auch de facto eine neue, das heißt originäre Problemkonstitution bedeutet. Geglückt sind in den 60-er Jahre Versuche, durch den Bundesgerichtshof in neuartiger Weise Fälle von Zwangsanwendung unter den Begriff der Gewalt zu subsumieren und dadurch das soziale Problem der kriminellen Abweichung in Form von Gewaltausübung in neuer Weise zu konstituieren (Menzel 1997: 192).

2.1.2. Akteure der Typenzuweisung – Laien und Experten als Definitoren von Routine-Problemen

Welche Akteure haben Interessen und schaffen es auch, im jeweiligen relevanten Raum des Falles festzusetzen, daß etwas ein Fall von öffentlichem Belang ist und welcher Problemtyp für den jeweiligen Fall das zutreffende Problematisierungsprogramm bietet? Hier finden sich, wie schon gesagt, Akteure auf zwei sehr unterschiedlichen Ebenen, die sich als Laien- und Expertenebene kennzeichnen lassen. (Zur Differenzierung von Laien und Experten vergleiche oben Kap. 1, 3.1.2.3.) Die Differenz zwischen Laien und Experten ist also eine Grundlage der Fallkonstitution. Damit stellt sich die Frage, in welchem gesellschaftlichem (Definitions-)Prozeß bestimmte Leute als Spezialisten der Problembearbeitung und damit als Experten konstituiert werden. Das ist allerdings eine Frage, auf die hier nur hingewiesen werden soll, da das Thema der Expertenschaft weit über den Bereich einer soziologischen Problemtheorie hinausreicht.

Hier erfolgen dann Laien-(Selbst- und Fremd-)Klassifikation und Expertenklassifikation und spielen zusammen. Das geschieht in den zwei Schritten der Problemanmeldung durch Laien (2.1.2.1.) und der Problementscheidung durch Experten (2.1.2.2), wobei in gesondert gelagerten

Fällen auch auf die Mitwirkung von Laien verzichtet wird (2.1.2.3). Die komplexe Vielfalt der Problemdefinitoren, die wir bei der originären Problematisierung gefunden hatten, ist also, ganz entsprechend der radikalen Vereinfachung des Problematisierungsverfahrens, zusammengeschmolzen auf die Gruppe der ursprünglichen fordernden Definitoren, die sich jetzt aufspaltet in zwei Teilgruppen: Betroffene (und möglicherweise moralische Unternehmer) als sogenannte Laien und Leistungsanbieter als sogenannte Experten. Beide Ebenen sind von großer Bedeutung: Ohne die Laien werden Problemtatbestände kaum je öffentlich, ohne die Definition der entscheidenden institutionalisierten Experten werden die Tatbestände nicht in gesellschaftlich verbindlicher Weise zum sozialen Problem.

2.1.2.1. *Der Part der Laien: Problemanmeldung*

In der überwiegenden Zahl der Fälle wird der Problematisierungsprozeß von unmittelbar und mittelbar Betroffenen, manchmal auch von moralischen Unternehmern und Instrumentalisten in Gang gesetzt. Sie alle sind typischerweise Laien und in doppelter Weise zentral bedeutsam: Sie artikulieren ihr Unbehagen und versuchen, ihr zunächst persönliches Problem auf die öffentlich relevante Ebene zu heben und es als potentielles soziales Problem anzumelden – was nicht selbstverständlich ist; auch andere Verhaltensweisen als diese Veröffentlichung der Lage kommen vor. Sehr häufig werden nur durch diese Anmeldung durch Laien Situationen überhaupt sozial problematisierbar (1). Zugleich nehmen sie eine erste Typisierung ihrer Problemsituation vor, die dann dafür entscheidend ist, an welche Experten sie sich wenden, eine Typisierung, die so oder anders verlaufen kann (2).

(1) Eine erfolgreiche Problematisierung durch Laien ist nicht voraussetzungslos.

(a) Erste Voraussetzung einer Problemanmeldung ist, daß die betreffenden Laien bestimmte Informationen haben, nämlich

(aa) die kulturellen Muster der Problematisierungen kennen, also zum Beispiel wissen, daß es das Strafrecht gibt;

(bb) über sozial definierte Mindeststandards Bescheid wissen, zum Beispiel über Regelsätze der Sozialhilfe; über das, was als schulisches Normalverhalten von Kindern gilt; Mindestkenntnisse des Strafrechts;

(cc) die Reaktions- und Hilfeeinrichtungen kennen, zum Beispiel das Sozialamt; Beratungsstellen.

Das ist keineswegs selbstverständlich und nicht immer der Fall.

(b) Angesichts einer Situation, die ihnen auf Grund ihrer Informationslage prinzipiell als öffentlich problematisierbar erscheint, haben Betroffene dann die Möglichkeit, sie mittels eines vorliegenden Problemtyps als potentiellen Problemfall anzumelden – sie müssen das aber nicht tun, und sie tun es bei weitem nicht immer, weil es oft ihrer gesamten Interessenlage nicht entspricht.

Das läßt sich aufgrund einiger weniger Untersuchungen leicht am Beispiel der kriminellen Devianz und der Aktivität der Laien in Gestalt des Anzeigeverhaltens belegen:

Hanak (1984: 166) weist darauf hin, daß die bisherige Erforschung des Anzeigeverhaltens von einer falschen Voraussetzung ausging, nämlich: „Die Strafanzeige sei die ’Normalreaktion’ auf kriminelle Ereignisse.“ Demgegenüber macht er plausibel – und fordert entsprechende Untersuchungen –, daß die Anzeige nur eine von zahlreichen Möglichkeiten von Menschen ist, die direkt oder indirekt durch den Bruch einer Strafrechtsnorm betroffen sind, auf dieses Ereignis zu reagieren. Prinzipiell muß man sich klarmachen, daß fast jeder Normbruch einen Konfliktfall zwischen Normbrecher und Betroffenen darstellt. Das Interesse der Betroffenen zielt primär darauf, den Konflikt in ihrem Sinn zu lösen: Schadensausgleich, Schutz vor weiteren Schädigungen, Demütigung des Gegners, Rache u.s.w. Ob sie es in dieser Situation als zweckdienlich erachten, Polizei und Justiz einzuschalten, hängt von sehr vielen, der Forschung noch weithin unbekannten Faktoren ab. Wie Hanak meint, stellt die Konfliktlösung unter Einschaltung der Polizei und Justiz den „relativ untypischen Stil der Verarbeitung konkreter Konfliktsituationen“ (Hanak 1984: 178) dar. Häufiger, und oft auch, falls sie mißlingt, der Einschaltung von formalen Kontrolleuren vorgeschaltet, ist das, was er, dem Amerikaner Denzin folgend, als „relational control“ bezeichnet:

> „’Relational control’ bedeutet (...), daß Konflikte und Abweichungen üblicherweise zunächst einmal im unmittelbaren sozialen Umfeld der betroffenen Akteure sichtbar und thematisierbar werden. Alkoholismus, psychische Auffälligkeiten und Merkwürdigkeiten, erste Anzeichen krimineller Verhaltensweisen und Verwahrlosungssymptome werden zu Beginn oft im Familienverband, im Bekanntenkreis, am Arbeitsplatz oder in der Nachbarschaft erkennbar, und erst viel später gelangen sie – wenn überhaupt – formellen Kontrollinstanzen zur Kenntnis. Im Nahbereich (und damit: laienhaft) wird also zunächst darüber entschieden, ob die Abweichung vom Erwarteten, vom Normalen überhaupt wichtig genug ist, um Reaktionen auszulösen (...) (Man reagiert) mit einer Fülle von Normalisierungs- und

Neutralisierungstrategien... Die meisten dieser Normalisierungsstrategien beruhen auf dem Prinzip, daß abweichende Situationen und Personen ‚sich immer irgendwie hinbiegen lassen', daß Kompromißbildungen zwischen erwartetem und tatsächlichem Verhalten, Relativierungen der wechselseitigen Sichtweisen und Anforderungen aushandelbar und korrigierbar sind und sein müssen" (Hanak 1984: 164f).

Die Ergebnisse einer in Frankfurt durchgeführten Studie zu alltäglichen Formen der Konfliktverarbeitung, über die Stehr (1988) berichtet, bestätigen diesen Befund. Es verifizierte sich die Annahme der Autoren,

„daß auch hier und heute die weitaus meisten Konflikte ohne die Inanspruchnahme des Staates verarbeitet werden (kein anderer Sachverhalt steht hinter der kriminologischen Konstruktion des 'Dunkelfeldes unentdeckter Kriminalität'), daß die Anzeigeerstattung eher eine Ausnahmestrategie der Konfliktverarbeitung darstellt und daß auch dort, wo es zur Mobilisierung der Polizei kommt, nicht zwangsläufig die Inanspruchnahme von Strafrecht (und eine entsprechende Sanktionierung von Kontrahenten) intendiert ist, sich die Polizei vielmehr als ein 'unspezifischer remedy agent' erweist, an den aus der Bevölkerung eine Vielzahl höchst unterschiedlicher Dienstleistungsnachfragen herangetragen werden" (Stehr 1988: 214).

Sie fanden in ihrem Material nicht nur die eine, unter Einschaltung der Polizei erfolgende, sondern eine Vielzahl von „Strategien der Konfliktbearbeitung": „Dominant sind insbesondere Strategien der Meidung, des Verhandelns, der Selbsthilfe und der Mobilisierung Dritter" (Stehr 1988: 218). Und erst bei der letzten Strategie ist eine von mehreren Möglichkeiten die Einschaltung der Polizei (Stehr 1988: 219).

Ohne daß es hierzu aufwendige empirische Untersuchungen bräuchte, kann man aufgrund der Alltagserfahrung drei wichtige Faktoren nennen, die häufig verhindern, daß Menschen ihr persönliches Problem, das sie mit anderen haben, zum sozialen und damit öffentlichen Problem machen:

(aa) Schamgefühle, zum Beispiel in folgenden Situationen:

Die Opfer sexueller Gewalt schämen sich häufig dessen, was sie erlebt haben, und bleiben weiterer Gewalt ausgesetzt.

(bb) Angst in einer Lage subjektiv erlebter beziehungsweise objektiv gegebener Ohnmacht, zum Beispiel in folgenden Situationen:

Als Opfer familiärer Gewalt; in Situationen außerhalb der Legalität, etwa als Ausländer ohne Bleiberecht.

Auch hier gilt: Wer in gesellschaftlichen Welten lebt, in denen der Staat mit seiner Ordnung nicht präsent ist, hat keine Möglichkeit, aus dem, was ihn bedrückt, ein soziales Problem, hier also einen Fall zu machen; in der „Unterwelt" herrschen andere Regeln und andere Helfer.

Daneben ist noch mit vielen anderen Interessenlagen zu rechnen, die dazu führen, daß eine grundsätzlich problematisierbare Situation doch nicht zum Fall gemacht wird.

Damit wird auch folgendes deutlich: Ob ein individuelles (regelwidriges) Verhalten zum sozialen Problem wird, hängt weithin davon ab, ob Betroffene zur Durchsetzung ihrer Interessen den starken Arm der Allgemeinheit, der ihnen in Form aktivierbarer strafrechtlicher Reaktion in gewisser Weise zur Verfügung steht, nutzen können beziehungsweise wollen oder nicht. Das Hochheben einer Regelwidrigkeit auf die öffentliche Ebene des sozialen Problems durch die Einschaltung der formalen Kontrollinstanzen hängt also weithin vom privaten Interessenkalkül in einem privaten Konflikt ab. Damit ist auch die Kriminalisierung des Täters häufig eine unbeabsichtigte Nebenwirkung der ganz anderes bezweckenden Anzeige, über die bestimmte „Dienstleistungen" der Polizei (Stehr 1988: 222) abgerufen werden. – Wie stark das Bestrafungsbedürfnis der deutschen Bevölkerung ist, ist dabei umstritten. Das zentrale Ziel staatlicher Intervention, nämlich die Bestrafung des Schuldigen, ist, wie Sessar u. a. (1986) aufgrund einer 1984 in Hamburg durchgeführten empirischen Untersuchung meinten, für die meisten Bürger – außer in bestimmten Fällen wie zum Beispiel Vergewaltigung – völlig sekundär; das gelte sogar in höherem Maß für Menschen, die schon einmal Opfer einer kriminellen Tat geworden sind, als für andere. Dem gegenüber meint Kury (1995), diese Ergebnisse seien ein Artefakt der Befragung; er stützt sich dabei auf eine eigene empirische Studie, die 1994 in Freiburg durchgeführt wurde. In einer Replik auf Kury, in der er teilweise dessen Kritik akzeptiert, kommt Sessar, Kurys Ergebnisse mitberücksichtigend, zum Schluß:

„An den Grundaussagen unserer Forschung hat sich nichts geändert, wonach die Bevölkerung große Potentiale an Restitutionsbereitschaft – im Sinne einer Favorisierung der Wiedergutmachung anstelle von Strafe – hat, die aber durch ein alles durchdringendes Strafdogma verschüttet worden sind" (Sessar 1995: 105).

Damit erweist sich die Anzeigebereitschaft betroffener Privatleute als erster, sehr wirksamer Filter auf dem durch sukzessive Selektion gekennzeichneten Entwicklungsweg von prinzipiell kriminalisierbaren Handlungen hin zur kriminellen Tat – „Das Opfer ist der wesentliche Gestalter der offiziellen Kriminalität" (Kerner 1994: 925).

Für andere Problemtypen gilt vermutlich entsprechendes, ohne daß wir darüber Verläßliches wissen.

Lediglich zum Themenkreis der Inanspruchnahme von Sozialhilfe gibt es vereinzelt Hinweise: Jacobs faßt aus mehreren Untersuchungen die vermuteten „Gründe für die Nichtinanspruchnahme von Sozialhilfe" zusammen:

> „Unwissenheit über die Anspruchsvoraussetzungen, Angst davor, daß Verwandte zum Unterhalt herangezogen werden, der Wunsch, niemandem Rechenschaft über die Einkommensverhältnisse ablegen zu müssen, der Anspruch, dem Staat nicht zur Last zu fallen und für sich selbst zu sorgen und allgemein unangenehme Gefühle, die mit dem Gang zum Sozialamt verbunden sind" (Jacobs 1995: 415).

Die Folgen für die Häufigkeit bestimmter sozialer Probleme, also bestimmter Fälle, sind enorm: Da die Problemanmeldung durch Laien fast die einzige Möglichkeit für Experten darstellt, auf problematisierbare Situationen zu treffen, entscheiden die Laien in beträchtlichem Maß darüber, wie groß das sogenannte Dunkelfeld, quantifiziert in der sogenannten Dunkelziffer, der verschiedenen Problemlagen ist.

Das läßt sich wiederum exemplarisch zeigen am Problemtyp der kriminellen Devianz: Auf die überragende Rolle der Anzeigeerstatter im Falle der Kontrolle kriminellen Verhaltens weist Feltes unter Berufung auf Steffen (1982) hin:

> „Zwischen 94 und 98% aller Ermittlungsverfahren werden nicht von der Polizei selbst eingeleitet, und die Polizei selbst klärt auch nur etwa 10% aller ungeklärten Fälle auf, wodurch die geklärten Vorgänge im Verlauf der polizeilichen Ermittlungen nur um etwa 3%-Punkte zunehmen (von 41% auf 44%)" (Feltes 1984: 62, Anm. 3).

Die formale Kontrolle greift also fast immer aufgrund der Aktivität der informellen Kontrolleure, die sowohl die Tat wie den Täter anliefern. Kaiser spricht deswegen von der „strategische(n) Bedeutung der privaten Strafanzeige" (Kaiser 1996: 358). Dabei „sind Opfer und Anzeigeerstatter (unterschiedlich nach Deliktart; N.S.) in 73 bis 86 Prozent aller Fälle identisch" (Kaiser 1996: 356).

Dasselbe gilt in verstärktem Maße für das Problem der Armut: Während für die Justizbehörden ja prinzipiell und theoretisch die Pflicht besteht, von sich aus Gesetzesbrüche aufzuspüren, haben die Sozialbehörden keine derartige Verpflichtung. Sie werden ausschließlich erst nach der Laienanmeldung aktiv, und falls diese unterbleibt, unterbleibt auch die Konstitution entsprechender Armutsfälle. Entsprechend hoch wird auch die verdeckte Armut, gemessen mit der Dunkelziffer der Armut, geschätzt: Für die 70er Jahre wird nur von einem „Ausschöpfungsgrad" von ca. 50% der Sozialhilfe ausgegangen (Hauser 1995: 73; Hartmann 1985: 180), für die frühen 80er Jahre wird ein Ausschöpfungsgrad von 70% angegeben (Semrau 1990: 118). In der Caritas-Untersuchung ergab sich, daß nur 4/7 der von der Caritas betreuten Anspruchsberechtigten diesen Anspruch realisierten (Hauser/Hübinger/DCV 1993). Setzt man die Sozialhilfeempfänger als arm an, so muß man zu ihrer Zahl die entsprechende „Dunkelziffer" dazuzählen, um die Gesamtzahl der Armen zu erhalten.

(2) Persönliche Situationen, in denen man sich rat- und hilflos fühlt, motivieren also unter Umständen dazu, sich an öffentlich bestellte und verfügbare Experten des Rates und der Hilfe zu wenden, und zwar an zuständige Experten. Wer gilt als zuständig?

Eltern können mit ihrem als schwierig erlebten Kind zum Arzt, Psychologen beziehungsweise zur Erziehungsberatungsstelle, zum Jugendpsychiater (oder zum Prediger ihrer Religionsgemeinschaft, was keinen öffentlich relevanten „Fall" im hier gemeinten Sinn konstituiert) gehen. Ihre Entscheidung wird davon abhängen, wie sie persönlich die erlebte Situation interpretieren und, damit verbunden, welchem Problemtyp sie sie zuordnen wollen; umgekehrt kann diese Interpretation davon abhängen, welche Menschen, Berufsgruppen und Einrichtungen sie kennen. Die Wahl der zuständigen Experten ist also bedingt durch die Entscheidung der Laien für einen bestimmten Problemtyp – und umgekehrt. Wodurch wird nun dies Wahl bestimmt? Meines Wissens gibt es dazu keine Ergebnisse empirischer Forschung. Einige Vermutungen zu Determinanten der Typenwahl seien später formuliert.

2.1.1.2. *Der Part der Experten: Problementscheidung*
Wie es weitergeht, hängt dann vom eingeschalteten Experten ab, ob er nämlich der Laiendefinition folgt und die Situation zum Fall, für den er zuständig ist, machen will oder nicht. Falls ja, wird er mit der Situation arbeiten; falls nein, wird er entweder versuchen, die Laienproblematisierung zu negieren: – „Was Ihr Kind macht, ist altersgemäßes Experimentierverhalten; Sie brauchen nur etwas Nerven" – oder den potentiellen Fall, mit einer anderen tentativen Problematisierung versehen, an andere Experten weiterzureichen.

Laien, die wiederholt und insistierend Laiendefinitionen anmelden, die von Experten nicht übernommen werden, laufen Gefahr, daß ihr Verhalten als abweichend problematisiert wird: Zu Querulanten werden solche, die wiederholt andere erfolglos als kriminell qualifizieren; zu Hypochondern oder Simulanten werden solche, die sich selber wiederholt erfolglos als krank qualifizieren.

Es ist mir unbekannt, wovon es abhängt, ob Experten der Laienklassifikation folgen und einen potentiellen Fall übernehmen, ob sie ihn weiterreichen an andere Experten, die die Bearbeitung der Situation dann möglicherweise akzeptieren, oder ob sie die öffentlich relevante Problematik der Situation negieren. Sicher spielt die Realität der Situation immer eine gewisse Rolle; aber Realität ist für Menschen nur wirklich als wahrgenommene, interpretierte und damit als sozial konstruierte Wirklichkeit. Wie Experten Wirklichkeit konstruieren und sich ihr gegenüber dann verhalten, ist folglich nicht nur durch die Realität bestimmt, sondern durch vielerlei weitere Faktoren beziehungsweise Interessen – denken könnte man an Spielräume im Terminkalender, Experimentierfreude, vermutete Chancen einer Problemlösung, professionelle Expansionsinteressen, soziale Lage des Betroffenen relativ zum Experten u. a.m. –, über die wir aber kaum etwas wissen.

Auch wieder zum Problemtyp der kriminellen Devianz gibt es einige Informationen, die es zumindest erlauben, Fragen präziser zu formulieren: Wie oben schon gezeigt, stellt die Anzeigebereitschaft der Bevölkerung einen ersten, sehr wirksamen Auslesemechanismus im Feld prinzipiell kriminalisierbarer Geschehnisse dar. Aber dieser Filter ist nur der erste von mehreren im „sukzessiven Prozeß" des „Begehens, Entdeckens, Verfolgens und Sanktionierens krimineller Delikte" (Lamnek 1985: 67):

> „Im Gebiet der Bundesrepublik Deutschland beschäftigen seit Anfang der Achtziger Jahre schätzungsweise rd. 7 Millionen Anzeigen wegen Verbrechen und Vergehen jährlich die Strafrechtspflege. Nur etwa 700 000-760 000 Rechtsbrecher werden aber förmlich verurteilt. Dieser Vorgang beruht notwendig auf einer Auslese; diese Auslese erfolgt im Rahmen des Strafverfahrens" (Kaiser 1996: 363).

Kaiser hat zur Illustration dieser Aussage ein „Trichtermodell" der Strafverfolgung konstruiert (Kaiser 1996: 362), das dieses Selektionsverfahren sehr illustrativ darstellt und interessante Fragen ermöglicht zur Wirkung der einzelnen staatlichen Organe, der Polizei, der Staatsanwaltschaft und der Gerichte, auf den unterschiedlichen Selektionsebenen. Bei Geißler (1994: 170) findet sich, basierend auf den Zahlenverhältnissen von 1990, ein analoges „Filter"-Modell. (Siehe auch Walter 1995: 118ff.)

Daß hinter dieser Selektion nicht primär so etwas wie „Willkür" der Kontrollorgane oder ähnliche suspekte Faktoren stecken, sondern fast so etwas wie eine Systemnotwendigkeit, läßt sich bei von Trotha (1980), der mit dieser These dem Amerikaner Lemert folgt, nachlesen: Man muß für die moderne Gesellschaft einen tiefgreifenden Wandel der gesellschaftlichen Kontrollpolitik feststellen, und zwar von einer „passiven" zu einer „aktiven sozialen Kontrolle". Passive soziale Kontrolle dient der Aufrechterhaltung tradierter, stabiler sozialer Ordnungen und läuft über die Sicherung normkonformen Verhaltens mittels der Durchsetzung traditioneller Normen durch Sanktionen. Aber solche tradierten, stabilen sozialen Ordnungen haben wir heute nicht mehr. Wir sehen uns vielmehr ständigen Innovationen gegenüber.

„Nicht nur, daß neue Technologien Werte modifizieren, ihnen den Boden unter den Füßen wegziehen, neue Werte schaffen oder ihre Rangordnungen durcheinanderbringen, sondern vor allem hat die Dynamik miteinander konkurrierender gesellschaftlicher Gruppierungen einen nie gekannten Grad erreich (...) Moderne Gesellschaften sind in diesem Sinne ein Beziehungssystem, innerhalb dessen und durch das permanente Ziel- und Wertkonflikte ausgetragen werden und zwar auf dem Hintergrund des Wachstums gefährlicher und gefährdeter Technologien, so daß wir uns ständig konfligierenden Forderungen und prekären Situationen gegenübersehen, in denen Entscheidungen abverlangt werden, Entscheidungen, in denen Ziele und Mittel, Kosten und Ertrag abgewogen werden müssen, in denen es nicht genügt, bestehende Regelungen einfach anzuwenden, sondern in denen diese auf Ziele hin reflektiert werden müssen oder in denen sogar und vor allem neue Regeln, zielangepaßt zu erfinden sind, wobei diese Ziele, auf die hin Regeln erstellt werden müssen, ständigen Modifikationen oder gar grundlegenden Veränderungen unterliegen. Unter diesen Bedingungen tritt eine Form sozialer Kontrolle in den Vordergrund, nämlich die aktive soziale Kontrolle, die nicht die Funktion hat, feststehende und allgemein akzeptierte Wertvorstellungen und normative Regelungen zu sichern beziehungsweise bei Abweichung die alte Ordnung wiederherzustellen, sondern die zielorientierte, regulative und innovative Funktionen hat (...) (Das bedeutet, daß) die Ziele der sozialen Kontrolle gegenüber den Inhalten einzelner zu überwachender Normen eine immer größere Bedeutung erhalten" (von Trotha 1980: 95f).

Vom Ziel der Kontrolle her ist es damit sinnvoll und notwendig, nicht auf jeden Normbruch sanktionierend zu reagieren; um es am einfachsten Beispiel zu erläutern: Wenn alle Verkehrssünder unterschiedslos verfolgt würden, bräche das Straßenverkehrs- und das Justizsystem zusammen. Deswegen ist Selektion in der Strafverfolgung innerhalb der aktiven sozialen Kontrolle unausweichlich. Auf einen interessanten Aspekt dieser Selektion weist von Trotha (1980: 98f) noch hin: Weil sich diese Innovationen, die über aktive soziale Kontrolle durchgesetzt werden, immer als Feld gesellschaftlicher Konflikte darstellen, und weil die Träger der Kontrolle Menschen in dieser Gesellschaft sind und damit notwendig parteiisch, werden sie unterschiedliches Interesse an der Durchsetzung unterschiedlicher Normen haben.

Daß Kontrollorgane nicht nur parteiisch seien bezüglich der von ihnen favorisierten Normen, sondern auch möglicherweise bezüglich bestimmter Personengruppen, wird immer wieder behauptet. Eine äußerst interessante Teilfrage nach einer derartigen Filterung prinzipiell kriminalisierbarer Handlungen ist die nach einer möglichen „schichtspezifischen" Selektion. Von Vermutungen und (Teil-)Ergebnissen in diesem Bereich wurde die ganze „schichtspezifische" ätiologische Devianzforschung in Frage gestellt: Die tatorientierten Forschungen haben es als sicher angesetzt, daß die Regelwidrigkeitsraten der sogenannten Unterschicht beträchtlich höher ist als die der sogenannten Mittel- und Oberschicht, weil ja auch die Kriminalitätsrate erheblich höher ist. Diese Rate kennzeichnet allerdings die registrierte Kriminalität, und zwischen Tat und Registrierung steht als unerläßliche Verbindung die formale Kontrolle. Wenn nun diese formalen und davor die informellen Kontrollen etwa schichtspezifisch verzerrt ablaufen, nach dem Motto: „Die kleinen Diebe hängt man auf, die großen läßt man laufen", dann jagt die schichtspezifisch orientierte ätiologische Forschung einem Phantom nach, und ihre Aussagen haben dieselbe wissenschaftliche Wertigkeit wie die Theorien der Vampirologie.

Die Aussagen der Literatur zu dieser Frage sind keineswegs einheitlich. So stellt Steffen (1976) beispielsweise keine schichtspezifisch verzerrten Vorgehensweisen der Polizei fest; andererseits wird auf schichtspezifisch differenziertes Verhalten von Richtern, von Lehrern usw. hingewiesen (u. a. Schumann 1984: 13ff.). Und Kaiser stellt fest: „Ausweislich empirischer Analysen sind die einzelnen Gemeinden und Stadtbezirke mit polizeilichen Kontrollen unterschiedlich ausgestattet." Er verweist dann besonders auf „Unterschichtbezirke", wo es eine „schärfere polizeiliche Kontrolle" gebe, zum Teil erklärbar durch „die Annahme schichtspezifischer Schwerpunkte der Kriminalität", aber es „bestehen doch Hinweise dafür, daß die einzelnen Gruppen und Schichten der Bevölkerung der sozialen Kontrolle unterschiedlich nahe sind." (Kaiser 1985: 133; solche eher kritischen Töne finden sich in Kaiser 1997 nicht, wohl aber in Kaiser 1996: 373.) Schließt man sich Lamneks Überlegungen an, das heißt betrachtet man die von ihm unterbreiteten Informationen und Schlußfolgerungen als verläßlich und plausibel, so ergibt sich folgendes Fazit:

„Von der Begehung einer strafrechtlich relevanten Handlung bis zur Verbüßung einer Strafe ist ein quantitativ und qualitativ höchst 'effizienter' Selektionsprozeß zu beobachten, bei dem aus einer vergleichsweise großen Zahl von Tätern ein winziger Bruchteil herausgefiltert wird, der alle Instanzen des Kriminalisierungsprozesses durchläuft, schließlich sanktioniert und als kriminell stigmatisiert wird. Qualitativ gesehen handelt es sich um die sukzessive Deklassierung sozial randständiger Personen: sie machen den Großteil der erfolgreich als kriminell Stigmatisierten aus. Mögen die schichtspezifischen Diskriminierungen auf den exemplarisch dargestellten Stufen der Kriminalisierung jeweils quantitativ nicht dramatisch erscheinen, so werden sie es sicher dadurch, daß sämtliche Selektionsprozesse gleichgerichtet auf eine kumulative Deprivilegierung der unteren sozialen Schichten hinauslaufen (...); die hintereinander geschalteten Institutionen Polizei, Staatsanwaltschaft und Gericht agieren nicht schichtneutral und prädeterminieren schichtspezifisch die Handlungen der nächsten Stufe (...) Ober- und Mittelschichtangehörige können aufgrund der Mobilisierbarkeit einer Vielzahl von Ressourcen sich erfolgreich der Strafverfolgung entziehen" (Lamnek 1985: 81).

Zu gleichen Resultaten kommt auch Geißler (1994), der allerdings aufgrund der gegenwärtigen Forschungslage – „da sich die deutsche empirische Forschung im letzten Jahrzehnt kaum noch mit den Problemen der schichtspezifischen Kriminalisierung befaßt hat" (173) – kaum neueres empirisches Material verwenden kann. In eine ähnliche Richtung wie der letzte Satz von Lamnek scheint Kaiser mit seiner rätselhaften, nicht näher belegten Formulierung zu zielen: „Manche von ihnen (= die einzelnen Gruppen und Schichten der Bevölkerung; N.S.) scheinen gegenüber der organisierten Delinquenzkontrolle fast vollständig 'immun' zu sein." (Kaiser 1985: 133; auch dieser Satz findet sich in Kaiser 1997 nicht, wohl aber in etwas abgewandelter Form in Kaiser 1996: 373.)
Außer diesen Thesen zu einer möglichen schichtspezifischen Verzerrung im formalen Kontrollprozeß gibt es gewichtige Hinweise für die Annahme, daß Ausländer, insbesondere ausländische Jugendliche, einer ganz besonderen Sanktionsbereitschaft ausgesetzt sind, sowohl was die Anzeigebereitschaft der Bevölkerung betrifft (Mansel 1985: 181) wie die Reaktionsbereitschaft staatlicher Organe (vergleiche Wolter 1984; allgemein und insbesondere bezüglich türkischer Jugendlicher Bukowski 1996: 10ff.).

Mit der Entscheidung von Experten für einen Fall zuständig zu sein, ist das Schicksal dieses Falles und des dazugehörenden Menschen dann, zumindest für absehbare Zeit, besiegelt.

Greifen die Polizei und der Staatsanwalt zu, so geht es möglicherweise in die U-Haft, greift der Psychiater zu, dann in die Psychiatrie, greift der Psychotherapeut zu, dann droht für die nächsten Jahre die Couch oder die Gruppe.

2.1.2.3. Die verkürzte Routinefall-Konstitution: Die reine Expertenproblematisierung

Die weit überwiegende Zahl der Routinefälle wird sicherlich durch das Zusammenwirken von Laien und Experten als solche konstituiert. Trotzdem gibt es eine nennenswerte Zahl von Fällen, die ausschließlich durch Expertenhandeln entstehen. Sie basieren wohl vor allem auf folgenden Situationen:

(1) Professionelle Advokaten vertreten als nicht-autonom, nicht-artikulationsfähig geltende betroffene Menschen, insbesondere solche mit zugeschriebenem Opferstatus, deren Interessen sie zu wahren beanspruchen.

So kann es geschehen, daß eine Sozialarbeiterin des ASD im Zuge von Aktivitäten wegen eines älteren Kindes in einer Familie auf die Mißhandlung eines jüngeren Kindes aufmerksam wird.

Häufig dürfte der Expertenproblematisierung schon ein Kontakt zwischen unmittelbar Betroffenem und Experten vorausgehen.

So werden bisweilen Verhaltensauffälligkeiten eines Kindes im Zuge von Sorgerechtsregelungen diagnostiziert. – Die Polizei greift von sich aus zu in Gebieten, in denen sie aus den oben genannten Gründen verstärkt präsent ist.

(2) Professionelle Verfolger setzen Menschen mit zugeschriebenem Täterstatus nach und versuchen, sie dingfest zu machen, weil ihr Verhalten als Störung der gesellschaftlichen Ordnung problematisiert wird. Diese Problematisierung erfolgt unabhängig davon, ob konkret Betroffene das wollen beziehungsweise überhaupt vorhanden sind.

Das ist der Fall beim Eingreifen von Polizei und Staatsanwaltschaft bei sogenannten Offizialdelikten.

Dann liegt bisweilen ein nochmals verkürztes Verfahren der Problematisierung, das heißt der Fallkonstitution vor, bei dem Problemanmeldung und -entscheidung zusammenfallen: Die Experten problematisieren eine Situation, ordnen sie gleich mehr oder weniger definitiv einem konkreten Problemtyp zu und entscheiden auch, daß Problembearbeitung ange-

zeigt ist. Häufiger dürfte allerdings eine Arbeitsteilung zwischen unterschiedlichen Expertengruppen sein, von denen die einen die Problemanmeldung, die anderen die Problementscheidung übernehmen.
Das ist gegeben bei allen Fällen der Kriminalisierung, wenn Polizei und Staatsanwaltschaft die Problemanmeldung vornehmen, während dem Gericht die Problementscheidung bleibt.

2.1.3. Determinanten der Typenauswahl – Typenwahl als politischer Prozeß

Wie schon bei der originären Problemkonstitution, stellt sich die Frage nach den Bestimmungsgründen der Auswahl eines konkreten Problemtyps, damit einer bestimmten Rahmung des Problemfalls und der Anwendung bestimmter Skripte. Auch hier müssen wir feststellen, daß es keine Forschung zu dieser Frage gibt, wiederum sind nur Vermutungen möglich. Im folgenden soll zunächst auf die grundsätzliche Problematik der sozialen Rekonstruktion von Problemsituationen eingegangen werden (2.1.3.1.), danach auf mögliche Motive für die dabei erfolgende Auswahl von Problemtypen (2.1.3.2.).

2.1.3.1. Rekonstruktion der Problemsituation und Problemtyp
(1) Zunächst müßte man annehmen, daß die Sachlage, die objektive Situation also, über das anwendbare Problematisierungsprogramm entscheidet; denn jedes derartige Programm enthält ja Angaben zu den Tatbestandsmerkmalen, die gegeben sein müssen, damit eine bestimmte Problematisierung möglich ist.
So setzt beispielsweise diagnostizierte Kriminalität Zurechenbarkeit einer Handlung voraus und diese wiederum Freiheit.
(2) Damit ist aber keine letzte Klarheit gegeben. Objektive Situationen sind nie eindeutig und zweifelsfrei bestimmbar; häufig haben Beobachter unvollständige Informationen, und diese sind zudem noch mehrdeutig. Ferner ist zu beachten, daß wir es bei der Problematisierung von Fällen häufig – bei ihrer Kriminalisierung immer – mit zurückliegenden, also sozusagen historischen Gegebenheiten zu tun haben, die damit, wie alle historischen Gegebenheiten, offensichtlich nur als rekonstruierte Wirklichkeiten, als Bilder also, verfügbar sind. – Bei aktuellen Situationen ist der Bild-Charakter dessen, worauf wir reagieren, weniger offensichtlich, aber ebenso real.
Es gibt beispielsweise keine Instanz, die rückblickend auf das Handeln eines Menschen eindeutig und zweifelsfrei entscheiden könnte, ob und in welchem Ausmaß hier Freiheit vorgelegen hat.

(3) Darüber hinaus neigen Menschen dazu, entsprechend ihrer Interessenlage selektiv wahrzunehmen und auch Dinge wahrzunehmen, die es gar nicht gibt, und sie neigen dazu, diese Wahrnehmungen im Gedächtnis selektiv zu speichern. Die re-konstruierte Situation, die problematisiert wird, ist also nie objektiv gegeben, sei sie gegenwärtig oder vergangen.

Hier sei auf das offenkundige Problem des Erinnerungsvermögens von Zeugen vor Gericht hingewiesen.

(4) In dieser Re-Konstruktion von Situationen spielt dann das vielleicht nur tentativ angewandte Problematisierungsprogramm, der gewählte konkrete Problemtyp, eine besondere Rolle: Programm und identifizierte Situation sind häufig nach Art eines hermeneutischen Zirkels verbunden: Die Wahl des Programms entscheidet über wahrnehmbare Situationsmerkmale und umgekehrt.

Wir kennen dieses Phänomen ziemlich gut aus der Beobachtung des Prozesses des Verstehens sprachlicher Äußerungen. Zunächst ergab sich im Zusammenhang der Bemühungen um ein vertieftes Verständnis der Bibel, daß solchem Verstehen schriftlicher Texte naturwüchsig eine bestimmte Denkweise zugrundeliegt. Ihr folgend wurde dann als kontrollierter und reflektierter Weg wissenschaftlicher Bemühungen um biblische Texte die sogenannte hermeneutische Methode der Interpretation entwickelt, diese auf andere schriftliche und mündliche sprachliche Äußerung angewandt und schließlich auf die Analyse von sinngeprägtem Handeln überhaupt übertragen. Sowohl in ihrer naturwüchsigen Form wie in ihrer künstlich-wissenschaftlichen Weiterentwicklung folgt die Methode des Verstehens immer demselben Weg; es bewegt sich kreisförmig im sogenannten „hermeneutischen Zirkel": Wir gehen immer von einem bestimmten Vorverständnis aus und versuchen, das zu Verstehende in diesem Rahmen zu interpretieren. Ist das Vorverständnis einigermaßen sachgerecht, dann kommt es zum Verstehen, wobei das Vorverständnis dann unter Umständen wieder modifiziert wird. Dieses Verfahren wenden wir nicht nur für das Verstehen des Sinns von sprachlichen Äußerungen an, sondern auch gegenüber dem gesuchten Sinn von Handlung überhaupt und auch für das Erklären ursächlicher Abfolgen, das also ebenfalls in gewisser Weise zirkulär ist.

Die gewählten Global-, Spezial- und konkreten Typen determinieren die Wahrnehmung und Interpretation der Situation, sie wirken als sogenannte heuristisch-explikative Paradigmen, also als Grundmuster der Wahrnehmung und Erklärung, und das nicht nur alltagstheoretisch und -praktisch, sondern auch im wissenschaftlichen Bereich.

So haben die täterzentrierten Kriminalitätstheorien nur und erst Plausibilität, wenn eine bestimmte Rahmung des Problems vollzogen wurde. Die Stimmigkeit eines Problematisierungsprogramms mit der problematisierten Wirklichkeit ist so nicht unbedingt ein Beweis des Realitätsgehalts dieses Programms, sondern vielleicht das Ergebnis der Wirklichkeitskonstruktion mittels dieses Problemtyps.

2.1.3.2. Motive der Typenwahl

Die Typenwahl ist auch bei der Fallkonstitution ein politischer Prozeß, Problemtypen sind Instrumente einer Mikro-Politik. Solche Typen werden gewählt, die ein Handeln legitimieren, das den eigenen Interessen der Diagnostiker entspricht. Die Interessen sind vor allem durch egoistische und altruistische Parteilichkeit beziehungsweise Parteinahme geprägt. (Die Begriffe „egoistisch" und „altruistisch" sollen kein moralisches Werturteil ausdrücken, sondern zum Ausdruck bringen, daß Leute aus Motiven handeln, die teils unmittelbar mit der eigenen Person zu tun haben, teils über Solidarisierungen mit anderen zustande kommen, was dann so etwas wie Liebe zur Folge hat.) Das gilt für die Wahl des Globaltyps, aber auch für die Spezialtypen und konkreten Typen.

Ob eine Frau, die von ihrem Ehemann verprügelt wurde, zur Polizei geht, ob sie versucht, ihn zum Psychiater zu bringen oder ob sie mit oder ohne ihn eine Eheberatungsstelle aufsucht, hängt nicht nur von ihrem „Wissen" ab, sondern auch von ihren Interessen und damit ihrer Einstellung sich, ihrem Mann und ihrer Ehe gegenüber.

Somit sind fallbezogene Problematisierungen mittels bestimmter Problemtypen ebenfalls handlungsorientiert. Das ergibt sich auch aus dem Tatbestand, daß eine ganze Reihe unerwünschter Handlungen mittels zweier Problemtypen problematisiert wird, nämlich mittels des Problemtyps „Krankheit" oder „psychische Störung" und zugleich mittels des Problemtyps „kriminelle Devianz"; so ist zum Beispiel Exhibitionismus gemäß § 183 StGB ein Delikt, gemäß ICD-10, F 65.2 Symptom einer psychischen Störung (Dillinger u. a. 1991). Die Pathologisierung ermöglicht und legitimiert therapeutische Korrektur, die Kriminalisierung Repression mit staatlicher Gewalt; beides erscheint als wünschenswert.

Die 2. Szene des 2. Aktes des Musical „West Side Story" mit ihrer parodistischen Beschreibung der Anwendung von Devianztypen und des damit verbundenen Weiterreichens hoffnungsloser Fälle von einem Experten zum andern ist, problemsoziologisch betrachtet, unübertrefflich schön. Die kriminellen Jugendlichen spielen sich selber und die diversen mit ihnen befaßten Instanzen sozialer Kontrolle. Nach dem Willen ihrer Schöpfer Jerome Robbins und Stephen Sondheim nehmen sie sehr differenziert wahr, mit welchen Skripten diese sie „betreuenden" Instanzen ihre Lage und ihr Verhalten problematisieren. Erst tragen sie ihre Selbsttypisierung vor – sie sind verwahrlost als Folge gravierender Sozialisationsmängel:

„It's just our bringin'upke/That gets us out of hand.
Our mothers all are junkies,/Our fathers all are drunks."

Aber eigentlich, bei Licht besehen, stellen sie gar keine Problemfälle dar:

„We never had the love that every child oughta get.
We ain't no delinquents,/We're misunderstood.
Deep down inside us there is good!"

Officer Krupke ist anderer Meinung, er typisiert sie als kriminell und bringt einen von ihnen vor den Richter. Der Richter mag sich aber mit diesem Fall nicht befassen, typisiert ihn als psychisch gestört, wiederum als Folge einer gestörten Familie und schickt ihn zum Psychiater:

„This boy don't need a judge, he needs a analyst's care!
It's just his neurosis that oughta be curbed –
He's psychologically disturbed!"

Der Psychiater erklärt sich ebenfalls als nicht zuständig, indem er den Jungen als Opfer der Gesellschaft, als sozial ausgegrenzt typisiert:

„This boy don't need a doctor, just a good honest job.
Society's played him a terrible trick,/and sociologically he's sick! (...)
In my opinion, this child don't need to have his head shrunk at all.
Juvenile delinquency is purely a social disease."

Damit steigt er als einziger aus der Rahmung der Tatbestände als Abweichung aus und schickt ihn zur Sozialarbeiterin. Sie ist gegen Maßnahmen beruflicher Integration, greift vielmehr wieder auf die Typisierung der ersten im Spiel befindlichen Kontrollinstanz, des

Officer, zurück, indem sie den Jungen als unmoralisch-kriminell typisiert:

„This boy don't need a job, he needs a year in the pen.
It ain't just a question of misunderstood;
Deep down inside him, he's no good!"

Die Aussage vom politischen Charakter der Typenwahl läßt sich nochmals belegen aus der Beobachtung einer eher schon historischen und einer nach wie vor aktuellen Problematisierung konkreter Situationen, nämlich des Terrorismus und des sogenannten Frauensyndroms, die routinisiert erfolgten.

Die Routine der Fallkonstitution hat ihren Preis. Sie war ein Teil der Tragik der im sogenannten Baader-Meinhof-Prozeß Angeklagten. Sie wehrten sich vergeblich mit Händen und Füßen dagegen, routinemäßig unter dem Problemtyp „Kriminelle" abgehandelt zu werden. Diese ihre Subsumption unter diese Kategorie war natürlich eine eminent politische Handlung, insofern hatten sie recht mit ihrer Behauptung, einen politischen Prozeß gemacht zu bekommen; allerdings ist in diesem Sinn jeder Strafprozeß politisch. Sie selber hatten eine ganz andere Definition des Problems, das sie darstellten, das heißt sie sahen einen ganz anderen Problemtyp als realistisch an: Sie sahen sich als Partei in einem (Bürger-)Krieg, und auch das ist ein routinisiertes Problem, für dessen Konstitution und Lösung im Einzelfall es Regeln gibt, insbesondere die „Genfer Konvention". Aber die andere Seite folgte ihrem Subsumptionsvorschlag nicht, setzte vielmehr ihren eigenen durch, bis die Gegenseite für die irdische Gerechtigkeit nicht mehr greifbar war.

Was zeigt das Beispiel? Es besteht anscheinend in der Gesellschaft und bei ihren etablierten Problemlösern die Neigung, alle Phänomene, die Schwierigkeiten machen, auch prinzipiell neuartige, zunächst einmal unter eine alte Problemkategorie zu subsumieren und mit den dafür vorhandenen Routinen zu bearbeiten, sofern diese Routinen für die Akteure relativ angenehm sind, das heißt bezogen auf ihre persönlichen Interessen relativ wenig Kosten und relativ viel Erfolg versprechen.

Ein weiteres Beispiel mag das illustrieren. Die Behauptung läßt sich wagen, daß das sogenannte „Frauensyndrom" (Vogt 1983), an dem viele Frauen leiden und mit dem sie anderen Probleme machen, das massenhaft-heimliche Aufbegehren dieser Frauen ist, verkürzt gesagt: ein Aufbegehren gegen die Beziehungsfalle, in der sie in ihren modernen Rollen stecken. Aufgrund der verführerischen Symptomatik und weil es für alle Beteiligten – die Frauen, ihre Partner, die Kinder, die Ärzte/-innen – so einfacher ist, wird es der alten Problemschablone „(physiologisch bedingte) Krankheit" zugeordnet und mit den dafür vorgesehenen Routinen, mit Medikamenten und vielleicht einer Mütterkur, behandelt. Das Symptom mit seiner Signalwirkung ist gebrochen, der Grundkonflikt bleibt, – böse Zunge behaupten, Valium habe schon manche Ehe gerettet. Daß auch diese Subsumption einer relativ neuartigen Situation unter einen alten Problemtyp eine eminent politische Angelegenheit ist, liegt auf der Hand.

2.1.4. Die Wirkung der Problemtypen in der Konstitution der Fälle – Der Typ als Programm der Skandalisierung der Situation

Die Problemtypen, die unsere Kultur zur Verfügung hat, sind, wie gesagt, Problematisierungsprogramme, mittels derer eine unerwünschte Situation betroffener Einzelner skandalisiert werden kann. Was leisten dabei die Problemtypen, inwiefern programmieren sie die Fallkonstitution? Der jeweils angewandte Problemtyp steuert die Problematisierung der Situation in folgender Weise:
(1) Er legt fest, welche Experten als Diagnostiker, zuständig sind. Oben haben wir allerdings schon festgestellt, daß die Experten entscheidend an der Auswahl der Problemtypen beteiligt sind; damit beißt sich die Katze in den Schwanz, und die Geschichte wird verzwickt: Schlußendlich entscheiden die jeweiligen Experten, daß sie selber zuständig und legitimiert sind, eine Situation zu bearbeiten. Über die Entscheidung, welcher Problemtyp auf eine Situation anzuwenden sei, legitimiert sich der Experte selber als zuständiger Experte. Dabei gibt es eine besondere rechtliche, das heißt mit staatlicher Gewalt fixierte Hackordnung der Experten: Die Experten des Rechtssystems haben den Vorgriff gegenüber Experten des Gesundheitssystems, diese wiederum den Vorgriff gegenüber Experten des Sozial(arbeits)systems.
(2) Der gewählte Problemtyp programmiert, wie schon erwähnt, den Verlauf der Identifikation und Interpretation, das heißt Re-Konstruktion des relevanten Tatbestands: Er legt die grundsätzliche theoretische und praktisch-politische Richtung der Problematisierung fest. Die Problemtypen artikulieren sich in Begriffen, die nicht nur unterschiedliche Realitäten, sondern unterschiedliche Sichtweisen auf weithin gleiche Realitäten zur Sprache bringen; es sind Begriffe, die Perspektiven oder Ansätze der Betrachtung kennzeichnen. Das fängt auf der Ebene der Basistypen mit ihrer grundsätzlichen Festlegung der Perspektive an und

setzt sich in der Wirkung konkreterer Typen fort, beispielsweise unterschiedlicher Devianztypen, etwa pathologischer gegenüber krimineller Devianz, wenn etwa eine Frau das gewalttätige Sexualverhalten ihres Partners als pathologische oder kriminelle Devianz problematisiert.

Der gewählte Problemtyp determiniert einerseits, nach welchen Tatbeständen und Zusammenhängen überhaupt gesucht und gefragt wird, und andererseits, nach welchen Regeln sie identifiziert werden können beziehungsweise dürfen. Entsprechend enthalten manche Problemtypen differenzierte diagnostische Schemata und Anweisungen zum Aufspüren von als relevant geltenden Tatbeständen.

Schetsche referiert die wichtigsten diagnostischen Kriterien, „ausgedehnte Symptomkataloge", nach denen sexueller Mißbrauch von Kindern identifiziert wird:

> „Sie beschreiben zahlreiche Abweichungen vom 'normalen' Verhalten und der üblichen Funktionsweise des somatischen Systems. Dabei spielt es keine Rolle, in welche Richtung Deviationen erfolgen; oft sind es gerade entgegengesetzte Verhaltensweisen, die jeweils ein Symptom darstellen:
>
> • Verweigerung der Essensaufnahme oder Freßsucht,
> • Leistungsabfall oder Leistungssteigerung in der Schule,
> • Anklammern an die oder Meiden der Mutter,
> • Angst vor Fremden oder vorschnelle Vertrautheit,
> • Verweigerung der Körperreinigung oder Waschzwang,
> • Aggressivität oder Schüchternheit.
>
> Als weitere Indizien werden sexualisiertes Verhalten, Schlafstörungen, Daumenlutschen, Bettnässen und Sprachstörungen, aber auch häufiges Unwohlsein und die Neigung zu Erkrankungen genannt. Wenn eine eindeutige Identifizierung anhand dieser Symptome nicht möglich ist, werden psychologische Techniken (wie die Interpretation kindlicher Zeichnungen oder das Spiel mit sog. anatomisch korrekten Puppen) zur Absicherung des Mißbrauchsverdachts eingesetzt" (Schetsche 1996: 70f).

Im „Hexenhammer", einem der entsetzlichsten – und langweiligsten – Bücher der Weltgeschichte, werden Kriterien und Verfahren, mittels deren Hexen identifiziert werden konnten beziehungsweise sollten, detailliert beschrieben. Als Kriterien werden genannt:
„Der Richter hat auf dreierlei zu achten, nämlich auf die Bescholtenheit (der Beschuldigten, N.S.), die Indizien der Tat und die Aussagen der Zeugen, ob nämlich alle zugleich zusammentreffen oder nicht" (Sprenger/Institoris 1487/1982). Ferner mußten die Beklagten geständig sein. Die Verfahren der Tatbestandsergründung waren Folter und Ordal (Teil III).

(3) Der Typ entscheidet über prinzipiell infrage kommende Erklärungen des Problemtatbestands, über als relevant geltende Theorien. Die Wahl eines Devianztyps entscheidet, ob zum Beispiel kriminologische oder psychiatrische Theorien als erwägenswert gelten.

(4) Das gewählte Problematisierungsprogramm legt fest, nach welchen Kriterien die Situation (negativ) zu qualifizieren und damit zu skandalisieren ist beziehungsweise welche Normalitätsmaßstäbe (primär und hauptsächlich) anzulegen sind.

Beispiel Jugendliche Gewalttäter: Bei Wahl des Problemtyps der Kriminalität bietet das StGB die Meßlatte für die Qualifikation des Handelns; beim Problemtyp der psychosozialen Deprivation dienen die nicht exakt festgelegten Standards einer als hinlänglich geltenden physischen, psychischen und sozialen Ausstattung von jungen Menschen in unserer Gesellschaft, wie sie etwa im SGB VIII vorausgesetzt werden, als Meßlatte für ihre persönliche Lage.

Diese Normalitätsmaßstäbe führen ein bemerkenswertes Eigenleben: Bei originären sozialen Problemen ist das Problematische am Problem generiert durch die Schädigung bestimmter Interessen, denen sich die Definitoren verbunden wissen. Bei sozialen Routineproblemen ist das Problematische dann vielfach von diesem Realgrund abgehoben.

Seit es das Problem der illegalen Drogen gibt, ist jede Produktion, Handel, Erwerb dieser Stoffe ein potentieller Fall, egal, ob irgendwer (mehr als durch Alkohol und Nikotin) geschädigt wird oder nicht.

In solchen Fällen ist das Problematische am Problem – unabhängig von allen unmittelbar berührten Interessen – in den Augen vieler Betrachter, besonders solcher, die sich beruflich mit solchen Situationen beschäftigen, einfach durch die konstatierbare Standard- beziehungsweise Regelwidrigkeit gegeben, weil diese die gesellschaftliche Ordnung stören. Der Normalitätsmaßstab, die Norm, generiert das Problem sozusagen, das identifizierte Problem besteht in der Regelwidrigkeit. Besonders ausgeprägt ist das bei Abweichungsfällen, insbesondere bei konstituierten Fällen von Kriminalität gegeben. Wegen dieses ihres Eigenlebens haben die Normalitätsmaßstäbe bei allen sozialen Routineproblemen eine hervorragende Bedeutung.

Diese Normalitätsmaßstäbe sind hochinteressante soziale Tatbestände, leider wissen wir wenig über die Bedingungen ihres Bestehens – genauso wenig wie über die Bedingungen ihrer Entstehung. Sicher ist, daß sie strategisch zentrale Mittel der politischen Interessendurchsetzung, besonders im Interesse der Erhaltung eines Status quo, sind. Das gilt nicht nur, aber besonders für die staatlichen Gesetze. Ferner kann als gesichert gelten, daß sie aus zwei mikropolitischen Quellen leben: (a) Sie werden aktiviert und damit in Geltung gehalten von Laien, wenn sie in einem privaten, persönlichen Konflikt hilfreich scheinen; (b) sie werden erhalten durch die Anwendung der Experten, in deren beruflichem Interesse ihre Anwendung steht; das ist besonders deutlich bei den Strafgesetzen, deren Anwendung Pflichtaufgabe der Justizmitarbeiter ist.

(5) Der gewählte Typ entscheidet – vermittelt über die zum Tragen kommenden theoretischen Erklärungen – über den fallspezifischen Handlungsbedarf. Der Typ als Programm der Thematisierung der Situation als Fall legt also fest:

(a) als zuständig definierte Reaktionsexperten, die häufig, aber nicht immer, mit den Diagnoseexperten identisch sind; identisch sind sie im ganzen therapeutischen Bereich; nicht-identisch sind sie in der Rechtspflege;

(b) als zulässig beziehungsweise notwendig erachtete Aktionen, Repression beziehungsweise Kompensation – Sozialhilfe, Beratung, Therapie, Strafe.

(6) Oben wurde darauf hingewiesen, daß der angewandte Problemtyp nicht nur Situationen zu falltypischen Tatbeständen transformiert, sondern auch Personen merkwürdig verwandelt, beispielsweise in Täter oder Opfer. Sie werden so in einer ganz spezifischen Weise typisiert, also als gleichartig betrachtet unter dem Gesichtspunkt der problemspezifischen Tatbestandsmerkmale – andere Merkmale dieser Personen spielen für den Fall keine Rolle, denn nur aufgrund dieser spezifischen Merkmale ist der starke Arm der Gesellschaft für diesen Fall aktivierbar.

Psychisch Kranke und Behinderte erhalten die gesetzlich vorgesehenen Hilfen nur aufgrund der entsprechenden Merkmale, die sie aufweisen und nachweisen müssen, soll etwas für sie geschehen.

Man kann verbalkosmetisch zwar versuchen, möglichst schöne Wörter zu finden, um diese Merkmale begrifflich und sprachlich zu fassen – „Psychiatrieerfahrene" oder „Menschen mit Behinderungen" – die Typisierung ist auch in diesen neuen Begriffen gegeben und unausweichlich, sobald ein menschliches Problem nicht mehr nur privat und von Mensch zu Mensch, sondern in gesellschaftlichem Auftrag und in der Regel in verrechtlichter Form bearbeitet wird. – Nun darf man nicht vergessen, daß diese Merkmale häufig und nicht nur bei Tätern unerwünscht sind, sie führen ja nicht grundlos zu Problematisierungen. Wie Goffman bemerkt, werden solche unerwünschten Merkmale sehr häufig als auffällig wahrgenommen und führen zu spürbaren Veränderungen im Sozialverhalten nicht nur bei Experten, sondern auch bei Laien. Der Problemtyp produziert dann ein „Stigma":

> „Ein Individuum, das leicht in gewöhnlichen sozialen Verkehr hätte aufgenommen werden können, besitzt ein Merkmal, das sich der Aufmerksamkeit aufdrängen und bewirken kann, daß wir uns bei der Begegnung mit diesem Individuum von ihm abwenden, wodurch der Anspruch, den seine anderen Eigenschaften an uns stellen, gebrochen wird. Es hat ein Stigma, das heißt, es ist in unerwünschter Weise anders, als wir es antizipiert hatten" (Goffman 1967: 13).

Oft ist das Stigma eine zusätzliche Strafe für die Abweichung des Täters, aber auch der heimliche Preis der Hilfe für das Opfer.

(7) Der ganze Weg von der Situation zum Fall stellt eine rasante Reduktion der Komplexität der Realität dar, die sperrige Vielfalt des Lebens wird handlich, handhabbar. Manchmal scheint das ziemlich glatt zu laufen und bewährt sich; manchmal holt die Realität allerdings die Fallkonstrukteure ein und belehrt sie und alle anderen, daß ihr Konstrukt nicht hinreichend realistisch ist. Sie werden sich dann noch einige Zeit – in der Regel auf Kosten der Allgemeinheit – einem realistischeren Modell widersetzen, aber irgendwann bricht die reduktionistische Konstruktion doch vollends zusammen und neue, realistischere Konstrukte sind gefragt.

Beim Problem der illegalen Drogen stehen wir (hoffentlich!) kurz vor diesem Punkt.

2.2. Fallbearbeitung

Sobald soziale Problemfälle als solche konstituiert sind, ist es Aufgabe öffentlich bestellter Leute, zumeist der Experten, sie zu bearbeiten mit dem Ziel ihrer Abschwächung, Begrenzung oder gar ihrer Beseitigung, also Lösung. Wenn das sprichwörtliche Kind in den sprichwörtlichen Brunnen gefallen ist, dann versucht man also, es herauszuziehen. Die Lage ist prinzipiell gleich bei originären und Routineproblemen, lediglich daß die Bearbeitungsmodalitäten der ersteren „implementiert" werden müssen, also die entsprechenden Entscheidungen im gesellschaftlichen Feld faktisch durchgesetzt werden müssen – zu diesem Thema könnten Ergebnisse der politikwissenschaftlichen Implementationsforschung (Albrecht 1990:12; zur Frage der Implementation von Strafrechtsnormen: Kaiser 1996: 232) sehr interessant sein –, für die Bearbeitung letzterer, wie der Name sagt, Routinen zur Verfügung stehen, zumeist in Form von Bearbeitungsapparaten und eingeübten Praktiken.

Für die originären Fälle müssen diese erst noch realisiert werden. Für beide Typen von Problemen und beide Arten ihrer Behandlung stellen sich im übrigen dieselben Fragen, nämlich die nach den Akteuren (2.2.1.) und nach der Art der Bearbeitung (2.2.2.).

2.2.1. Akteure der Fallbearbeitung

Als Akteure der Reaktion treten immer in gewisser Weise öffentliche Agenten auf, in seltenen Fällen sind es „wir alle"; meist sind es staatliche Instanzen beziehungsweise Organisationen und Experten mit gesellschaftlicher beziehungsweise staatlicher Anerkennung, zum Beispiel Wohlfahrtsverbände und andere sozialpolitische Akteure, semi- oder vollprofessionalisierte Berufsgruppen mit staatlich anerkannter und kontrollierter Ausbildung.

Bisweilen sind es neu entstandene Gruppen, die, indem sie öffentlich mit der Aufgabe der Lösung dieses Problems betraut werden, ausdrücklich und offiziell gesellschaftlich anerkannt werden, zum Beispiel bei der Bearbeitung des Problems des Pflegerisikos anerkannte Leistungsanbieter.

Nicht selten kommt es zur Bevollmächtigung von Experten und Apparaten, die eigens aufgebaut werden und bisweilen dann aus dem Interesse an der Problemerhaltung zur eigenen Existenzsicherung eine Eigendynamik entwickeln, zum Beispiel im Kampf gegen die illegalen Drogen die entsprechenden Abteilungen der Polizeiapparate.

Öfters ist auch ein harter Konkurrenzkampf zwischen unterschiedlichen Problemlösern festzustellen, sofern er nicht durch Revierabsprachen und Kartellbildungen neutralisiert wird.

Kämpfe gab es vor einigen Jahren zwischen Unfallrettungsdiensten unterschiedlicher Verbände, derzeit zwischen den unterschiedlichen Anbietern häuslicher Pflege.

Welche Experten für die Bearbeitung bestimmter Fälle schlußendlich beauftragt werden oder sind, ist im wesentlichen programmiert durch den für die Anwendung in der jeweiligen Problematisierung durchgesetzten Problemtyp. Das läßt sich leicht zeigen für die verschiedenen Devianztypen:

(a) Für Fälle, die als Kriminalität gelten, sind die unterschiedlichen Experten der Strafrechtspflege zuständig und reagieren auch;

(b) für Fälle, die als (psychische) Krankheit gelten, sind Ärzte zuständig und reagieren auch oder lassen durch weisungsgebundenes Personal reagieren;

(c) für Fälle, die als Behinderung gelten, sind Sonder- und Heilpädagogen zuständig und reagieren auch;

(d) für Fälle, die als Verwahrlosung gelten, sind Sozialpädagogen und Sozialarbeiter zuständig und reagieren auch;

(e) für Fälle, die als situative Desorientierung gelten, sind Berater (Sozialarbeiter und Psychologen, in der Regel mit spezifischer Zusatzausbildung) zuständig und reagieren auch.

Es ist zu beachten, daß diese Sätze nicht eine Frucht empirischer Einsicht sind, sondern eine logische Folge unserer Definition von Devianztypen; diese sind wesentlich bestimmt durch die sich politisch durchsetzende Festlegung von für ihre Bearbeitung zuständigen Experten.

Der öffentliche Charakter der genannten Akteure ist wichtig. Die Konstituierung eines sozialen Problems ist ja, wie gesagt, dann vollends geglückt, wenn es die Definitoren geschafft haben, daß das von ihnen identifizierte Problem als allgemeines Problem praktisch anerkannt ist, das heißt im Namen der Allgemeinheit angegangen wird und Lösungen oder zumindest Lösungsversuche vom Staat als dem obersten entscheidenden Definitor garantiert werden.

2.2.2. Arten und Weisen der Fallbearbeitung

Die Reaktionsweisen sind üblicherweise determiniert durch die Wahl des bei der Problematisierung zur Anwendung kommenden Programms, des Problemtyps also. Die vorgesehene typische Reaktionsweise ist ein unentbehrliches Konstituens jedes vollständig entwickelten Problemtyps. Vielfach, so läßt sich ja vermuten, kommen bestimmte Problemtypen nicht aus der Natur der Sache zur Anwendung, sondern wegen der mit ihnen präjudizierten Reaktion. Lediglich in den vergleichsweise sehr seltenen Fällen einer völlig originären Problemkonstitution ohne konkretere Problemtypen besteht dieser Zusammenhang zwischen Problemtyp und Reaktionsweise nicht, hier muß dann der originär kreierte Handlungsbedarf umgesetzt werden.

Schematisch läßt sich entsprechend feststellen:

(a) Dem Basis-Problemtyp der Abweichung entspricht prinzipiell die soziale Kontrolle des identifizierten Täters,

(b) dem Basis-Problemtyp der Deprivation entspricht die Kompensation der identifizierten Defizite in der Lage der identifizierten Betroffenen oder Opfer,

(c) dem Typ der Desintegration entspricht die Integration identifizierter Betroffener und ihres sozialen Umfeldes.

Aber das sind eigentlich nur abstrakte Prinzipien der Reaktion; konkreter wird es dann auf der Ebene präziserer Problemtypen, wiederum anhand der Devianz besonders leicht und klar zu zeigen:

- Fälle von Kriminalität haben Strafe (zur Bearbeitung des Problemaspekts der Ordnungs-Widrigkeit), Resozialisierung des identifizierten Täters (zur Bearbeitung des Problemaspekts des mit ihm speziell gegebenen Risikos) und Interessenausgleich mit dem Opfer (zur Bearbeitung des Problemaspekts des Konflikts mit dem Opfer) zur Folge,
- Fälle von Behinderung haben Bewahren und Fördern zur Folge,
- Fälle von Krankheit provozieren Therapie,
- Fälle von Verwahrlosung zeitigen (Re-)Sozialisierung,
- auf Fälle von situativer Desorientierung folgt Beratung.

Es ist deutlich, daß bei Abweichungsproblemen die Bearbeitung des Devianzfalles immer zugleich Prävention ist, nämlich Spezialprävention vor dem spezifischen Risiko, das bestimmte Menschen darstellen. Wir können sagen: Auf alle derartigen Fälle folgen derartige Interventionen, aber auch diese Aussage ist nicht Folge einer empirischen Einsicht, sondern ist Folge unserer Definition von sozialen Problemen und Problemtypen. Nur wenn ein Handlungsbedarf politisch verbindlich festgelegt ist, was auch seine Realisierung notwendig impliziert, sprechen wir von sozialen Problemen, und nur wenn es sich um einen Handlungsbedarf einer bestimmten Art handelt, sprechen wir von einem entsprechenden Problemtyp. Damit ist klar, daß die eigentlich interessanten Fragen jetzt erst beginnen würden: Was geschieht bei uns konkret und real, wenn bestraft und resozialisiert, bewahrt und gefördert, therapiert, sozialisiert und beraten wird? Eine Beantwortung dieser Fragen ist in einer derartigen Überblicksarbeit allerdings nicht möglich.
Eine besonders interessante Frage in diesem Zusammenhang ist die nach den Autonomieräumen der professionellen Fallbearbeiter im Vollzug ihrer Tätigkeit. Solche Räume sind denkbar als Folge formaler Vorgaben, die beabsichtigt dem spezifischen Sachverstand Spielraum lassen. Sie sind auch denkbar als Folgen des Fehlens effektiver Kontrollmöglichkeiten dessen, was da in der konkreten Beratungssituation, im konkreten sozialpädagogischen Handeln, das unter Ausschluß Dritter vonstatten geht, sich abspielt. Je größer diese Spielräume sind, desto größer sind die im buchstäblichen Sinn politischen Möglichkeiten der Akteure: Dann entscheiden sie nämlich, was „der Fall" ist und was der Handlungsbedarf ist, und damit sind sie es, die in politisch letztverbindlicher Weise das soziale Problem konstituieren.

Kapitel 3:
Evaluation und mögliche sekundäre Problematisierung

Die Beurteilung der ablaufenden oder abgelaufenen Problembearbeitung dürfte bei jeder Arbeit mit sozialen Problemen erfolgen, explizit oder beiläufig, durch Betroffene, Geldgeber, Politiker, Fachleute, also durch Laien und Experten. Sie ist, wie oben schon gesagt, eine wesentliche Etappe der Arbeit am Problem.

1. VON DER EVALUATION ZUR SEKUNDÄREN PROBLEMATISIERUNG

Die Evaluation kann zu unterschiedlichen Ergebnissen führen, zu Zufriedenheit mit der als Folge der Problembearbeitung eingetretenen Lage oder zu mehr oder weniger großer Unzufriedenheit. Im zweiten Fall wird es vielleicht nur zu Nachbesserungen bei der Problembearbeitung kommen, im gar nicht seltenen Extremfall allerdings zur erneuten sozialen Problematisierung der nunmehr gegebenen Lage, im gelingenden Fall zur Konstitution eines sekundären sozialen Problems.
Wie oben schon gesagt, endet im Falle der Zufriedenheit die Arbeit am Problem mit der Evaluation beziehungsweise sie dauert in der Phase der routinisierten Prävention und Fallbearbeitung an. Im gegenteiligen Fall mündet die Evaluation in der Art eines Regelkreises wieder in einen erneuten Ablauf der Arbeit am sozialen Problem mit den drei Phasen der (jetzt sekundären) Problemkonstitution, der erneuten Problembearbeitung und wiederholten Evaluation. Wie bei der oben geschilderten (nunmehr primären) Problematisierung, kann man sich als Sozialwissenschaftler auch hier „realistisch" und „konstruktionistisch" betätigen.

2. „REALISTISCHE" THEORIEN IM KONTEXT DER SEKUNDÄREN PROBLEMATISIERUNG

„Realistische" Thesen und Theorien zur sekundären Problematisierung finden sich vor allem im Bereich des Problemfelds der Abweichung. Entsprechend der Betonung der „konstruktionistischen" Perspektive in dieser Arbeit sollen sie nur knapp skizziert werden (ausführlicher Sidler 1989: 84-87). Es sind insbesondere vier Themen, die in diesem Zusammenhang erörtert werden.

(1) *Die Eigendynamik der Problembearbeitungsapparate*: Die Kernthese, die hierzu vertreten wird, lautet: Die Experten, die die Reaktion tragen, die routinierten Problemlöser, arbeiten in der Regel in entwickelten Apparaten, die eine bemerkenswerte gesellschaftliche und politische Eigendynamik aufweisen, die in andere Richtung als die der effektiven und effizienten Bearbeitung der problematisierten Zustände geht und insofern insgesamt kontraproduktiv ist (Quensel 1986: 176). Die Problemlösung wird institutionalisiert, und „jede Institution schafft ihre spezifischen Folgeprobleme" (Hondrich 1974: 181).

(2) *Etikettierung, Stigmatisierung und deviante Karrieren*: Auf Lemert (1951) aufbauend, ergänzt durch Goffmans (1967) Stigmatheorie, wird eine ganze „Theorie der sekundären Abweichung" vertreten, eine Theorie, die weite Bereiche registrierter Kriminalität als Folge vorausgehender Kontrolleingriffe und damit erfolgter Problembearbeitung interpretiert (Lamnek 1996:)

(3) *Effekte der Freiheitsstrafe*: Nach dem immer noch aktuellen Resumée von T. von Trotha (1983) bleibt unklar, ob, gemessen am Ziel der Resozialisierung, der Strafvollzug nur ineffektiv oder gar kontraproduktiv ist.

(4) *Prävention und Kontrolle*: Prävention wird kritisch hinterfragt bezüglich möglicher Einschränkungen der Freiheitsrechte der Bürger wie bezüglich möglicher stigmatisierender und kriminalisierender Effekte (zusammenfassend Faltermeier 1997: 731).

In „realistischer" Manier ließe sich hypothetisch eine allgemeine Typologie möglicher Wirkungen von Problembearbeitungen konstruieren, beispielsweise so:

(1) *Reale Problemlösungen*: Die Problembearbeitung kann den Problemzustand reduzieren oder gar beseitigen, das Problem also vermindern oder gar lösen:
Eine Umgehungsstraße wird gebaut, das Problem der Verkehrsbelastung einer Gemeinde ist gelöst; eine psychische Krankheit wird geheilt; die Pocken sind ausgerottet; ein Bürger ohne Einkommen erhält Sozialhilfe, gewinnt dadurch Freiräume und kommt bald wieder auf die eigenen Füße (vergleiche die Beispiele aus der Bremer Armutsforschung, zum Beispiel Buhr 1995: 200); die Rentenreformen der 60er und 70er Jahre reduzierten das Problem der Altersarmut beträchtlich; die Information der Bevölkerung über die Wege und Risiken der HIV-Infizierung läßt die Zahl der Neuinfektionen zurückgehen.

(2) *Virtuelle Problemlösungen*: Die Problembearbeitung kann mit großem Aufwand erfolgen und so auch als wirkungsvoll erscheinen (solan-

ge man nur Verlaufs- und keine Ergebniskontrollen macht), ohne daß der problematisierte Zustand wirklich in der politisch ursprünglich gewünschten Form verändert wird.

Das scheint insbesondere da der Fall zu sein, wo Sozialarbeiter und Sozialpädagogen auf Probleme angesetzt werden, deren Wurzeln dem Zugriff von Sozialarbeitern und Sozialpädagogen völlig entzogen sind; zum Beispiel als in den 70er Jahren das Problem der Jugendarbeitslosigkeit entstand und mit sozialpädagogischen Einzelmaßnahmen „bekämpft" wurde und seitdem immer noch so bearbeitet wird. „Es wird etwas getan" und „Spezialisten sind mit dem Problem betraut" lauteten die Verlautbarungen von Politikern, die Öffentlichkeit brauchte sich nicht mehr sonderlich um das Thema zu kümmern, – es war kein soziales Problem mehr, obwohl es den Jugendlichen nicht besser ging.

Im Gegenteil, es wird behauptet, es träten in solchen Fällen häufig Folgen auf, die die ganze Problembearbeitung als kontraproduktiv erscheinen lassen:

(a) *Die Problemverfestigung und Problemverewigung:*
H. Peters warf anfangs der 70er Jahre der ganzen Sozialarbeit vor, sie löse die Probleme ihrer Klienten nicht, sondern verewige sie bloß – und sichere sich dadurch ihre Arbeitsplätze (Peters 1973). – „Hilfe zum Lebensunterhalt" wird bisweilen als soziale Hängematte bezeichnet, die lähmend wirke, anstatt Selbsthilfekräfte zu aktivieren; es gibt leider keine Untersuchungen zur Frage, in wievielen und welchen Fällen HLU problemlösend oder problemverschärfend wirkt, nur Polemik von unterschiedlichen Seiten. Gerüchteweise wird gesprochen von einem durch Sozialhilfe ermöglichten „Schwebezustand" von hochverschuldeten Menschen in der gewollten Arbeitslosigkeit, solange sie keine Schuldnerberatung erfahren.

(b) *Die Problemausweitung und Probleminflation:*
Beispielsweise durch die Stigmatisierung Betroffener, wenn ein benachteiligtes Wohngebiet zum sozialen Brennpunkt erklärt wird; der massive Polizeieinsatz gegen Demonstranten vermindert vielleicht den zivilen Ungehorsam nicht, sondern erhöht ihn.

(c) *Die Problemverewigung, kombiniert mit der Probleminflation:*
Umweltschutz im kleinen, der den Bürgern suggeriert, es geschehe wirklich etwas, wodurch sie politisch ruhig gestellt werden und zulassen, daß die Umwelt in großem Maßstab weiter zerstört wird. – Der „Kampf gegen die Drogen", der, wie die Zahl der Abhängigen und Toten zeigt, dem Problem nicht beikam, vermutlich sogar zu seiner Ausweitung beitrug und sicher zu seiner rasanten Veränderung durch die

Kriminalisierung des gesamten Lebensumfelds der Süchtigen. – Das Problem der zwischenstaatlichen Sicherheit nach dem Zweiten Weltkrieg, das die Militärspezialisten derart lösten, daß die Sicherheit immer gefährdeter wurde und damit die Militärs immer nötiger und so weiter.

(3) *Problemverlagerung, das heißt Schaffung von Neoproblemen:*
In der Regel ist jede Reaktion mit Folgen verbunden, die unter Umständen bestimmte Menschen sehr negativ berühren können und so zu erneuten sozialen Problematisierungen und damit sekundären Problemen (Neo-problemen) führen können; viele Problemlösungen erweisen sich als Pakt mit dem Teufel, und häufig scheint es unmöglich, die „Schwarze Spinne" (Jeremias Gotthelf) zu bannen:

> Die Abfolge der Problembearbeitungen für Verkehrsbelastung scheint häufig die zu sein: Erst Umgehungsstraßen und dann Autobahn mit ständig steigender Verkehrsproduktion und -problemen. – Es brachte der präventive Kampf gegen das sogenannte organisierte Verbrechen, wiederum vor allem im Zusammenhang mit Drogen, gravierende Einschränkungen bisher als unantastbar geltender Bürgerrechte (Böllinger u. a. 1995: 47).

(4) *Völlige Wirkungslosigkeit der Problembearbeitung*: Sie ist denkbar, aber sehr unwahrscheinlich – Kosten verursacht sie allemal.

3. SEKUNDÄRE PROBLEMATISIERUNG IN „KONSTRUKTIONISTISCHER" SICHT

(1) Mir sind weder allgemeine explizit problemsoziologische Äußerungen zur Evaluationsthematik und zur Thematik einer sekundären Problematisierung bekannt noch konkrete Untersuchungen solcher Prozesse in problemsoziologischer Sicht. Lediglich in den Phasenmodellen der Problembearbeitung von Spector und Kitsuse einerseits und von Stallberg u. a. andererseits klingt das Thema an (vergleiche oben Kap. 1, 2.2.). Allgemeine Äußerungen könnten allerdings nicht viel Überraschendes bieten, sie könnten nur Aussagen über die gesellschaftliche Arbeit am (primären) Problem, wie sie beispielsweise in der vorliegenden Arbeit versucht wurden, wiederholen: Auch die sekundäre Problemkonstitution ist Konstitution eines sozialen Problems und ist unter den genannten Aspekten beschreibbar und in ihrem konkreten Verlauf vielleicht so erklärbar; dasselbe gilt für die Bearbeitung des sekundären Problems und deren Evaluation.

(2) Für die konkrete Untersuchung solcher Prozesse bieten sich viele Beispiele des politischen Lebens der vergangenen Jahre und der Gegen-

wart an, oder anders gesehen: Viele politische Prozesse der jüngeren und jüngsten Vergangenheit lassen sich mit beträchtlichem Gewinn als Prozesse sekundärer sozialer Problematisierung analysieren. Beispielhaft möchte ich folgende nennen, die einen unmittelbaren Bezug zu Feldern Sozialer Arbeit haben:

(a) Die Schaffung der Bestrafungsform der Freiheitsstrafe auf Bewährung in Verbindung mit der Begründung der Bewährungshilfe war eine Folge der Problematisierung unerwünschter Folgen der Bearbeitung des Kriminalitätsproblems mittels der Freiheitsstrafe.

(b) Die Schaffung eines spezifischen Jugendstrafrechts war die Folge der Problematisierung unerwünschter Wirkungen der Bearbeitung des Problems der Straffälligkeit Jugendlicher mittels des allgemeinen Strafrechts.

(c) Die Strafrechtsreform der 60er und 70er Jahre war die Folge einer generellen Kritik an den Wirkungen der Freiheitsstrafe als Bearbeitungsform für das Kriminalitätsproblem.

(3) Ich möchte abschließend darauf hinweisen, daß die Unterscheidung zwischen primärer und sekundärer Problematisierung theoretisch-analytisch eindeutig und einleuchtend ist, in der Praxis aber häufig nicht trennscharf durchzuführen ist. So ist beispielsweise nicht grundsätzlich entscheidbar, ab welchem Ausmaß der Modifikation einer Problembearbeitung man nicht mehr von einer Nachbesserung dieser Bearbeitung, sondern von der Konstitution eines sekundären Problems sprechen sollte. Weiterhin ist bisweilen beobachtbar, daß die sekundäre Problematisierung zu einer Revision der primären führt. Das ist anscheinend besonders dann der Fall, wenn das Problematische an der Problembearbeitung in den durch sie verursachten Kosten gesehen wird.

Oben wurde diesbezüglich schon das „Kippen" des sozialen Problems des Pflegenotstands in das des „Bettenbergs" genannt. – In den vergangenen zwei Jahrzehnten wurde wiederholt die Armutsgrenze der Sozialhilfebedürftigkeit und damit ein wesentliches Element der politisch konstituierten Armut entsprechend der Lage der öffentlichen Haushalte modifiziert.

Teil III:
Soziale Arbeit in problemsoziologischer Sicht – Anstiftung zur Anwendung

In teilweise ziemlich komplexen politischen Prozessen wird also ausgemacht, welche Situationen als soziale Probleme zu sehen und zu behandeln sind; und dabei wird auch ausgemacht, was ganz konkret Soziale Arbeit wirklich ist. An diesen Prozessen sind die Ideologen der Sozialen Arbeit, die genau zu wissen glauben, was soziale Arbeit „wirklich" ist, wenn überhaupt, dann nur am Rande beteiligt. Diese Prozesse laufen vor allem auf der Ebene von Parlamenten, Verwaltungen, in Verbänden und Initiativen ab. (Wieweit daran Fachhochschulen über Organisationsberatung, Projekte, Supervision u.ä. beteiligt sind, ist eine sehr interessante, aber meines Wissens noch ungeklärte Frage.) Hier werden bestimmte Tatbestände in einer bestimmten Weise konstruiert und mit bestimmten Problematisierungsprogrammen skandalisiert, nämlich – explizit oder implizit – mit den genannten Basistypen der Abweichung, Armut und Desintegration. Weiterhin wird auf unterschiedlichen politischen Ebenen beschlossen, die Bearbeitung dieser Problemtatbestände habe in bestimmter Weise zu erfolgen, und das sei Sache (auch) von Berufskräften der Sozialen Arbeit. Damit werden bestimmte Probleme als Probleme Sozialer Arbeit konstituiert. Gleichzeitig wird Soziale Arbeit überhaupt konstituiert.

Mir scheint nun, es könnte sehr interessant sein, wenn man als Praktiker der Sozialen Arbeit – oder auch als Student im Praktikum – die Konstitution des eigenen Arbeitsfeldes zu rekonstruieren versuchte: Man würde sicher besser verstehen, in welchem Kräftefeld man sich bewegt, welchen Zumutungen man ausgesetzt oder vielleicht ausgeliefert ist, welche Freiräume eigener politischer Gestaltung man aber auch unter Umständen hat – letzteres dürfte sogar eine sehr wichtige Frage sein: Wieweit man selber „Politiker" ist, der vor Ort Problematisierungen über den eigenen professionellen Arbeitsvollzug autonom durchsetzen kann.

Zu dieser Rekonstruktion anzustiften und sie zu erleichtern, dazu soll der folgende Raster dienen. Entsprechend der These der Arbeit, daß Probleme auf zwei Ebenen konstituiert werden, generell, das heißt originär, und speziell, das heißt als Fälle, ist der Raster zweigeteilt: einerseits in Fragen, wie die Probleme des Arbeitsfelds und damit das Arbeitsfeld konstituiert wurden und werden, andererseits in Fragen danach, wie der Bürger beziehungsweise seine Situation oder sein Handeln zum Fall werden. Anders als es der zeitlichen oder logischen Abfolge des Konstitutionsprozesses entspricht, wird hier vorgeschlagen, vom Ergebnis des Prozesses, dem konstituierten Arbeitsfeld und Arbeitsauftrag, auszugehen und sozusagen rückwärts zu fragen, wie sie entstanden. Selbstverständlich ist auch die umgekehrte, zeitlich „richtige" Richtung denk- und gangbar.

Fragen an konkrete Sozialarbeit

Vorbemerkung: Kurze Beschreibung der Einrichtung und Stelle

A.   KONSTITUTION DES ARBEITSFELDES

1.   Politische Entscheidungen – sozialarbeitsbezogene Problemdurchsetzung (Trichtermodell)

1.1.   Ergebnis: Wie ist Ihr Arbeitsfeld bestimmt:
   • das Problem/die Probleme, die Sie zu bearbeiten haben (bitte so etwas wie einen oder mehrere Problemnamen angeben)?
   • Ihr Auftrag angesichts dieses Problems/dieser Probleme?

1.2.   Akteure und ihr Verhalten: Wer traf als „Politiker" (auf unterschiedlichen politischen Ebenen) wo, wann und wie die politischen Entscheidungen, die zur Schaffung des Arbeitsfelds führten? Welcher Spielraum bleibt für die sozialarbeiterische professionelle und persönliche Eigendefinition des Problems beziehungsweise des Auftrags? Was war/ist das vermutbare Interesse der Akteure?

1.3.   Gehalte: Was war der Inhalt dieser Entscheidungen
   • bezüglich der als gegeben angenommenen Problemtatbestände und ihrer Interpretation? Welche Rahmungen und Skripte/Problemtypen kamen zur Anwendung?
   • bezüglich ihrer Bewertung/Skandalisierung (Entscheidungen bezüglich Wertmaßstäbe/Standards und ihrer Anwendung)?
   • bezüglich des Handlungsbedarfs?
   • präventiv?

KONSTITUTION DES ARBEITSFELDES

- reaktiv/fallbezogen?
- wie war dabei/dadurch Sozialarbeit begründet/legitimiert?

1.4.   Handelte es sich um eine primäre oder sekundäre Problematisierung? Falls letzteres:
- wie war das primäre Problem ursprünglich konstituiert?
- wie wurde es durch die sekundäre Problematisierung verändert, was beinhaltete die sekundäre Problemkonstitution im Vergleich zur primären?

2.   Wege des Themas auf die politische Tagesordnung

2.1.   Unmittelbare Adressierung politischer Entscheidungsträger
- Akteure und ihr Verhalten: Wer trat wann, wo, wie und wem gegenüber als „Lobbyist" auf?
- Gehalte: transportierte Problematisierungen?
- Ergebnisse: Inwieweit wurden Politiker für die ursprüngliche Problematisierung gewonnen?
- Waren Sozialarbeitende daran beteiligt?

2.2.   Der Weg durch die Öffentlichkeit auf die politische Tagesordnung
- Akteure und ihr Verhalten:
- Wer trat als Öffentlichkeitsakteur/Sprecher wann, wo und wie in Erscheinung? Aus welchen Interessen?
- Wer ließ sich als Medienmacher gewinnen? Wer nahm also im Bereich der Medien die entsprechenden Nachrichten auf und verbreitete sie; aus welchen Interessen?
- Waren Sozialarbeitende daran beteiligt?
- Gehalte: Welche Problematisierungen wurden von den Öffentlichkeitsakteuren angeboten, wieweit wurden sie von den Medienmachern übernommen, wieweit modifiziert? Spielte Sozialarbeit als mögliche Problembearbeitung eine Rolle?
- Ergebnisse: Wie reagierte das Publikum?
- Grad der Diffusion der Nachrichten?
- Ausmaß und Art der Meinungsbildung und Interessenformierung?

3.　Ursprüngliche Problematisierungen im Hintergrund der Konstitution des Arbeitsfeldes

3.1.　Akteure: Welche Personen/Gruppen stehen/standen am Ursprung des ganzen Prozesses als ursprüngliche Problematisierer/fordernde Definitoren? Waren Sozialarbeitende beteiligt?

3.2.　Gehalte: Wie sah die ursprüngliche Problematisierung (gegebenfalls: die ursprünglichen Problematisierungen) aus? (Bitte differenzieren Sie wie bei 1.3.) War in sie Sozialarbeit als mögliche Weise der Problembearbeitung schon impliziert? (Sollte die ursprüngliche Problematisierung von den „Politikern" unverändert übernommen worden sein, genügt es, ihre Gehalte 1 Mal, hier oder unter 1.3, darzustellen und an der anderen Stelle darauf zu verweisen.)

B.　VOM INDIVIDUELLEN PROBLEM ZUM SOZIALEN ROUTINEPROBLEM – DIE KONSTITUTION DES FALLES

1.　Beteiligte bei der Fallkonstitution

- Laien-Experten-Konstitution oder reine Experten-Konstitution?
- Laien: Welche Personen treten als Betroffene/Laien in Erscheinung?
- Experten: Welche Personen treten als Experten in Erscheinung?

2.　Problemanmeldung durch Laien beziehungsweise Experten

- Verfahren der Problemanmeldung (u. a. Auswahl der Problemtypen und Experten, vermutbare Interessen)?
- Motive für die Problemanmeldung im Einzelfall?
- Dunkelfeld: vermutbare Motive für Nicht-Anmeldung prinzipiell problematisierbarer Situationen?

3.　Problementscheidung durch Experten

- Entscheidungen über Zuständigkeiten (Diagnose- und Reaktionsexperten)? Vermutbare Interessen?
- Entscheidungen über Problemtypen? Aus welchen Interessen?

4.   Ablauf der Fallkonstitution

- Wie verläuft die (Re-)Konstruktion des relevanten Tatbestands? Wie wird der Tatbestand interpretiert?
- Nach welchen Wertmaßstäben/Standards erfolgt die Skandalisierung der Situation?
- Welcher Handlungsbedarf wird formuliert? Wie wird Sozialarbeit als Art und Weise der Bearbeitung begründet/legitimiert?

Literatur

Achinger, H./Archinal, S./Ban, – eine Einführung für soziale Berufe. Freiburg, 3. Auflage

Bergmann, J. u. a. (1969): Herrschaft, Klassenverhältnis und Schichtung. In: Adorno, Th. W. (Hrsg.): Spätkapitalismus oder Industriegesellschaft? Stuttgart: 67-87

Bergmann, W. (1994): Effekte öffentlicher Meinung auf die Bevölkerungsmeinung. Der Rückgang antisemitischer Einstellungen als kollektiver Lernprozeß. In.: Neidhardt 296-319

Bernsdorf, W./Bülow, F. (Hrsg.) (1955): Wörterbuch der Soziologie. Stuttgart

Bernsdorf, W. (Hrsg.) (1969), Wörterbuch der Soziologie. Stuttgart, 2. Auflage

Bernsdorf, W. (Hrsg.) (1972): Wörterbuch der Soziologie, Taschenbuchausgabe. Frankfurt

von Beyme, K. (1994): Die Massenmedien und die politische Agenda des parlamentarischen Systems. In.: Neidhardt 320-336

Blum, R. (1964): Soziologische Konzepte der Sozialarbeit. Freiburg

Blumer, H. (1975): Soziale Probleme als kollektives Verhalten. In: Hondrich, K.O. (Hrsg.): Menschliche Bedürfnisse und soziale Steuerung. Reinbek: 102-113

Böllinger, L./Stöver, H./Fietze, C. (1995): Drogenpraxis, Drogenrecht, Drogenpolitik: Leitfaden für Drogenbenutzer, Eltern, Drogenberater, Ärzte und Juristen. Frankfurt 4. Auflage

Bohle, H.H. (1984): Art. Abweichendes Verhalten. In: Eyferth 1-11

Bohle, H.H. (1981): Zur Anwendbarkeit „sozialer Indikatoren" bei der Analyse der „Konstitution sozialer Probleme". In: Matthes 198-209

Bommes, M./Scherr, A. (1996): Soziale Arbeit als Inklusionsvermittlung, Exklusionsvermeidung und Exklusionsverwaltung. In: Neue Praxis 26: 107-122

Borchert, J. (1997): Grundzüge und Perspektiven der Agrarpolitik der Bundesregierung. In: Presse- und Informationsamt der Bundesregierung (Hrsg.): Bulletin, Bonn 3. Juli 1997: 647-652

Brand, R. (1995): Europäisches Netzwerk „Kampf gegen die Armut" (EAPN). In: Theorie und Praxis der sozialen Arbeit 46: 295-299

Breitenborn, A. (1994): Randgruppen im Allgemeinen Landrecht für die Preussischen Staaten von 1794. Berlin

Brocke, H. (1996): Art. Randgruppen. In: Kreft/Mielenz 459

Brosius, H.-B./Esser, F.(1995): Eskalation durch Berichterstattung? Massenmedien und fremdenfeindliche Gewalt. Opladen

Brückner, P. (1992): Konkurrierende Konzepte der Suchtprävention. Diplomarbeit an der Katholischen Fachhochschule Freiburg

Brusten, M./Hoppe, R. (1986): Greifen unsere Theorien noch? Entwicklung und Struktur der Kriminalität als Folge „betriebswirtschaftlicher Entscheidungen" am Beispiel von Ladendiebstahl und „Schwarzfahren". In: Kriminologisches Journal 1. Beiheft: 45-73

„Bürger im Staat" (Themenheft „Randgruppen" mit Einführung von H. Wehling) (1973), Heft 3

Buhr, P. (1995): Dynamik von Armut: Dauer und biographische Bedeutung von Sozialhilfebezug. Opladen

Bukowski, A. (1998): Benachteiligungen im Jugendstrafvollzug? Ergebnisse qualitativer Interviews mit türkischen Insassen. Konstanz

Bullerdiek, W. (1994): Die Bremer Strafvollzugsreform als soziales Problem: subjektive und objektive Bedingungen ihrer Entstehung, ihres Verlaufs und ihres Endes. Ein Fallbeispiel. In: Soziale Probleme 5: 89-114

Bulletin, herausgegeben vom Presse- und Informationsamt der Bundesregierung, Bonn. Jahrgänge 1987, 1988, 1995 und 1997

Bundesministerium für Familie, Senioren, Frauen und Jugend (Hrsg.)(1998): 10. Kinder und Jugendbericht. Bonn

Bundesminister für Jugend, Familie und Gesundheit (Hrsg.) (1979): 3. Familienbericht. Bonn

Busch-Geertsema, V. u. Ruhstrat, E.-U. (1993): „Das macht die Seele so kaputt..." – Armut in Bremen, Bremen

Busch-Geertsma, V. u. Ruhstrat, E.-U. (1992): Kein Schattendasein für Langzeitarme! Wider die Verharmlosung von Langzeitarmut im Zusammenhang mit der „dynamischen" Armutsforschung. In: Nachrichtendienst des Deutschen Vereins für öffentliche und private Fürsorge 72: 366-370

Butterwegge, Ch. (1995): Armut, Rechtsextremismus und Sozialpolitik: Über die Zusammenhänge zwischen der Gesellschaftsentwicklung, prekären Lebenslage und rassistischen Ideologien/Gewalttaten. In: Neue Praxis 25: 107-118

Chassé, K.A.(1992): Brauchen wir den Randgruppenbegriff? In.: Chassé u. a. 91-100

Chassé, K.A./Drygala, A./Schmidt-Noerr, A. (Hrsg.) (1992): Randgruppen 2000. Analysen zu Randgruppen und Randgruppenarbeit. Bielefeld

Cremer-Schäfer, H. (1992): Skandalisierungsfallen. In: Kriminologisches Journal 24: 23-36

Cremer-Schäfer, H./Steinert, H. (1986): Sozialstruktur und Kontrollpolitik. Einiges von dem, was wir glauben, seit Rusche & Kirchheimer dazugelernt zu haben. In: Kriminologisches Journal 1. Beiheft: 77-118

Degen, M. (1995): Straßenkinder – Szenebetrachtungen, Erklärungsversuche und sozialarbeiterische Ansätze. Bielefeld

„Der Spiegel", Jahrgänge 1972-1997 (Jahresregister)

Deubelius, W. (1981): Art. Randgruppen. In.: Rexilius, G., Grubitzsch, S. (Hrsg.): Psychologische Grundbegriffe. Reinbek: 880

Deutscher, R. u. a. (Hrsg.) (1978): Lexikon der sozialen Arbeit. Stuttgart

Deutscher Bundestag, Bundestags-Drucksachen der 6., 10. und 13. Legislaturperiode

Deutscher Paritätischer Wohlfahrtsverband (Hrsg.) (1989): „... wessen wir uns schämen müssen in einem reichen Land..." Armutsbericht des Paritätischen

Wohlfahrtsverbandes für die Bundesrepublik Deutschland, in: Blätter der Wohlfahrtspflege 136, H 11+12

Deutscher Verein für öffentliche und private Fürsorge (Hrsg.) (1986, 1993, 1997): Fachlexikon der sozialen Arbeit. Frankfurt, 2., 3. und 4. Auflage

„Die Tageszeitung" (1997), 22./23. Februar

Dietz, B. (1997): Soziologie der Armut: eine Einführung. Frankfurt

Dilling, W./Mombour, W./Schmidt, M.H. (Hrsg.) (1991): Internationale Klassifikation psychischer Störungen. ICD-10 Kapitel V (F). Diagnostische Leitlinien. Bern

Dreitzel, H.P. (1972): Die gesellschaftlichen Leiden und das Leiden an der Gesellschaft. Stuttgart

Duden-Etymologie (1989). Mannheim

Dux, G. (1973): Ursprung, Funktion und Gehalt der Religion. In: Internationales Jahrbuch für Religionssoziologie 8: 7-67

Edelman, M. (1976): Politik als Ritual. Die symbolische Funktion staatlicher Institutionen und politischen Handelns. Frankfurt

Elsner, J./Proske, R. (1953): Der Fünfte Stand. Eine Untersuchung über die Armut in Westdeutschland. In: Frankfurter Hefte 8: 101-111

Erath, P. (1996): Armut in Deutschland als Herausforderung an die Sozialarbeit. In: Archiv für Wissenschaft und Praxis der sozialen Arbeit 27: 57-68

Esser, H. (1991): Alltagshandeln und Verstehen. Zum Verständnis von erklärender und verstehender Soziologie am Beispiel von Alfred Schütz und 'Rational Choice'. Tübingen

Esser, H. (1990): „Habits", „Frames" und „Rational Choice". Die Reichweite von Theorien der rationalen Wahl (am Beispiel der Erklärung des Befragtenverhaltens). In: Zeitschrift für Soziologie 19: 231-247

Essinger, H. (1977): Soziale Rand- und Problemgruppen. München

Eyferth, H. u. a. (Hrsg.) (1984): Handbuch zur Sozialarbeit/Sozialpädagogik. Neuwied

Faltermeier, J. (1997): Art. „Prävention". In: Deutscher Verein 730f

Feltes, Th. (1984): Die Erledigung von Ermittlungsverfahren durch die Staatsanwaltschaft. In: Kriminologisches Journal 16: 50-63

Ferber, Chr.v. (1977): Soziologie und Sozialpolitik. In: Ferber/Kaufmann 11-34

Ferber, Chr.v./Kaufmann, F.X. (Hrsg.) (1977): Soziologie und Sozialpolitik. Wiesbaden

Fischer, G.(1988): Die Hugenotten in Berlin. Berlin

Fischer, W. (1977): Der Wandel der sozialen Frage in den fortgeschrittenen Industriegesellschaften. In: Külp/Haas, 1. Hbb.: 35-68

Frangipane, F. (1990): Geistlicher Kampf auf drei Ebenen. Solingen

Franke, W./Sander-Franke, U. (1998): Methodisches Lösen sozialer Probleme. Köln

Franz, H.-W. (Hrsg.) (1985): 22. Deutscher Soziologentag 1984, Beiträge der Sektions- und Ad-hoc-Gruppen. Opladen

Franzen, A. (1988): Kleine Kirchengeschichte. Neubearbeitung von R. Bäumer. Freiburg

Frerich, J./Frey, M. (1993): Handbuch der Geschichte der Sozialpolitik in Deutschland (3 Bde.). München

Frisch, M. (1972): Tagebuch 1966-1971, Frankfurt

Fuchs, W. u. a. (Hrsg.) (1978): Lexikon zur Soziologie. Opladen

Fuchs-Heinritz, W. u. a. (Hrsg.) (1994): Lexikon zur Soziologie. Opladen

Fürstenberg, F. (1965): Randgruppen in der modernen Gesellschaft. In: Soziale Welt 16: 236-245

Gahleitner, K. (1996): Leben am Rand. Zur subjektiven Verarbeitung benachteiligter Lebenslagen. Frankfurt

Galtung, J. (1993): Kulturelle Gewalt. In: Der Bürger im Staat 43: 106-112

Geißler, H. (1976): Die neue soziale Frage. Freiburg

Geißler, R. (1994): Soziale Schichtung und Kriminalität. In: ders. (Hrsg.): Soziale Schichtung und Lebenschancen in Deutschland. Stuttgart: 160-194

Gerhards, J. (1994): Politische Öffentlichkeit. Ein system- und akteurstheoretischer Bestimmungsversuch. In.: Neidhardt 77-105

Giesen, B. (1983): Moralische Unternehmer und öffentliche Diskussion – Überlegungen zur gesellschaftlichen Thematisierung sozialer Probleme. In: Kölner Zeitschrift für Soziologie und Sozialpsychologie 35: 230-254

Girtler, R. (1995): Randkulturen. Theorie der Unanständigkeit. Wien

Glantschnig, H. (1987): Liebe als Dressur – Kindererziehung in der Aufklärung. Frankfurt

Glatzer, W./Hübinger, W. (1990): Lebenslagen und Armut. In: Döring u. a. (1990): 31-55

Goffman, E. (1967): Stigma. Frankfurt

Grieswelle, D. (1986): Katastrophenrhetorik – Neue Armut als politischer und religiöser Kampfbegriff. In: Die Neue Ordnung 40: 24-35

Groenemeyer, A. (1996): Wertideen und Wertbezüge einer Soziologie sozialer Probleme. Zur epistemologischen und methodologischen Basis einer Soziologie sozialer Probleme. In: Soziale Probleme 7: 71-93

Groth, U. (1992): Zehn Jahre Schuldnerberatung in der Bundesrepublik. In.: Sozialpädagogik 34: 110-115

Haas, V. (Hrsg.) (1992): Außenseiter und Randgruppen: Beiträge zu einer Sozialgeschichte des Alten Orients. Konstanz

Haferkamp, H. (1982): Politische Herrschaft und Diebstahlverbot. In: Albrecht, G./Brusten, M. (Hrsg.): Soziale Probleme und soziale Kontrolle. Opladen: 210-226

Haferkamp, H. (1987): Theorie sozialer Probleme – Kritik der neueren nordamerikanischen Problemsoziologie. In: Kölner Zeitschrift für Soziologie und Sozialpsychologie 39: 121-131

Haferkamp, H. (1977): Von der alltagsweltlichen zur sozialwissenschaftlichen Begründung der Soziologie sozialer Probleme und sozialer Kontrolle. Entwicklung, Stand und Perspektive eines Ansatzes. In: Ferber/Kaufmann 186-212

Hammond, F.D. (1991): Ablehnung. Aachen

Hanak, G. (1984): Kriminelle Situationen – Zur Ethnographie der Anzeigeerstattung. In: Kriminologisches Journal 16: 161-180

Hanesch, W. (1992): Armut und Armutsberichterstattung in Kommunen. In: Theorie und Praxis der sozialen Arbeit Nr. 1, 1992: 20-26

Hanesch, W./Deutscher Gewerkschaftsbund/Deutscher Paritätischer Wohlfahrtsverband (Hrsg.) (1994): Armut in Deutschland. Reinbek

Hartfiel, G./Hillmann, K.H. (1978 und 1982): Wörterbuch der Soziologie. Stuttgart, 3. und 4. Auflage

Hartmann, H. (1985): Armut trotz Sozialhilfe. Zur Nichtinanspruchnahme von Sozialhilfe in der Bundesrepublik. In: Leibfried/Tennstedt 169-189

Hauser, R. (1995): Das empirische Bild der Armut in der Bundesrepublik Deutschland – ein Überblick. In: Aus Politik und Zeitgeschichte, 28. Juli 1995: 3-13

Hauser, R./Cremer-Schäfer, H./Nouverné, U. (1986): Armut, Niedrigeinkommen und Unterversorgung in der Bundesrepublik Deutschland – Bestandsaufnahme und sozialpolitische Perspektiven. Frankfurt (unveränderte Neuauflage von 1981)

Hauser, R. u. Hübinger, W.,/Deutscher Caritasverband (Hrsg.) (1993): Arme unter uns, Teil I: Ergebnisse und Konsequenzen der Caritas-Armutsuntersuchung. Freiburg

Hauser, R. u. Neumann, U. (1993): Armut in der Bundesrepublik Deutschland. Die sozialwissenschaftliche Thematisierung nach dem zweiten Weltkrieg. In: Leibfried/Voges 237-271

Hegner, F./Schmidt, E.-H. (1977): Aspekte und Probleme einer Gesellschaftspolitik für Behinderte und für psychisch Gestörte in der BRD. In: Ferber/Kaufmann 524-568

Heidegger, M. (1993): Sein und Zeit. Tübingen, 17. Auflage

Heiner, M. u. a.(1994): Methodisches Handeln in der Sozialarbeit. Freiburg

Heitmeyer, W./Müller, J. (1995): Fremdenfeindliche Gewalt junger Menschen. Bonn

Heitmeyer, W. u. a. (1995): Gewalt. Weinheim

Heitmeyer, W. (1993): Gesellschaftliche Desintegrationsprozesse als Ursachen von fremdenfeindlicher Gewalt und politischer Paralysierung. In: Aus Politik und Zeitgeschichte B 2/3, 1993: 3-13

Hergemöller, B.-U. (Hrsg.) (1994): Randgruppen der spätmittelalterlichen Gesellschaft: ein Hand- und Studienbuch. Warendorf

Heritier, A. (1993): Einleitung. Policy-Analyse. Elemente der Kritik und Perspektiven der Neuorientierung. In: Heritier, A. (Hrsg.): Policy-Analyse. Kritik und Neuorientierung. Opladen: 9-36

Herriger, N. (1986): Präventives Handeln und soziale Praxis. Konzepte zur Verhütung abweichenden Verhaltens von Kindern und Jugendlichen. Weinheim

Herriger, N. (1985): Stadtstruktur und ortsbezogene Devianztheorien. Zur Analyse der normativen Ökologie administrativer Akteure. In: Kriminologisches Journal 17: 186-202

Herzog, R. (1997): Aufbruch ins 21. Jahrhundert. In: Presse- und Informationsamt der Bundesregierung (Hrsg.): Bulletin, Bonn, 30. April 1997: 353-358

Hess, H./Steinert, H. (1986): Zur Einleitung: Kritische Kriminologie – zwölf Jahre danach. In: Kriminologisches Journal, 1. Beiheft, 2-8

Hippel, W.v. (1995): Armut, Unterschichten, Randgruppen in der frühen Neuzeit. München

Hofstätter, P. (1959): Einführung in die Sozialpsychologie. Stuttgart

Holm, K./Dewes, J. (Hrsg.) (1996): Neue Methoden der Arbeit mit Armen – Am Beispiel Straßenkinder und arbeitende Kinder. Frankfurt

Hompesch, R. (Hrsg.) (1996): Verarmung – Abweichung – Kriminalität: Straffälligenhilfe vor dem Hintergrund gesellschaftlicher Polarisierung. Bonn

Hondrich, K.O. (1974): Soziale Probleme, soziologische Theorie und Gesellschaftsplanung. In: Archiv für Rechts- und Sozialphilosophie 60: 161-185

Honegger, C. (Hrsg.) (1985): Die Hexen der Neuzeit. Studien zur Sozialgeschichte eines kulturellen Deutungsmusters. Frankfurt, 4. Auflage

Iben, G. (1984): Kinder sozialer Randgruppen. In: Fthenakis, W. E. (Hrsg.): Tendenzen der Frühpädagogik, Düsseldorf: 127-140

Iben, G (1986): Art. Randgruppe. In: Deutscher Verein 675f

Iben, G. (1993): Art. Randgruppe. In: Deutscher Verein 756

Iben, G. (1980): Art. „Randgruppen" und „Randgruppenarbeit". In: Deutscher Verein 607 und 607f

Iben, G. (1997): Art. Randgruppe/Randgruppenarbeit. In: Deutscher Verein 756-758

Iben, G. (1972): Randgruppen der Gesellschaft – Untersuchungen über Sozialstatus und Erziehungsverhalten obdachloser Familien. München, 2. Auflage

Jacob, R. (1995): Krankheitsbilder und Deutungsmuster. Wissen über Krankheit und dessen Bedeutung für die Praxis. Opladen

Jacobs, H. (1995): Zum Verhältnis von gesellschaftlicher Konstituierung und wissenschaftlicher Verwendung eines Begriffs. In: Soziale Welt 46: 403-420

Jäger, W. (1987): Die Innenpolitik der sozial-liberalen Koalition 1974-1982. In: Bracher, K.D. u. a. (Hrsg.): Geschichte der Bundesrepublik Deutschland (Bd. 5, II). Stuttgart: 9-272

Kaczynski, A. (1994): Gemeindliche und verbandliche Caritas für Randgruppen: unter besonderer Berücksichtigung der Probleme, Fragen und Wünsche ehrenamtlicher Helfer. Freiburg (Diplomarbeit Universität, Theol. Fakultät)

Kaiser, G. (1985 und 1997): Kriminologie. Eine Einführung in die Grundlagen. Heidelberg, 7. und 10. Auflage

Kaiser, G. (1996): Kriminologie. Ein Lehrbuch. Heidelberg 3. Auflage

Karstedt, S. (1975): Soziale Randgruppen und soziologische Theorie. In: Brusten, M. u. a. (Hrsg.): Stigmatisierung – Zur Produktion gesellschaftlicher Randgruppen (Bd. 1). Neuwied: 169-193

Katholische Arbeitnehmerbewegung (Hrsg.) (1977): Texte zur katholischen Soziallehre. Kevelaer, 4. Auflage

Kaufmann, F.X. (1993): Art. Sozialpolitik. In: Lexikon der Wirtschaftsethik. Frankfurt: 1000

Kaufmann, F.X. (1977): Sozialpolitisches Erkenntnisinteresse und Soziologie. Ein Beitrag zur Pragmatik der Sozialwissenschaften. In: Ferber/Kaufmann 35-75

Kerner, H.J. (1994): Kriminalität als Konstrukt. In: Universitas 49: 924-937

Kiefl, W./Lamnek, S. (1986): Soziologie des Opfers. Theorie, Methoden und Empirie der Viktimologie. München

Klee, E. (1973): Randgruppenpädagogik. Düsseldorf

Kleining, G. (1961): Über soziale Images. In: Soziale Schichtung und soziale Mobilität. Kölner Zeitschrift für Soziologie und Sozialpsychologie, Sonderheft 5: 145-170

Kögler, A. (1976): Die Entwicklung von „Randgruppen" in der Bundesrepublik Deutschland. Göttingen

Kortmann, K. (1986): Was versteht die gegenwärtige Armutsberichterstattung unter Armut? Probleme der Armutsberichterstattung. In: Blätter der Wohlfahrtspflege 133: 257-259

Krämer, W. (1997): Statistische Probleme bei der Armutsmessung. Baden-Baden

Kreft, D./Mielenz, J. (Hrsg.) (1980 und 1996): Wörterbuch Soziale Arbeit. Weinheim, 1. und 4. Auflage

Kronauer, M. (1997): „Soziale Ausgrenzung" und „Underclass": Über neue Formen der gesellschaftlichen Spaltung. In: Leviathan 25: 28-49

Kubrink, M. (1993): Verständnis und Bedeutung von Ausländerkriminalität. Eine Analyse der Konstitution sozialer Probleme. Pfaffenweiler

Kühnel, W./Matuschek, I. (1995): Gruppenprozesse und Devianz: Risiken jugendlicher Lebensbewältigung in großstädtischen Monostrukturen. Weinheim

Külp, B./Haas, H.D. (Hrsg.) (1977): Soziale Probleme der modernen Industriegesellschaft. Verhandlungen auf der Arbeitstagung des Vereins für Socialpolitik – Gesellschaft für Wirtschafts- und Sozialwissenschaften in Augsburg 1976 (2 Hbde.). Berlin

Kury, H. (1995): Wie restitutiv eingestellt ist die Bevölkerung? Zum Einfluß der Frageformulierung auf die Ergebnisse von Opferstudien. In: Monatsschrift für Kriminologie 78: 84-98

Lamnek, S. (1997): Neue Theorien abweichenden Verhaltens. München, 2. Auflage

Lamnek, S. (1985): Sozialstruktur und Kriminalität. Gesellschaftliche Ebenen selektiver Prozesse. In: Hradil, S. (Hrsg.): Sozialstruktur im Umbruch – Karl Martin Bolte zum 60. Geburtstag. Opladen: 67-84

Lamnek, S. (1996): Theorien abweichenden Verhaltens. München, 6. Auflage

LITERATUR

Lampert, H. (1991): Lehrbuch der Sozialpolitik. Berlin, 2. Auflage
Laurents, A., Bernstein, L., Sondheim, St. (1972): West Side Story. A Musical. London
Lautmann, R. (1981): Soziale Werte in der Konstitution sozialer Probleme. In: Matthes 179-197
Lehne, W. (1994): Symbolische Politik mit dem Strafrecht. Versuch einer Reinterpretation des Diskurses um symbolisches Strafrecht. In: Kriminologisches Journal 26: 210-224
Leibfried, S./Leisering, L. u. a. (1995): Zeit der Armut. Lebensläufe im Sozialstaat. Frankfurt
Leibfried, S./Hansen, E./Heisig, M. (1985): Vom Ende einer bedarfsfundierten Armenpolitik? Anmerkungen zu einem Regime sozialer Grundsicherung und seinen Gefährdungen. In: Leibfried/Tennstedt 125-151
Leibfried, S./Tennstedt, F. (Hrsg.) (1985): Politik der Armut und Die Spaltung des Sozialstaats. Frankfurt
Leibfried, S./Voges, W. (Hrsg.) (1992): Armut im modernen Wohlfahrtsstaat. Kölner Zeitschrift für Soziologie und Sozialpsychologie, Sonderheft 32. Opladen
Leisering, L. (1993): Zwischen Verdrängung und Dramatisierung. Zur Wissenssoziologie der Armut. In: Soziale Welt 44: 486-511
Leitner, U. (1981): Sozialarbeit und Soziologie in Deutschland. Weinheim
Lemert, E.M. (1951): Social Pathology. New York
Leu, R.E./Burri, St./Priester, T. (1997): Lebensqualität und Armut in der Schweiz. Bern, 2. Auflage
Lüssi, P. (1998): Systemische Sozialarbeit: praktisches Lehrbuch der Sozialberatung. Bern, 4. Auflage
Luhmann, N. (1995): Inklusion und Exklusion. In: Ders.: Soziologische Aufklärung 6. Opladen: 237-264
Mansel, J. (1985): Gefahr und Bedrohung? Die Quantität des „kriminellen" Verhaltens der Gastarbeiternachkommen. In: Kriminologisches Journal 17: 169-185
Marcuse, H. (1967): Der eindimensionale Mensch. Neuwied
Matthes, J. (Hrsg.) (1981): Lebenswelt und soziale Probleme. Frankfurt
Maydell, B./Kannengießer, W. (1988): Handbuch Sozialpolitik. Pfullingen
Menzel, B. (1977): Devianz im Wandel – Definitionstheoretisch orientierte Devianzsoziologie und die Gewaltthematik. In: Soziale Probleme 8: 189-198
Merton, R.K. (1976): Contemporary Social Problems. New York
Meuser, M./Schetsche, M. (1996): Soziale Probleme zwischen Analyse und Engagement – Plädoyer für die Eigenständigkeit der Soziologie. In: Soziale Probleme 7: 53-67
Meuser, M./Sackmann, R. (1991/92): Zur Einführung: Deutungsmusteransatz und empirische Wissenssoziologie. In: Meuser, M./Sackmann, R. (Hrsg.): Analyse sozialer Deutungsmuster. Beiträger zur empirischen Wissenssoziologie. Pfaffenweiler
Meyer, M. (1998): Gewalt gegen alte Menschen in Pflegeeinrichtungen. Bern

239

Milcher, A. (1996): „...den Alltag verändern!": Straßenkinder in Lateinamerika und Deutschland – Konzeptionen sozialer Arbeit. Frankfurt

„Motorwelt" 1995, H. 4

Münder, J. u. a. (1987): Jugendarbeitslosigkeit und Jugendkriminalität. Neuwied

Münke, S. (1956): Die Armut in der heutigen Gesellschaft. Ergebnisse einer Untersuchung in Westberlin. Berlin

Nedelmann, B. (1986): Soziale Probleme und Handlungsflexibilität. Zur Bedeutsamkeit des kulturellen Aspekts sozialer Probleme. In: Oppl/Tomaschek Bd. 1: 13-42

Neidhardt, F. (Hrsg.) (1994): Öffentlichkeit, öffentliche Meinung, soziale Bewegungen. Kölner Zeitschrift für Soziologie und Sozialpsychologie, Sonderheft 34, Opladen

Neidhardt, F. (1994): Öffentlichkeit, öffentliche Meinung, soziale Bewegungen. In: Neidhardt 7-41

Neidhardt, F. (1986): Gewalt. Soziale Bedeutungen und sozialwissenschaftliche Bestimmungen des Begriffs. In: Bundeskriminalamt (Hrsg.): Was ist Gewalt? Auseinandersetzungen mit einem Begriff. Wiesbaden: 113-147

Neidhardt, F./Rucht, D. (1993): Auf dem Weg in die „Bewegungsgesellschaft"? Über die Stabilisierbarkeit sozialer Bewegungen. In: Soziale Welt 44: 305-326

Nell-Breuning, O. (1964): Christliche Soziallehre. Mannheim

Nickolai, W. (1996): Jugend und Gewalt. In: Nickolai u. a. 169-187

Nickolai, W./Kawamura, G./Krell, W./Reindl, R. (Hrsg.) (1996): Straffällig. Lebenslagen und Lebenshilfen. Freiburg

Nickolai, W./Quensel, S./Rieder, H. (1991): Erlebnispädagogik mit Randgruppen. Freiburg, 2. Auflage

Nowotny, H. (1981): Die „Konstitution sozialer Probleme" als Ergebnis wissenschaftlicher Analyse oder: Wie relevant ist die „Definitionsmacht" der Wissenschaft? In: Matthes 166-178

Nowotny, H. (1982): Vom Definieren, vom Lösen und vom Verwalten sozialer Probleme: Der Beitrag der Armutsforschung. In: Soziale Welt, Sonderband 1 (1982): 115-134

Offe, C. (1971): Politische Herrschaft und Klassenstrukturen. Zur Analyse spätkapitalistischer Gesellschaftssysteme. In: Kress, G./Senghaas, D. (Hrsg.): Politikwissenschaft. Frankfurt, 3. Auflage: 155-189

Oppl, H./Tomaschek, A. (Hrsg.) (1986): Soziale Arbeit 2000. (2 Bde.) Freiburg

Pabst, S. (1996): Sozialanwälte: Wohlfahrtsverbände zwischen Interessen und Ideen. Augsburg

Pankoke, E. (1998): Art. Soziale Frage/Soziale Probleme. In: Schäfers 314-320

Pankoke, E. (1977): Sozialpolitik zwischen staatlicher Systematisierung und situativer Operationalisierung. Zur Problem- und Programmgeschichte sozialer Politik. In: Ferber/Kaufmann 76-97

Peters, B. (1997): Pornographie im Internet – Zur Dynamik eines sozialen Problems. Diplom-Arbeit am Institut für Sexual- und Rechtssoziologie der Universität Bremen

Peters, B. (1994): Der Sinn der Öffentlichkeit. In.: Neidhardt 42-76

Peters, H. (1998): Art. Soziale Probleme. In: Schäfers/Zapf 596-608

Peters, H. (1995): Devianz und soziale Kontrolle: eine Einführung in die Soziologie abweichenden Verhaltens. Weinheim

Peters, H. (1996): Die Entdeckung der bösartigen Kriminalität macht den labeling approach überflüssig. In: Soziale Probleme 7: 3-17

Peters, H. (1973): Die politische Funktionslosigkeit der Sozialarbeit und die 'pathologische' Definition ihrer Adressaten, in: Otto, H.-U. und Schneider, S. (Hrsg.): Gesellschaftliche Perspektiven der Sozialarbeit, 1. Hbb., Neuwied: 151-166

Peters, H. (1996): Randgruppen in Risikogesellschaften – Was bringt die Zukunft? In: Nickolai u. a. 26-38

Peters, H.P. (1994): Wissenschaftliche Experten in der öffentlichen Kommunikation über Technik, Umwelt und Risiken. In: Neidhardt 162-190

Peukert, R. (1998): Art. Verhalten, abweichendes. In: Schäfers 416-419

Pieplow, L. (1985): Internationales Kolloquium „Empirische Sanktionsforschung – Genese und Wirkung von Sanktionsnormen und Sanktionen". In: Monatsschrift für Kriminologie und Strafrechtsreform 68: 43-55

Piven, F./Cloward, R.A. (1984): Die unsichtbare Auflehnung: Steuerung der Innovationskraft und des Widerstandspotentials von Frauen. In: Kiekbusch, I./Riedmüller, B. (Hrsg.): Die armen Frauen. Frauen und Sozialpolitik. Frankfurt: 135-162

Popitz, H. (1992): Phänomene der Macht. Tübingen, 2., stark erweiterte Auflage

Quensel, S. (1986): Wer kontrolliert wen? Zum theoretischen Hintergrund einer Geschichte kriminalpolitischer Kontrollformen. In: Monatsschrift für Kriminologie und Strafrechtsreform 69: 172-179

Quensel, S. (1970): Wie wird man kriminell? In: Kritische Justiz 3: 375-382

Reinhold, G. u. a. (Hrsg.) (1992): Soziologie-Lexikon. München 2. Auflage

Riege, M. (1984): Randgruppen. In: Eyferth 842-851

Roeck, B. (1993): Außenseiter, Randgruppen, Minderheiten: Fremde im Deutschland der frühen Neuzeit. Göttingen

Röhrich, L. (1973): Lexikon der sprichwörtlichen Redensarten. Freiburg

Rössner, D. u. a. (1997): Der Kampf um den Limes der Gesellschaft – eine Kritik der Kontrolltheorie und des Desintegrationsansatzes. In: Rössner, D. u. a.: Die Hallesche Biographiestudie zur Jugendgewalt – Texte und Aufsätze. Martin-Luther-Universität Halle-Wittenberg

Rothgang, H./Haug, K. (1993): Habits und Frames in der Sozialpolitik: Konzeptionelle Überlegungen. Zes-Arbeitspapier Nr. 9/93, Zentrum für Sozialpolitik, Universität Bremen

Roth, J. (1970): Armut in der Bundesrepublik. Darmstadt

Sack, F. (1968): Neue Perspektiven in der Kriminologie. In: Sack, F./König, R. (Hrsg.): Kriminalsoziologie. Frankfurt: 431-475

Sans, R. (1996): Was hat die Sozialhilfereform verändert? In: Caritas 97: 520-526

Savelsberg, J. (1993): Art. Norm, Normgenese. In: Kleines Kriminologisches Wörterbuch. Heidelberg, 3. Auflage

Schäfers, B. (Hrsg.) (1986, 1995, 1998): Grundbegriffe der Soziologie. Opladen, 1., 4. und 5. Auflage

Schäfers, B. (1995): Gesellschaftlicher Wandel in Deutschland. Ein Studienbuch zur Sozialstruktur und Sozialgeschichte. Stuttgart

Schäfers, B. (1981): Sozialräumliche Prozesse: Übersehene Determinanten der „Konstitution sozialer Probleme"? In: Matthes 153-159

Schäfers, B./Zapf, W. (Hrsg.) (1998): Handwörterbuch zur Gesellschaft Deutschlands. Opladen

Schäuble, G. (1984): Theorien, Definitionen und Beurteilung der Armut. Berlin

Scheerer, S. (1986): Atypische Moralunternehmer. In: Kriminologisches Journal 1. Beiheft: 133-156

Scheerer, S. (1993): Einige Anmerkungen zur Geschichte des Drogenproblems. In: Soziale Probleme 4: 78-98

Schelsky, H. (1963): Einleitung zu: Jochimsen, L.: Zigeuner heute. Untersuchung einer Außenseitergruppe in einer deutschen Mittelstadt. Stuttgart

Schenk, M./Rössler, P. (1994): Das unterschätzte Publikum. In: Neidhardt 261-295

Scherpner, H. (1962): Theorie der Fürsorge. Göttingen

Scherr, A. (1998): Randgruppen und Minderheiten. In: Schäfers/Zapf 504-514

Schetsche, M. (1996): Die Karriere sozialer Probleme – Soziologische Einführung. München

Schetsche, M. (1993): Sexualkontakte zwischen Erwachsenen und Kindern als soziales Problem. In: Soziale Probleme 4: 57-77

Schmid, C. (1990): Die Randgruppe der Stadtstreicher: Im Teufelskreis der Nichtseßhaftigkeit. Wien

Schmitt-Beck, R./Pfetsch, B. (1994): Politische Akteure und die Medien der Massenkommunikation. Zur Generierung von Öffentlichkeit in Wahlkämpfen. In: Neidhardt 106-138

Schumann, K.F. (1984): Abweichendes Verhalten: Kritische Kriminalitätstheorien. In: Eyferth 12-16

Schwendtke, A. (Hrsg.) (1977, 1995): Wörterbuch der Sozialarbeit und Sozialpädagogik. Heidelberg, 1. und 4. Auflage

Seeber, O./Spiegel, Y. (1972): Behindert – süchtig – obdachlos. München

Sessar, K./Beurskens, A./Boers, K. (1986): Wiedergutmachung als Konfliktregelungsparadigma? In: Kriminologisches Journal 18: 86-104

Sessar, K. (1995): Die Bevölkerung bleibt restitutiv eingestellt – Eine Replik auf Kurys Replikationsversuch zur Hamburger Untersuchung. In: Monatsschrift für Kriminologie 78: 99-105

Semrau, P. (1990): Entwicklung der Einkommensarmut, in: Döring u. a. 111-128

Sidler, N. (1989): Am Rande leben – abweichen – arm sein. Konzepte und Theorien zu sozialen Problemen. Freiburg

Sidler, N. (1993): Verlockendes aus der Alchimistenküche. Zur Handlungstheorie Sozialer Arbeit von Silvia Staub-Bernasconi. In: Archiv für Wissenschaft und Praxis der sozialen Arbeit 24: 28-47

Sidler, N. (1991): Wie Wörter soziale Probleme schaffen. In: Caritas 92: 4-10

Sidler, N. (1984): Zur Sache einer „Christlichen Sozialarbeit". (Dissertation) Freiburg

Siebel, W. (1997): Armut oder Ausgrenzung? Vorsichtiger Versuch einer begrifflichen Eingrenzung der sozialen Ausgrenzung. In: Leviathan 25: 67-75

Simmel, G. (1992): Soziologie. Untersuchungen über die Formen der Vergesellschaftung. Georg Simmel: Gesamtausgabe Bd. 11, Frankfurt

Spenger, J./Institoris, H. (1982): Der Hexenhammer (Deutsch von J.W.R. Schmidt, Berlin 1906). München

Städtetag Baden-Württemberg: 23. 12. 1988

Stallberg, F.W. (1984): Soziale Probleme. In: Eyferth 935-947

Stallberg, F.W./Stallberg, R. (1976): „Randgruppen" – Probleme eines Begriffs. In: Neue Praxis 6: 200-210

Stallberg, F.W. u. a. (1982): Prostitution als Mißstand: Zur Analyse kommunaler Problemkonstitution und -kontrolle. In: Albrecht/Brusten 93-111

Staub-Bernasconi, S.(1995): Das fachliche Selbstverständnis sozialer Arbeit... Soziale Arbeit als „Human Rights Profession". In: Wendt 57-104

Staub-Bernasconi, S. (1986): Soziale Arbeit als eine besondere Art des Umganges mit Menschen, Dingen und Ideen, in: Sozialarbeit (Schweiz) 18: H. 10

Staub-Bernasconi, S. (1983): Soziale Probleme – Dimensionen ihrer Artikulation, Diessenhofen

Staub-Bernasconi, S. (1994): Soziale Probleme – soziale Berufe – soziale Praxis. In: Heiner u. a. 11-101

Staub-Bernasconi, S. (1995): Systemtheorie, soziale Probleme und soziale Arbeit: lokal, national, international oder: vom Ende der Bescheidenheit. Bern

Staub-Bernasconi, S. (1997): Wann ist ein Problem (k)ein Problem? Soziale Arbeit zwischen drei Stühlen. In: Godenzi, A. (Hrsg.): Konstruktion, Entwicklung und Behandlung sozialer Probleme. Freiburg (Schweiz) 199-266

Staub-Bernasconi, S. (1989): Zur Zukunft sozialer Arbeit. In: Nachrichtendienst des Deutschen Vereins 69: 127-137

Steffen, W. (1976): Analyse polizeilicher Ermittlungstätigkeit aus der Sicht des späteren Strafverfahrens. Wiesbaden

Steffen, W. (1982): Inhalte und Ergebnisse polizeilicher Ermittlungen. Bayrisches Landeskriminalamt, München

Stehr, J. (1988): Konfliktverarbeitung im Alltag. Zu den Formen, Strategien und Ressourcen des informellen Konfliktmanagements. In: Kriminologisches Journal 20: 213-227

Steinert, H. (1985): Zur Aktualität der Etikettierungs-Theorie. In: Kriminologisches Journal 17: 29-43

Stenger, H. (1984): Der Jugendliche im Desintegrationsprozeß. In: Monatsschrift für Kriminologie und Strafrechtsreform 67: 145-157

Stiefel, M.-L. (1986): Gibt es Armut in der Bundesrepublik? – Von den Schwierigkeiten, darauf eine Antwort zu finden. In: Blätter der Wohlfahrtspflege 133: 251-253

Stimmer, F. u. a. (Hrsg.) (1996): Lexikon der Sozialpädagogik und Sozialarbeit. München, 2. Auflage

Stöbener, A. (1996): Die Pflegeversicherung. Ein Lehrstück über Aushandlungsprozesse eines 'Sozialen Problems' in der Sozialpolitik. Konstanz

Strang, H. (1970): Erscheinungsformen der Sozialhilfebedürftigkeit. Stuttgart

Thiele, G. (Hrsg.) (1982): Handlexikon der Medizin. Studienausgabe (2 Bde.), München

Trotha, T.v. (1980): Gesellschaftlicher Wandel, Theoriebildung und Fallstricke im Umgang mit der Kriminologie. In: Lüderssen, K./Sack, F. (Hrsg.): Seminar abweichendes Verhalten (Bd. IV). Frankfurt: 92-125

Trotha, T.v. (1997): Soziologie der Gewalt. Kölner Zeitschrift für Soziologie und Sozialpsychologie, Sonderheft 37. Opladen

Trotha, T.v. (1983): Strafvollzug und Rückfälligkeit. Eine Studie zur soziologischen Theorie und Empirie des Rückfalls von Strafgefangenen. Heidelerg

Trotha, T.v. (1997): Zur Soziologie der Gewalt. In: Trotha 9-56

Usarski, F. (1988): Die Stigmatisierung Neuer Spiritueller Bewegungen in der Bundesrepublik Deutschland. Köln

van den Boogaart, H.(1996): Art. Abweichendes Verhalten. In: Kreft/Mielenz 17-19

Vaskovics, L.A. (1982): Theoriebildung durch vergleichende Randgruppenforschung. In: H. Peters (Hrsg.): Sozialarbeit als Sozialplanung. Opladen: 58-86

Vaskovics, L.A./Weins, W. (1983): Randgruppenbildung im ländlichen Raum: Armut und Obdachlosigkeit. Stuttgart

Vogt, I. (1983): Frauen als Objekt der Medizin: Das Frauensyndrom. In: Leviathan 11: 161-199

Wallimann, I. (1996): Armut in der Risikogesellschaft. Die Ergebnisse „dynamischer Armutsforschung" bilden die soziale Wirklichkeit unzureichend ab. In: Blätter der Wohlfahrtspflege 143: 331-333

Walter, M. (1995): Jugendkriminalität. Eine systematische Darstellung. Stuttgart

Watzlawick, P. (1983): Wie wirklich ist die Wirklichkeit. München, 10. Auflage

Watzlawick, P./Beavin, J.H./Jackson, D. (1969): Menschliche Kommunikation. Formen, Störungen, Paradoxien. Bern

Weber, M. (1968): Aufsätze zur Wissenschaftslehre. Tübingen, 3. Auflage

Wendt, W.R. (1986): Das breite Feld der sozialen Arbeit: Historische Beweggründe und ökologische Perspektiven. In: Oppl/Tomaschek Bd. 1: 43-79

Wendt, W.R. (1990): Ökosozial denken und handeln: Grundlagen und Anwendungen in der Sozialarbeit. Freiburg

Wendt, W.R. (1995): Soziale Arbeit im Wandel ihres Selbstverständnisses – Beruf und Identität. Freiburg

Wenzel, G. (1996): Zur Festsetzung der Regelsätze nach der Reform des Sozialhilferechts. In: Nachrichtendienst des Deutschen Vereins für öffentliche und Private Fürsorge 76: 301-310

Wenzel, G./Leibfried, S. (1986): Armut und Sozialhilferecht. Eine sozialwissenschaftlich orientierte Einführung in die Sozialhilfepraxis. Weinheim

Wiswede, G. (1979): Soziologie abweichenden Verhaltens. Stuttgart, 2. Auflage

Witterstätter, K. (1996): Grundwissen Soziologie für die Pflege. Pflege in der Lebenswelt. Stuttgart

Wolter, O. (1984): Befürchtet – und gewollt? Fremdenhaß und Kriminalisierng ausländischer Jugendlicher. In: Kriminologisches Journal 16: 265-286

Zander, H. (1984): Armut. In: Eyferth 132-148

Ziehlke, B. (1993): Deviante Jugendliche: Individualisierung, Geschlecht und soziale Kontrolle. Opladen

Zimmermann, R. (1996): Gewalt in der Sprache und durch Sprache. In: Diekmannshenke, H./Klein, J. (Hrsg.): Wörter in der Politik. Analysen zur Lexemverwendung in der politischen Kommunikation. Opladen

Der Autor

Dr. Nikolaus Sidler ist Professor für Soziologie an der Katholischen Fachhochschule für Sozialwesen und Religionspädagogik in Freiburg.